职业教育专业教学资源库研究

姜义林　祝木田　著

天津出版传媒集团

天津科学技术出版社

图书在版编目（CIP）数据

职业教育专业教学资源库研究 / 姜义林，祝木田著
. -- 天津：天津科学技术出版社，2017.12
　　ISBN 978-7-5576-4045-3

　　Ⅰ．①职… Ⅱ．①姜… ②祝… Ⅲ．①职业教育－教育资源－研究－中国 Ⅳ．① G719.2

中国版本图书馆 CIP 数据核字（2017）第 329811 号

责任编辑：石　崑
责任印制：兰　毅

天津出版传媒集团
天津科学技术出版社出版

出 版 人：蔡　颢
天津市西康路35号　邮编 300051
电话(022)23332369（编辑室）
网址 www.tjkjcbs.com.cn
新华书店经销
天津印艺通制版印刷有限责任公司印刷

开本：787×1092　1/16　印张 13　字数 220 000
2021年1月第1版第2次印刷
定价：58.00元

前言

《国家中长期教育改革和发展规划纲要（2010-2020年）》指出："信息技术对教育发展具有革命性影响，必须予以高度重视"。教育信息化充分发挥现代信息技术优势，在促进教育公平和实现优质教育资源共享、提高教育质量、推动教育理念变革和培养具有国际竞争力的创新人才等方面具有独特的、重要的作用，在实现我国教育现代化宏伟目标中有着不可或缺的作用。职业教育信息化是培养高素质劳动者和技能型人才的重要支撑，是教育信息化需要着重加强的环节。大力推进职业院校信息化建设，全面提升教学、实训、科研、管理、服务方面的信息化应用水平，发挥信息技术在职业教育巩固规模、提高质量、办出特色、校企合作和服务社会中的作用，是职业教育信息化的应有之义。

本书共六章。第一章概括从职业教育的发展历史、现状及发展的成果，现有的问题来了解现代职业教育的发展情况。第二章介绍了职业教育如今发展的体质机制及创新研究。第三章主要讨论了技能与能力的复杂性，实用知识的标准、理论、基础知识与实践的关系。第四章主要介绍职业教育专业教学资源库的建设，建设的必要性与内涵以及要达到的目标和要求。第五章对建设职业教育专业教学资源库的技术分析。第六章介绍了职业教育专业教学资源库的建设的概况和案例分析。

本书由淄博职业学院姜义林、祝木田著。

由于时间紧，加上涉及的内容广泛，书中难免出现错误和不足，敬请学术界同仁和广大读者批评和指正。

作 者

2017 年 5 月

目录

第一章 职业教育的现代发展 … 1
- 第一节 职业教育发展历史背景 … 1
- 第二节 职业教育发展现状 … 20
- 第三节 职业教育进展、成效问题 … 21

第二章 职业教育发展的体制机制创新研究 … 37
- 第一节 职业教育管理体制创新 … 37
- 第二节 职业教育运行机制创新 … 44
- 第三节 职业教育保障机制创新 … 52

第三章 职业教育专业教学中对于技能积累的探讨 … 68
- 第一节 专业技能的层面及其哲学的思考 … 68
- 第二节 能力的复杂性与专业技能的理论、基础与实践 … 85

第四章 职业教育资源库建设的必要性与内涵 … 101
- 第一节 职业教育资源库建设的必要性 … 101
- 第二节 专业教学资源库含义 … 104
- 第三节 专业教学资源库特点及发展要求 … 106
- 第四节 专业教学资源库目标 … 113

第五章 职业教育专业教学资源库的技术分析 … 115
- 第一节 专业教学资源库的属性 … 115
- 第二节 专业教学资源库的体系结构 … 117
- 第三节 专业教学资源库数字化网络教育 … 123

第六章　职业教育专业教学资源库建设及其案例分析 …… 134
　　第一节　职业教育资源库建设概况……………………………… 134
　　第二节　案例分析：职业教育电气自动化技术专业教学
　　　　　　资源库建设 ………………………………………………… 144

参考文献 ………………………………………………………… 204

第一章 职业教育的现代发展

21世纪是我国实现现代化、社会全面进步的重要时期。国家提出的转变经济发展模式、推进新农村城镇化建设、推进新型工业化进程,加快现代制造业和现代服务业发展等战略,正促使产业转型升级、行业技术不断创新和企业经营深度调整,对高素质劳动者、实用技能人才的需求更加迫切,进而对我国职业教育发展提出了新的更高的要求。新世纪伊始,国务院明确提出要把职业教育作为经济社会发展的主要基础和教育工作的战略重点,大力发展职业教育,特别是2005年《国务院关于大力发展职业教育的决定》颁布以来,职业教育事业快速发展,成绩斐然,但改革发展中存在的许多困难和问题依然不能忽视,尤其是与技能人才培养与国家经济社会发展不相适应的矛盾仍较普遍地存在。

为使职业教育更好地适应社会经济发展需要,为我国经济又好又快发展提供强大的人力资源支撑,就需要对我国职业教育所处的国际和国内经济社会发展环境进行研究分析,对我国经济加快转型、产业布局结构大力调整、新型工业化和新型城镇化加速发展、区域人力资源结构急剧变化背景下我国职业教育发展的现状和问题形成总体判断。

第一节 职业教育发展历史背景

一、职业教育发展的历史背景分析

进入21世纪以来,经济全球化导致了经济结构性变革和经济方式的转变。2009年全球金融危机后,全球经济遭受重创,发达国家改变发展策略,重新确立了实体经济的地位,并大力发展战略性新兴产业和高端制造业,国际产业发展出现再工业化的新趋势。随着制造业地位的不断上升,对人才特别是技能型人才的需求提出了新的要求,

世界各国在激烈的国际竞争中,纷纷出台新的国家发展战略,并将人才特别是技能型人才的培养作为国家发展战略的重要组成部分,国际组织也纷纷出台政策促进各国人力资源开发和技能人才培养。

(一)国际产业和生产要素的转移

在金融危机的冲击下,经历了数十年去工业化的发达国家开始推进再工业化,寻求实体经济的回归。金融危机使发达国家普遍陷入失业率上升、信贷增长乏力和财政状况恶化的困境。为尽快走出阴影,恢复国内经济增长,降低失业率,美国等发达国家先后出台"再工业化"的政策,发出回归实体经济的强烈信号。在"再工业化"浪潮中,发达国家促进工业发展,调整经济结构,提高实体经济比例,鼓励制造企业。"回归"国内,并进一步加强技术、品牌、专利、标准等无形资产对经济增长的推动作用,发展高附加值新兴产业,淘汰低技术含量、资源浪费和环境污染的传统产业,通过信息化推动工业化向高端制造、先进制造发展,实现产业升级,夯实国民经济的基础,重塑国家的竞争优势:

1.重振实体经济

为了重振本国经济,发达国家纷纷制定实体经济发展规划,在财政刺激方案中纷纷加大对实体经济的援助力度,寻找经济新的增长点。如美国在(国家出口计划》中加大对制造业的投资,积极开展对外出口。英国政府改变了。重金融、轻制造"的观念,制定新的战略目标以提振制造业,提出制造业的五大竞争策略:日本制订了《制造基础白皮书》,加强信息家电、环境与能源等制造业领域的技术研究开发。除了扶持制造业的发展以外,发达国家还不断扶持战略新兴产业,将绿色能源、生物技术、纳米技术等新兴产业作为再工业化的重中之重,出台各种优惠政策促进其发展。

美国、日本和欧盟等发达国家对制造业价值的重新认识表明,制造业是一国综合竞争力的来源和基础,是国民经济的核心,全球化时代,拥有强大的制造业可以为国家经济发展持续提供动力。其次,技术创新是提升制造业国际竞争力的核心和关键。内生增长理论认为技术创新是经济增长的源泉,"钻石"理论认为创造能力是影响产业国际竞争力的主要因素。发达国家的跨国公司通过将高端的、具有技术优势的产业进行全球布局,垄断了世界上70%的技术转让以及80%的新技术和新工艺。我国要想成为世界制造中心之一,必须依靠技术创新,走新型产业发展之路。

2. 教育和研发的强化

重视高素质人才和产业工人的培养是提升国际竞争力的源泉，发达国家在"再工业化"的过程中，十分重视人力资源的开发，不断加大教育和研发投入。如美国投入大量资金作为教育科研投入，重振了美国的科研实力并使劳动生产率增速。英国通过减税政策推动研发和教育事业，提出72项建议，进一步推进技术人员培养、给予制造业教育培训以及研发支持，帮助企业培训员工，提高劳工技能。日本提出了"技术革新战略路线图"，强化推进研发体制创新，同时提出"产业集群计划"，促进"产官学"人力资本网络的形成。为了确保提供充足的受过科学及工程训练的工人，欧盟鼓励学生进入科学和工程领域学习，通过无息贷款等来促使国内学生接受科技教育和培训。政府与企业密切配合，确认新出现的职业技能并有针对性地提供财政激励，鼓励企业为科学技术领域的毕业生提供实习机会。

3. 面临的挑战与机遇

金融危机后，发达国家的再工业化已初见成效，发达国家重新确立了实体经济和制造业的地位，投资不断向新型产业倾斜，教育等问题也受到了更多的关注。发达国家发展方式转变及其带来的国际经济格局变化不可避免地对我国的发展产生重大影响。

由于制造业回流，部分中高端制造业迁回发达国家，我国承接中高端制造业不断放缓，对我国制造业升级造成较大的冲击。2008年我国实际利用对外直接投资（FDI）增长率开始出现下降，2010年我国吸收FDI为1057亿美元，同比增长6.3%；而同年美国增长43.3%；2011年，在我国信息传输、计算机服务和软件业等高技术行业中，直接投资的外国企业数出现了负增长。这预示国际制造业特别是中高端制造业向中国转移的趋势开始下滑，这将延缓我国制造业升级的进程，阻碍我国制造业吸收国外先进制造业的核心技术。

另一方面，随着中国劳动力成本的上升，其他发展中国家看到了制造业给中国发展带来的巨大成功，也正仿效中国利用劳动力成本低廉优势大力发展制造业，诸如"老挝制造"、"越南制造"、"印度制造"等正在大规模抢占原"中国制造"的市场。2012年亚洲博鳌论坛提供的数据显示，在制造业劳动力成本方面，目前越南大约是每月1000元人民币，印度大概是600元，而中国东部沿海已达2500~3000元。中国劳动力成本低廉的比较优势正在丧失，已经有一大批跨国企业因为劳动力成本向东南亚转移。

在全球制造业角逐的过程中，技能型人才将成为影响各国竞争力的关键因素。现

代制造业、技能型人才和职业教育在产业经济日益知识化的过程中成了高度共同体。经济的发展越来越取决于一个国家获取和运用技术及知识的能力，竞争的优势越来越多地取决于技术的创新和对知识的充分运用。在这种前提下，制造业劳动力大军在严格训练下的创造力和技能水平决定了各国制造业创新的力度、企业的竞争力和产品的质量。职业教育作为技能型人才的培养主体将成为带动国家制造业发展的中心力量。可以说，全球产业竞争的实质就是各国职业教育人才培养的新一轮角逐。

面对日益激烈的国际竞争，我国需要充分利用丰富的人力资源优势，重视高素质劳动力的培养，加强职业教育的改革与发展，尽快将我国的"人口红利"转变为"人才红利"，使我国在世界竞争格局中保持持久、稳定发展。

（二）对人才需求的新要求

1. 技能人才出现结构性短缺

技术与全球化重塑了全球各国的经济，各国市场和行业出现了势不可当的变革，全球劳动力市场的供需矛盾日趋凸显，特别是金融危机后，失业率居高不下，而雇主却面临着高素质劳动力日益短缺的难题。这种劳动力供应与雇主需求之间的供需矛盾主要表现为人才的结构性短缺，特别是技能人才的严重短缺。

根据麦肯锡预测，到2020年全球高端劳动力的潜在缺口为3800万~4000万人，其中发达国家接受大学教育的劳动力缺口在1000万~1800万人，中国的缺口在2300万人左右。同时，在发展中国家，中端技能的劳动力也存在大约4500万人的潜在缺口。而另一方面，全球将出现9000万~9500万人的潜在低端劳动力，在发达国家未受过大学教育的劳动力将超出需求量3200万~3500万人，中国、印度等新兴发展中国家，过剩的低端劳动力可能增至5800万人。

劳动力需求的结构性短缺，将使中国、印度等发展中国家以不同的方式承受劳动力失衡的潜在影响。高素质劳动力的供应不足将延缓中国等发展中国家发展高附加值产业的步伐，并制约劳动生产率的提高，而劳动生产率的提高对发展中国家特别是中国经济增长的作用正日益凸显。

2. 科技创新和产品创新对技能人才素质的新要求

21世纪，大量科技创新和产品创新正在涌现，社会变革速度进一步加快，人们生活和工作的各个方面将从根本上发生改变，社会发展和生产对从业人员的素质和技能提出了新的要求，不少职业岗位技能的内涵和外延处于不断分化与复合、提升与发展的变化之中。新的科技方式的涌现，推动世界技术技能普遍发展，所有的工作都可能数字化、自动化和进行外包，这些变化直接反映了市场对劳动力技能的需求。

近年来，随着科技创新的不断涌现，新材料、数字和纳米制造、先进机器人、3D印刷等革命性技术不断涌现，这一切将加速各种硬技能的发展和变化。产品和科技的日新月异，企业的一切将通过智能软件运行，企业生产对普通一线操作工人的需求减少，而需要具备更多的专业知识和技能的高素质人才。

除了上述硬技能加速发展和不断变化外，在竞争日益激烈的今天，软技能越来越成为人的发展的重要技能。为了适应不断变更的职业岗位需求，学会学习的方法，具备自我更新知识结构、补充学科养料和拓展知识视野的强大能力至关重要。随着工作岗位的技术更新，技术复杂性加强，智能化程度提高，大批新职业迅速出现在社会生产和生活中，在知识爆炸和信息迅猛发展的当今，企业越来越青睐能有效整合信息、能准确和创造性地使用信息，并能不断寻找更好的方式方法、不断创新的人才。

总之，随着经济全球化趋势的深入发展，科技进步日新月异，经济结构调整不断加快，人力资源能力建设要求不断提高，社会对技能型人才的需求从数量型向质量型转变，用人单位已经把软技能作为选人用人的重要标准。因此，学校在人才培养上，要做到软技能不软、硬技能过硬，这样才能培养出具有良好的职业道德、熟练的专业技能、较强的可持续发展能力的高素质技能型人才，才能使培养的人才在激烈的竞争中具有比较优势。

（三）全球人才开发战略

在当今以知识为基础的经济体系中，国家间的竞争与财富增长越来越依赖于产品创新、生产过程创新以及高水平人力资本生产和分配组织的创新，知识和技能的需求愈发重要。发达国家从全球经济科技竞争中发现，要保持经济上的长期竞争优势必须继续投资于教育、研发和创新。面对日益激烈的国际竞争，世界各国都相继完善和制定新的人才开发战略。

1. 美国人才开发战略

"美国的竞争优势在课堂"，这是美国对教育在国家竞争力中重要意义的认识，2005年提出的美国《国家创新法》议案，将教育创新作为增强国家竞争力的重要举措，

增加对教育和研究的投入来加强科技人才的培养，《法案》授权国防部设立一项竞争性培训补贴计划，为国防科学与工程领域的大学生和研究生提供资助，5年内每年投入1110万美元。2009年奥巴马在全美拉裔商会上提出"在全球化经济中，一个人所拥有的最有价值的东西就是他的知识，教育已经不仅是通往机会和成功的途径，而且也是获得成功的先决条件。今天，那些在教育领域强于我们的国家，明天也必将会在全球竞争中超越我们，……我们应当为所有美国人提供一个完整的、有竞争力的、从摇篮到职业的教育……我们要进行全面的教育改革。"因此，即使在金融危机的大背景下，美国也先后出台了有关教育的《复苏计划》和《改革蓝图》，旨在通过加大教育投入，进行教育改革，促进教育公平，培养创新型人才，以保持美国在世界的竞争优势。

2009年，美国总统奥巴马签署了《美国复苏与再投资法》，该项法案规定，联邦政府将在教育领域增加1倍投入，总数超过1000亿美元（占联邦政府投入总额的12.7%），用于2009—2010学年"紧急资助公立学校和高等院校"，投资项目涵盖了教育领域中的所有方面。提高教育投资是生产性投资，在美国严重的经济危机中，这项史无前例的联邦政府用于教育投资的计划对于促进美国经济的复苏、推动美国教育体系的改革与发展必然会产生深远的影响。

2011年奥巴马政府公布了《美国创新战略：确保我们经济增长与繁荣》，强调创新战略是美国"赢得未来"的关键，是美国经济增长和竞争力的基础，要培养具有21世纪知识和技能的美国人，打造世界一流的劳动力。美国政府认识到，在知识经济时代，只有解决教育问题、促进教育发展才能继续引领全球。在2010年，美国联邦教育部通过了《改革蓝图》，其目标旨在面向现代化，为全体国民建立完整和具有竞争力的终身教育体系；面向世界，建立世界级水平的课程和学业评估标准；面向未来，在2020年前使美国高等教育培养出世界上最多的毕业生。

2. 英国人才开发战略

英国历届政府都十分重视教育改革发展，把发展教育作为提升英国竞争力的重要基础。英国教育大臣迈克尔·戈夫认为，"今天，我国生活的时代面临着前所未有的改革与挑战，全球化给世界各国带来了空前的诉求"。2008年，英国出台《创新国家》白皮书,指出:"创新对英国未来的经济繁荣和生活质量是必不可少的。为了提高生产力，培养具有竞争力的企业，迎接全球化带来的挑战，以及在有限的环境和地理范围内安居乐业，英国必须在各种创新中技高一筹。"并由创新、大学与技能部门（DIUS）与政府内外的合作伙伴为创新提供全面支持。

为实现提出的"使英国成为世界上管理创新企业或公共服务最优秀的国家"的目标，《白皮书》提出了通过投资人力资源和知识、发掘各个层次的人才以及投资研究和知识开发等措施。为推动创新型人才的培养，建设创新型国家，无论在基础教育还是高等教育，英国连续出台发展战略报告和改革文件。2010年10月到2011年6月，英国先后公布了基础教育白皮书《教学的重要性》、职业教育战略文件《为了可持续发展的技能》和高等教育白皮书《将学生置于系统中心位置》，旨在通过一系列改革，培养学生的创造力，加强创新人才培养。

金融危机使英国经济遭受重创，也使英国政府更加认识到了技能对社会发展的重要性。在2009年颁布的国家技能战略的基础上，2010年11月，英国商务、革新与技能部又发布了"为可持续发展而提高技能"和"为可持续发展而对技能投入"两个技能开发的国家战略性文件。其用意在于培养高端技能型人才，支撑实体经济和现代产业的发展。

3. 日本人才开发战略

进入新世纪以来，日本政府在继续实施科技创新立国战略的基础上，先后制定了一系列立国战略，各立国战略有一个共同的主题，即都高度重视新技术的研究开发，特别强调推动科技发展的人才培养和制度改革。特别是2007年6月日本内阁通过的《创新25战略》认为："在全球大竞争时代不可或缺的是，通过科技和服务创造新价值，提高生产力，促进经济的持续增长。日本现在需要进行创新。"《创新25战略》为日本创新立国制定了具体的政策路线图，主要包括"社会体制改革战略"和"技术革新战略路线图"两部分，主要内容为增加对下一代的投资，培养领军型和多样化人才；进行大学改革，增强大学的研究和教育能力，提升日本大学的国际竞争力；强化进行创新的研发体制；等等。

此后，日本文部科学省在其年度的预算案中提出一系列新计划，希望通过增加年轻科学家的资助经费、国际合作经费和教育经费等，全面实施政府的《创新25战略》。以推动科技革命、科技进步和人才培养为根本宗旨和主要目标的创新立国战略，成为日本新世纪初立国战略体系的核心，是最重要的最根本的立国战略，也是其他立国战略获得成功的基本前提和根本保证。

随着经济全球化进程的加快，发达国家在获得巨大利益的同时，也感到前所未有

的挑战和危机，科技竞争已经成为国家间综合国力竞争的核心和焦点。许多国家已经把推进科技创新和发展教育作为国家未来发展的主要战略，期望通过科技创新和教育革新等引领经济发展。中国要在新一轮的国际竞争中掌握主动权，需要和世界其他国家一样，重视和依靠科技创新，推进教育改革，培养高素质人才。

4. 各国将职业教育纳入国家战略

各国在制定人才开发战略的同时，主要发达国家和国际组织对职业教育高度重视，纷纷出台政策，调整发展战略，将职业教育与培训的改革与发展作为本国经济社会综合发展战略的重要组成部分，使之成为应对社会经济、人口、环境挑战以及实现高水平、可持续发展以及促进就业和社会和谐的重要战略。

联合国教科文组织一直积极倡导，职业教育是实施有效发展战略的关键因素，职业教育与培训就是减轻贫困、促进和平、保护环境、提高所有人生活质量及实现可持续发展的万能钥匙。2009年，《联合国教科文组织关于技术和职业教育与培训的发展战略》提出，每个国家都应制定一个全面的职业教育政策，与国家教育系统中的其他部分紧密衔接。2010年，联合国教科文组织教育规划研究所发布《技术和职业技能发展规划》指出，技术和职业教育与培训已经成为社会应对挑战的重要工具，包括增强经济和企业的竞争力，促进公民从学校到工作的过渡，以及减轻社会贫困问题等。

欧盟2011年3月在布鲁塞尔召开了主题为"未来职业教育与培训政策走向"的国际会议，指出"尽管并不是所有的'欧盟2020目标'都能通过职业教育与培训得到实现，但是，其中没有任何一个目标在没有职业与培训的情况下能够得到可持续地实现"。欧洲职业培训发展中心的研究报告《实现职业教育与培训的现代化》指出，职业教育与培训在支持经济发展、积极应对人口老龄化、保证充足的技能供给、保持企业创新能力和生产力发展、消除社会排斥以及增加社会和谐中发挥着重要作用。因此，要促进欧盟各国制定相关的技能战略，把相关技能和知识纳入到教育与培训体系中。

美国总统奥巴马在2010年10月启动一项名为"为了美国未来的技能"的政策行动，强调对职业教育进行投资是对未来长期经济发展进行投资的一个重要组成部分，是增强美国经济竞争力的关键因素。2011年，美国哈佛教育研究院发布《走向未来繁荣的路径》指出，国家的经济繁荣和社会和谐依赖于恰当的技能型劳动力，职业教育与培训就是满足劳动力需求的重要路径。2012年4月，美国联邦教育部公布《职业生涯与技术教育》(Career and Technical Education，CTE)改革白皮书，强调应确保教育系统提供高质量的就业训练机会，以降低技能短缺，加速商业发展，鼓励新兴投资及聘雇机会，强化创新能力与经济增长。

德国 2005 年修改的《联邦职业教育法》进一步明确职业教育是国家重要的价值取向和发展战略，重申了职业教育在德国的法律地位，并力图通过改革与创新，主动应对新世纪的挑战，使职业教育既满足社会对技能型人才的需求，又满足个人对接受高质量教育的需求。

2010 年澳大利亚技能署连续发布了《澳大利亚未来劳动力开发战略》和《澳大利亚未来职业教育与培训发展方向》两个报告。指出，澳大利亚职业教育发展的最终目标是提升澳大利亚劳动力的能力，实现一个更加生产性、可持续性和和谐的未来，使企业有能力开发和运用其劳动力的技能，实现对企业和社会发展的最大效益。2011 年澳大利亚技能署发布关于国家职业教育在过去 20 年发展的综合性评估报告：《为了繁荣的技能——澳大利亚职业教育与培训路线图》，报告的根本目标是通过发展职业教育与培训满足未来技能需求，改善公民对劳动力市场的参与，提高企业生产力，促进社会融合。

实现经济和社会发展模式的转型，把职业教育与培训的改革发展作为经济社会综合发展战略的一部分，充分发挥职业教育在实现经济的长期可持续发展、降低失业率，实现社会和谐与包容的作用，是职业教育改革发展的共同态势。

5. 国际机构推动技能人才培养和发展

为了应对高素质人才可能短缺的挑战，需要更加积极有效推进以技能提升为重点的人力资源开发战略。从国际趋势看，在全球竞争日益加剧的背景下，人力资源素质已成为提高国家核心竞争力和开发人力资源的关键领域，除了各国从本国需要出发制定了科技强国战略外，一些国际组织也将人才素质和技能提上议事日程，加强对人才的技能开发政策的研究。如世界银行在 2010 年 10 月启动了"迈向就业和生产力的技能测量项目"，目的是提出针对技能开发的综合性框架。

20 国集团 (G20) 2010 年 11 月在韩国首尔举行峰会，制定《多年发展行动计划》，提出改进对就业技能的开发，使之与劳动力市场的需要更加匹配，从而提升吸引投资、创造体面的就业机会、提高生产力。

OECD 国家 2012 年 5 月启动了一个全球性、综合性、跨部门的"技能战略"项目 (Skills Strategy)，提出"更好的技能，更好的工作，更好的生活"的口号，旨在促进参与国制

定实施更加有效的国家和地方技能发展战略,增强各国人才培养的针对性、灵活性、可转换性、便利性、质量和效益。技能战略提出了一个整体性、政府间的战略框架,为政府与相关利益群体(国家、地方和地区政府、雇主、工人及学习者间等)进行有效合作提供了平台。同时,技能战略强调了实现技能最大化的三个途径是开发技能、激活技能储备和有效使用技能。

欧盟 2012 年 11 月启动了"重新思考教育"战略("Rethinking Education" Strategy),旨在鼓励各成员国迅速采取行动,确保年轻人获得能够满足劳动力市场需要的技能和能力,同时达到成员国对经济增长和就业的预期目标。该战略呼唤教育的根本性转变,更加注重学生获得的知识、技能和能力等学习成果;该战略更加重视教育的职业维度而非传统的学术纬度,明确提出确保教育更加适合学生和劳动力市场的需求;要求各成员国加强教育和雇主的联系,将企业家引入课堂,使年轻人通过更多的工作场所学习来体验职场;鼓励成员国在国家和欧洲层面加强在工作场所学习项目的合作等。

二、全球各国家职业教育发展模式和趋势

从世界各国特别是发达国家职业教育改革与发展的历史进程和趋势分析,目前世界职业教育的发展模式可以概括为四种:一种是以美国为代表的融合式职业教育发展模式;第二种是以欧洲国家为代表的职业学校与企业合作培养模式;第三种是以澳大利亚为代表的不同教育类别衔接与沟通模式;第四种是以亚洲国家为代表的职业教育自成体系的发展模式。对这四种模式进行分析和评价,总结世界职业教育的共同发展趋势,可以为我国职业教育改革与发展提供经验和启示。

(一)融合式的职业教育发展模式

融合式的职业教育发展模式以美国为代表。美国的职业教育体系是普职融合的单轨制教育体系。从组织形式上看,没有独立的体系,不是孤立地游离于普通教育领域之外,而是融合在整个教育体系中。职业教育的课程和项目分布在各个阶段的教育系统中,通过课程植入和强大的学分互认及转换系统,实现对人的职业生涯与技术的终身培训。

1. 美国融合的教育模式

普职融合体系将职业技术教育贯穿于各级学校,采用综合中学、专业技术教育学校与培训班、社区学院、综合大学的职业技术课程相结合的灵活多样方式,形成一个层次

分明、纵横交错的职业技术教育网络。即中小学中的职业技术认知教育，公立、私立以及企业办的各种职业技术学校或培训班的职业证书教育，两年制初级学院所进行的大专水平的职业技术教育，高等学校进行的"高、精、尖"技术教育。这些不同层次的职业技术教育互相结合、互相补充，形成了美国式的普、职高度融合的职业教育体系。

美国普职融合的实现方式是通过强大的学分认可和转移系统来实现的。不同层次、不同教育机构的课程学分可以互认。比如：综合高中和社区学院、技术学校学分互认；私立综合高中与公立综合高中学分互认；高中—大学的课程互认，即学生在中学里修的相关课程，可以得到社区学院甚至四年制大学的认可；学生在企业的工作经验也可以转换为有效的学分；不同区域之间学校的学分也可以互认。学分互认造就美国职业教育体系与高等教育体系衔接。因此，学生可以实现普通教育与职业教育的衔接，相应地获得专科、本科、硕士、博士的专业学位，有深造和学历提升的机会与通道。

<u>2. 美国职业与技术教育改革</u>

如前所述，美国"再工业化"不是简单地回归传统制造业，而是构造技术创新的制造业推动机制。该战略强调高度重视政府部门、科研机构、学校和企业之间互动。因此，新经济模式下，高技能劳动力成为主要需求对象。因此，后危机时代，对人才的需求不仅仅是高高在上的管理人才，更多的是直接面对生产的技能工人。而这些人员不再是九年制的初中毕业生和 12 年制的高中毕业生，而是具备一定学术成就的高技能人才。因此，美国知识经济型发展模式呼唤"技能+学历"的复合型人才。

为应对美国经济对人才需求的转变，美国教育部门做出了一系列改革，其中之一就是制定了"为美国的未来投资——职业生涯与技术教育改革蓝图"。改革蓝图明确提出要发展结构严谨、要求严格、内容相关、目标明确的高质量职业教育。结构严谨就是要求中等教育机构和中等后教育机构之间的衔接全面畅通，不仅课程设置要科学有效，学分转换也要简便易行；要求严格就是要制定较高的学术及专业标准，并严格地依据标准进行评估；内容相关就是职业教育的教学内容要切实为学生升学及开创职业生涯服务，要密切关注劳动力市场发展变化，有针对性地做出及时调整；目标明确就是职业教育的目标要直指升学及职业生涯准备，既帮助学生在学习结束之后获取行业认证、资格证书以及中等后教育证书或学位，又要帮助学生为进入快速发展变化劳动力市场做好准备。

为保证职业教育改革目标的顺利实现，2012 年的改革蓝图提出了四条改革原则，

并针对当前所存在的问题提出了相应的解决办法。

一是统筹协调。职业教育的发展要与劳动力市场需求变化相协调。各级教育机构必须与行业企业以及经济发展机构共同开展职业教育项目，帮助学生掌握技能并进入迅速发展的行业领域，承担人才紧缺的专业岗位。新法案要求各州与经济发展部门共同确定快速发展行业以及紧缺岗位，在此基础上有针对性地开展职业教育项目。

二是多方合作。加强中等教育机构、中等后教育机构以及行业企业之间的合作，保证学术知识及专业技能的相关性及高标准，保证人才培养目标与劳动力市场需求的协调一致。合作的模式主要是组成职业教育办学联合体，并明确法案中对于行业、企业及劳动力机构参与合作的要求。

三是有效评估。统一评估要求明确执行标准，通过有效评估提高学生学术水平，帮助他们掌握专业及就业技能。为保证新法案下的评估制度能够更加有效地提高职业教育质量及保证职业教育公平，职业教育评估将各州内的拨款方式由格式化向优选化转变。在竞争的基础上，把款项优先拨给能有效衔接劳动力市场需求，有效促进本地经济发展，有力促进学生职业生涯发展的职业教育项目。

四是鼓励创新。重视各州职业教育改革过程中的创新举措，支持并推广各地开展职业教育过程中的有效做法。

改革蓝图旨在保障所有希望接受职业教育的学生有学上、上好学。通过提高学术要求，整合学术与专业教学，培养学生在职业生涯发展过程中的自我发展能力，通过"学习项目等培养模式"，加强中等与中等后教育之间的衔接；通过整合各种社会资源，促使职业教育的设计与发展进一步与现实需要相一致；通过提高各州办学的自主性，明确联邦政府和地方政府的权责，进一步提高职业教育的管理效率。

（二）职业学校与企业合作的发展模式

职业学校与企业合作培养技能型人才的发展模式以欧洲国家为典型代表，无论是德国和瑞士的"双元制"模式，还是英国的现代学徒制模式以及法国的工学交替模式都是通过职业学校与企业合作来培养技能型人才。本部分主要以德国的双元制和英国的现代学徒制为基础，阐述这种发展模式的特点和改革趋势。

1. 德国的双元制模式

德国职业教育发展是德国经济持续发展的不竭动力，其成功源于其完备的职业教育体系、完善的职业教育法律法规、双元制的技能型人才培养模式、行业协会为主体的管理机制和综合交叉的职业教育网络。

双元制是德国职业教育体系的主要特色，是指在国家法律框架下，由职业学校和企业分工合作，共同完成人才培养的一种职业教育办学模式，双元制不仅仅是一套教育模式，更是一个与其他国家不同的教育体制。双元制的实质在于双主体中以企业为办学主体的体制，以职业能力为本位的培训模式以及以市场和社会需求为导向的运行机制。

德国职业教育体系的主要特点：

完善的职业教育法律法规。德国十分重视职业教育的立法工作，自职业教育形成阶段就制定了相关的法规，20世纪50年代以来，德国先后制定一系列的与职业教育有关的法律法规，形成了完善的职业教育法律体系，为德国技能型人才培养提供有力保障。如1969年的《职业教育法》，赋予德国职业教育双元制这一正式名称，1981年又颁布了《职业教育促进法》。进入21世纪以来，经济全球化导致了经济结构性变革和经济发展方式的转变，为应对21世纪世界经济发展的新挑战，强化作为提高国家竞争力要素的职业教育的作用，德国更加重视职业教育的法制建设，一方面从国际视野出发，力图保持被视作职业教育楷模的双元制职业教育体系在世界的领先地位，另一方面力图确保国家层面赋予职业教育已有的法律地位。

为职业教育构建一个有益于其发展的外部框架，一直是德国职业教育法制建设的主要诉求，也是职业教育改革的重中之重。基于这一诉求，21世纪的头10年，德国的《联邦职业教育法》进行了两次修改。第一次是2005年的新修订的《联邦职业教育法》，将盈利性的企业转变为一个为教育做贡献的育人性的"教育企业"，实行教育企业与职业学校相结合；随着教育企业的出现，职业教育管理部门也由传统的教育部门管理学校的模式（强调其教育性）扩张到经济部门管理企业的模式（强调其经济性），实现教育部门与经济部门的合作管理模式。2007年，德国基于全球化经济发展方式转变和经济结构调整，对新的《联邦职业教育法》再次做了修改，从战术性的技术问题人手，对现有的职业教育数据调查表格进行了重新处理，并且对教育企业与受教育者之间签订的具有法律效力的合同细节数据进行了补充。《联邦职业教育法》的再次修订，更好地处理了整体与细节的关系，法律既要考虑在宏观层面为事业发展确立一个整体性的框架，又要在微观层面为事业运作提供一些细节性的指导，整体与细节的集成，使职业教育法律的制定与实施会更加有机化和人性化。

纵横交错的职业教育网络。从德国职业教育体系内部来看,形成了"初中阶段—高中阶段—高等教育阶段"三级递进的技能型人才培养体系。在各个层级都设有各类的职业学校,每所学校针对不同的专业,制定了较为弹性的教育期限,较高层次的职业教育以较低的职业教育为基础,各级学校之间实现了贯通。中等职业教育通过开设综合性职业基础课程,培养学生跨专业的综合能力,为培养高技能型人才创造条件,也为学生进入高等教育做好准备;而高等职业教育,强调学生"双元制"的教育经历或职业培训经历,提供多样的学习方式以满足学生的多元需求。

同时,德国职业教育体系还实现了与普通教育的横向融通。普通中学通过开设经济和技术等相关课程,定期组织学生到企业或工厂参观实习,帮助学生联系劳动就业部门等措施为学生提供免费的职业入门教育,为进入"双元制"职业教育做好准备。文理中学初中阶段的毕业生可以选择高中阶段的职业教育,文理中学高中阶段的毕业生在完成要求的实习课程后也可以选择进入高等职业院校学习,为进入职场做好准备。而实科中学的毕业生,可以选择进入文理中学的高中阶段、技术高中等,为进入综合大学打好基础。

行业协会为主体的管理机构。根据德国《联邦职业教育法》的规定:所有的德国企业都是所属行业协会的会员。德国的行业协会如手工业协会、农业协会、工商业协会等,是相关职业教育领域的主管机构。行业协会通过设立职业教育委员会对职业教育进行自我管理,其职责是管理和协调行业内举办职业教育的重大事项。职业教育委员会成员通常为18名,由企业、工会和职业学校的代表组成,各方代表的人数均占总人数的1/3,其中企业和工会代表拥有决定性的投票权,而职业学校教师代表仅拥有咨询性投票权。同时,在州政府层面,各州的教育部及州职业教育委员会(由国家层面行业协会的代表、各州的企业代表、州级的工会代表和州职业教育管理部门的代表组成)负责管理和协调州范围内的职业教育。形成了联邦政府与州政府、各州与各州之间、行业协会和职业教育管理部门之间纵向统筹横向协调的职业教育管理体制。

2. 英国的现代学徒制模式

英国现代职业教育起步于20世纪70年代。在英国政府和社会教育机构的大力推动下,到21世纪初,英国职业教育一改其落后面貌,形成了被

国际职业教育界推崇的现代职业教育体系。这一体系已经成为帮助英国开拓技术创新能力,提升国际竞争力的重要推动力量。英国现代职业教育体系中的国家职业认

证制和现代学徒制已经成为许多国家借鉴的成功经验。现代学徒制教育体系是英国现代职业教育改革的核心，他为14岁至26岁的青年提供了一种边学习、边工作，既获得职业资格等级证书，又获得一定工作报酬的学习方式。现代学徒制是在20世纪90年代在传统学徒制的基础上发展起来的。随着人类社会进入后工业化时期，随着经济全球化的推进和信息化时代的到来，英国的公司企业对从业人员的素质有了新的要求，传统学徒制已不适应现代生产方式规模化的发展。为此，英国政府于1993年出台了"现代学徒制"(Modern Apprenticeship)计划，1994年正式在14个行业实施该计划，1995年在全英54个行业推广。现代学徒制把建立在传统手工业基础上的职业培训制度向一些新兴行业（如IT产业、先进制造业、现代服务业等）扩展，把学徒培训与国家职业资格制度结合起来，使学徒培训的质量评价有了可靠的依据。现代学徒制的建立为英国职业技术教育的进步注入了新的动力。

在现代学徒制中，学徒具有双重身份，作为学生，他们每周的前1/3或者1/2在学校学习理论课程；作为学徒，他们在每周的后2/3或1/2在企业与雇员们一起进行实践操作。通常理论课与实践课的比例为2∶8或3∶7。现代学徒制的目标是培养高素质技能人才，除了为雇主训练职业人才，使学徒掌握技能之外，还鼓励学生从最基础的技能开始，通过职业资格证书和学历证书的互通桥梁，前往高等院校接受继续教育。

为推进现代学徒制的发展，近年来，英国政府采取了一系列新举措，如建立"国家学徒制培训服务中心"，制定学徒制培训的规格标准，确定学徒制纳入公益性政府资助范畴以及常设高等层次学徒基金项目等。

英国的现代学徒制作为适应国际国内政治经济科技需要的产物，在世界产生了领先和示范作用，国家把学徒堪称是国家行为，而不只是个人行为和行业行为，建立学历证书和职业资格证书并行的体制，打通了中低端学徒向中高端学徒的上升通道，值得我国职业教育改革与发展学习和借鉴。

国家职业资格制度。英国的职业教育在很大程度上反映在其职业资格制度上，无论是高中阶段还是高中后阶段的职业教育，都似获取相应的资格证书为教育教学的目标之一。英国的职业资格制度包括国家资格框架(NQF)、国家职业资格证书(NVQ)、资格与学分框架(QCF)。

国家资格框架体系(NQF)是英国国家层面建立的一个囊括所有资格以及证书的大体系，该体系把对学员要求一致的资格等级放在一起，同一等级包含很多学科领域的

证书。国家资格框架还体现了同等资格如何转换以及低等资格如何向高等资格上升，国家资格框架中的所有资格证书都必须经过英格兰、威尔士和北爱尔兰的管理机构认证，才能由相关授权机构颁发。国家资格框架体系包括入门级和1级到8级，对各级资格的基本要求、应该实现的目标以及知识、技能和能力的要求做了具体的说明。

国家职业资格证书（NVQ）。在英国国家资格框架体系下，存在许多子系统，这些子系统均以国家资格框架体系为基础，开展相关职业教育和培训，颁发相关证书。其中职业资格证书主要有国家职业资格证书。国家职业资格证书是与工作相关、以能力为本位的资格证书，它基于国家职业标准，规定了某一职业的合格表现，界定了当前的最佳工作方式，适应未来要求的能力以及具备胜任工作的知识和理解力。它根据接受职业教育的不同层次分为5个等级，英国政席通过教育法案明确职业教育资格证书与相应等级的普通学历证书具有同等地位，等值互通。任何获得NVQ3以上职业资格认证的青年都可以凭此参加普通高等院校的招生考试，从而继续完成高等学历教育。这为职业教育和普通高等教育建立了立交桥，为青年人成长成材提供了更加广泛、灵活的选择。

资格与学分框架（QCF）。英国的职业资格在其发展过程中不断围绕着整合与衔接两个主题进行完善，职业资格制度在满足劳动力市场需求、提高技能人才质量等方面发挥着重要的作用。然而，随着经济社会的不断发展，职业资格在培养技能型人才方面逐渐出现了一些问题，尤其是职业资格的制定没有充分体现行业企业的需求，资格的获取方式不灵活，不利于在职人员申请等问题显得尤为突出。为此，一场继续围绕着整合与衔接两大主题的职业资格制度改革又针对性地展开。2006年，英国政府开始了英国职业资格改革工程，旨在通过推行资格与学分框架（QCF），通过加强行业技能委员会的职能以及通过改革资助政策来建立一个能有效体现学习者和企业需求、提高技能水平及资格效益，改善英国经济竞争力、帮助学习者个人充分发挥潜力的职业资格体系。资格与学分框架内的资格被分解为若干学习模块或单元，每一单元规定学分制，学习者通过学习这些模块或单元取得相应的学分。框架内设资格认定、资格证书和学位文凭三种层次的资格，所有资格都界定了入门级到8级的不同要求。 自从资格与学分框架推行以来，原有的国家资格框架体系（NQF）的资格逐渐转移到这一框架之中。

英国的职业资格制度在国际国内都享有盛誉，它以优质灵活的特征成为英国职业教育的重要特征之一。英国政府也一直致力于完善其职业资格制度。但在其改革与发展中也面临一些主要问题，如大量年轻人获得的职业资格并未能增强其在劳动力市场上的竞争力，许多行业企业认同且十分重视的职业资格得不到政府的审核和资助等。尽管英国职业资格制度还存在诸多不足，但其"衔接性、灵活性、大众化、标准化"等特征是我国职业教育改革与发展可以学习和借鉴的。

3. 不同教育类别之间衔接和沟通模式

不同教育类别之间的衔接和沟通模式以澳大利亚最为典型，其不同教育类别之间的衔接和沟通主要是通过建立国家统一的证书、文凭和学位框架，使职业教育成为国家教育体系的有机组成部分。

澳大利亚职业教育经过一个世纪的探索、发展与完善，成功构建了具有本国特色的职业教育 TAFE 模式——技术与继续教育模式(Technical And Further Education)。TAFE 模式涵盖了职业教育、培训和继续教育，整合贯通了劳动力培训、职业资格标准、职业教育与基础教育衔接以及终身教育等各环节，成为备受世界关注的一种职业教育典范。

（1）形成了完善的国家学历资格框架体系(AQF)，有利于不同教育部门间更有效地转换。澳大利亚学历资格框架体系(AQF)（见表1-1）于1995年1月起开始实施，2000年在全澳洲全面实行。澳大利亚资格框架能够证明人们通过学习、培训、工作和生活所获得的知识和技能，能帮助所有学习者、雇主、教育与培训机构进入资格体系。

AQF 中的职业资格由高中、职业技术教育和高等教育三部分组成，彼此相互衔接。相同级别的资格能够将不同种类的教育进行连接，允许人们从一种教育类型向另一种类型转换。同一类型的资格证书具有不同的层级，为人们职业生涯的发展提供了通道。

如在普通高中教育阶段，学生就可以自由地选择证书Ⅰ和证书Ⅱ要求的职业教育课程；高中毕业进入TAFE学院后，在高中教育阶段所得的职业教育课程的学分得到承认，不必从头学起，可直接学习后续的课程模块。学生从TAFE学院毕业后，也可以进入大学学习，其在TAFE学院学习的相关专业的课程全部（若大学的专业实践性较强）或部分（若大学的专业理论性较强）得到承认。这为TAFE学院毕业生进一步深造取得大学学位创造了条件。

2005年前，AQF职业教育资格证书只有六级，即一至四级职业证书、加上文凭和高级文凭两级证书。2005年后，该职业资格证书框架内加上了职业研究生证书和职业研究生文凭两级资格证书。这两级证书与普通高等教育的研究生证书和文凭处于同一

级别。

澳大利亚政府在 AQF 的职业资格证书体系中加上职业研究生证书和职业研究生文凭两级资格的目的是要延伸职业教育的学习通道，并增加 AQF 内相同层级资格间的更多选择性。

（2）适应变化的质量新原则，保障培训包满足行业企业的实际需求。培训包是澳大利亚职业教育材料开发的指导性文件，由澳大利亚国家培训局"培训包国家计划"提供经费，委托国家行业培训指导委员会（ITABs）制定，经国家培训局批准后在全国范围内实施。培训包主要包括三部分：国家能力标准、评估指南和国家资格框架。

培训包是国家培训框架的主题，详细规定了国家统一的资格、行业能力标准和评估指南，并提供相应的辅助材料。能力标准是对学生进行质量评价的尺度，规定了本行业不同岗位的从业人员所应该具备的文化知识、实践技能和思想素质，全面考核学生的工作能力、管理能力、协调能力以及与他人合作的能力。资格证书即澳大利亚 AQF 中共有 5 种证书和 3 种文凭，文凭在证书所具有的较强动手能力的基础上，还需具有一定的技术分析和设计能力、解决问题的能力和组织协调能力。评估指南是对能力标准的评估考核方法及其考核条件，主要在学生的质量评价、能力评估和考核方面发挥重要作用。

培训包反映了特定行业对特定岗位所要求的技能水平，是行业期望的人才技能标准，因此可以视为行业人才的"订单"。各个培训机构可以据此开发标准的课程设置，并授予学生相应的文凭。培训色由行业制定又为行业服务，明确了职业教育的培训目标，实现了培训与就业的"无缝对接"。

目前，澳大利亚已批准和公布了 81 个培训包，覆盖该国 90% 的行业及 101 个专业。为了保证人才培养能够满足行业的动态需求，培训包每三年进行评估和修订。国家培训质量保障委员会（NTQC）定期督促检查培训包的制定程序，使之适应不断发展的新兴技术和新兴行业的需要。

（3）建立健全的管理体系和制度，发挥政府的导向和宏观调控作用。从各级政府的主管部门到各高校直至社区，已形成完备的职业教育与继续教育培训体系，保证了澳大利亚全国的培训工作快速、有序发展。澳大利亚通过政府、国家培训总局、国家职业教育研究中心和行业培训咨询委员会等层级对职业教育进行管理，形成了独特而有效的管理网络。联邦政府负责制定有关教育的大政方针，确定全国学历结构体系和质量控制体系，制定证书和文凭的国家标准。联邦政府下设国家培训总局，主要职能是代理联邦政府管理职业教育。国家职业教育研究中心，是职业教育研究和统计调查机构，每年向政府提供各职业教育培训学生就业率统计和教学质量信息反馈报告。行业培训咨询委员会为职业培训提供行业需求分析，参与制定行业培训计划、教学大纲、培训规范和考核标准。健全的管理体系很好地发挥了政府导向和宏观调控作用，对职业教育改革的发展起到举足轻重的作用。

（4）产学合作和行业企业参与，协调了人才培养和使用的关系。职业教育与产业界、劳动力市场的密切配合是澳大利亚职业教育的一个显著特征，企业、职业教育机构和学生形成开放的系统，企业保证职业教育的实用性和现实性，并根据市场变化和要求确定接受职业教育学生应该具有的素质和技能，教育机构则把这些要求细化为可操作的教学模式。

澳大利亚政府以国家政策为保障，促使企业积极参与职业教育。澳大利亚政府法律规定企业必须拿出相当于各自总额2%的资金用于培训，提高企业对职业教育的关注与参与度。在组织上，各级行业顾问委员会、学校管理委员会的成员主要由行业代表组成，通过培训政策的制定、行业标准认证框架、拨款等措施，确保职业教育学院的培训内容、形式和质量等能够最大限度满足行业的发展需要。

行业企业参与职业教育的另一途径是新学徒制。新学徒制规定，提供学徒培训的雇主与学徒之间签订培训合同，由雇主结合自己的工作需要和学徒的实际水平选择培训机构，雇主每雇用一名学徒工，政府向其提供一定的经费支持，被选中的培训机构也可获得政府拨付的培训费，从而有效地提高了行业对技术与继续教育的关注与参与。

（5）加大投入，提高职业教育与培训服务社会的能为。澳大利亚具有专门的技术与继续教育发展资金，政府举办的技术与继续教育主要由政府提供资金，97%的资金由政府拨给，3%的资金由学校自筹。政府拨款中，联邦政府拨给1/3左右，州政府拨给2/3左右。但澳大利亚政府对职业教育的投入并不是直接划拨经费，而是采用"购买"教育培训的方式，如某'rAFE学院有40名学生申请获得三级证书，按规定获得三级证书必须授课400小时，而每小时授课经费为10澳元，则政府应拨给学院的教育培训经费为16万澳元。如学院未能保质保量完成任务，则要将相应的资金退还给政府。教育经费的"购买"方式采取公开投标的市场运作，使职业技术教育在竞争中发展，保证了职业技术教育的质量。

从澳大利亚职业教育与培训投入来看，无论哪个政党执政，无论经济上行还是下行，对职业教育的重视总是有增无减。从澳大利亚GDP增速与职业教育经费投入增速的对比可以看出，无论是总投入还是政府投入，职业教育获得的经费增速都高于GDP增速。特别是2009年，当经济发展受国际金融危机影响，GDP增速明显放缓，但职业教育与培训的经费投入却大幅增加，比上年增长超过10%。稳定且不断增长的经费投入，体现着国家意志，使澳大利亚职业教育发展具备了坚实的物质基础，提高了职业教育培训与服务社会的能力。

第二节　职业教育发展现状

我国经过30多年的改革开放，科学技术迅猛发展带来的巨大变化，彻底改变了我国工业生产的落后局面，成为世界性的制造业大国。另一方面，随着经济的持续增长，传统的生产方式受资源、生态等生产要素的制约，经济的可持续发展面临严峻的挑战。随着世界经济格局的变化和我国科技水平的整体提高，我国提出要通过科学技术的创新驱动转变产业结构，实现从"中国制造"向"中国创造"转变，实现从"人口大国"向"人力资源大国"转变，通过提高劳动者的素质，增加产品的科技附加值。因此，经济的发展不仅要求大幅地增加技术应用人才的数量，更要求提升技术应用人才的素质。

顺应这种形势，我国高等职业教育以空前的速度发展起来，并取得了辉煌的成就。目前，全国独立设置的高职高专院校的数量已达到了1168所，占普通高校总数的61%，而高职院校在校生人数达到860万，占了全日制普通高校学生总数的46%，高职院校和接受高职教育的人数已占据我国高等教育的"半壁江山"，在推动我国高等教育大众化进程中起到了主力军的作用。从高职教育现有规模来看，我国已成为高等职业教育的大国。如何实现高等职业教育从规模化发展向内涵式发展转变，完成高等职业教育从量的积累到质的跃升的变革，已经成为当前我国高等职业教育发展面临的重大课题。

与普通高等教育相比，高等职业教育具有更强的专业性，它是直接服务社会经济发展、直接面向学生就业的教育，具有很强的职业导向。因此，与普通高等院校强化课程建设淡化专业建设相比，高职院校在学校管理上，更加突出专业建设的地位，课程建设是为提高专业建设水平服务的。高职院校办学水平的高低、教学质量的高低、社会效应的强弱都与高职院校专业建设有着密切的关系。作为高职院校人才培养的重要管理环节和基本单位，专业是社会需求与高职院校实际教学工作紧密结合的纽带。专业建设是学校人才培养工作主动、灵活地适应社会需求的关键环节，是高职院校追求发展、促进建设的核心和重要组成部分，是提高教学质量，特色办学，培养高素质应用型人才的关键，是高职院校发展的核心工作。

然而，目前我国高职院校的专业建设还存在不少问题，如专业建设存在盲目性和随意性，特色不突出；结构、布局不合理；专业划分过细，口径偏窄；新兴、交叉、综合性专业发展程度不高，等等。更为重要的是，在高职院校的专业规划、设置、建设、调整和创新中，多数学校单纯思考自己学校的发展和现实情况，忽视了影响学校发展的主导力量对学校办学的作用，更没有把学校的发展放在区域社会经济发展的大环境中去考虑。高职院校专业建设缺乏与区域经济、与行业之间的互动，关在学校里面开展高职专业建设是我国高职院校在专业建设过程中存在的突出问题。

努力提高专业建设水平，是实现高职院校内涵发展的重要突破口。作为高职院校的管理者，不仅要充分认识到专业建设的重要性，还必须正视院校在专业建设工作中存在的问题。高等职业教育专业建设的历史是怎么样的？现状又是如何？存在哪些主要问题？这些问题是不是由于区域经济、行业、高职院校之间互动不紧密或者互动不良而产生的？如果上述问题存在，那么区域经济、行业、高职院校之间的互动状况到底是怎样的？这种互动包括哪些内容？具有怎样的互动方式，在互动中存在怎样的具体问题？该怎样解决这些问题以构建起一个完善的良性互动模型？本研究以区域经济、行业、高职院校三者互动关系来探讨高职专业建设的着重点、出发点和落脚点，试图以三者互动博弈为线索、以专业分析为切入点、以高职院校发展为目标开展研究，为以上问题寻找答案。

第三节 职业教育进展、成效问题

新世纪以来，国家抓住我国经济社会发展的大好机遇期，适时提出了大力发展职

业教育的重大战略,我国职业教育得到了巨大发展,建成了世界上规模最大的职业教育体系,基本满足了广大青年接受良好教育的需求。职业教育作为人力资源开发体系的重要组成部分,培养了数以千万计的高素质劳动者和技术技能人才,有力地支撑了我国世界制造业大国的地位,促进了经济快速发展和社会的持续进步,缓解了社会就业压力,为广大青年打开了通向成功成才的大门。但是,在我国转方式、调结构、促升级和惠民生的新形势下,职业教育还不能适应经济社会发展的需要,还存在一些亟待解决的突出问题。

一、我国职业教育得重大进展

我国职业教育的发展是在技术积累层次较低,产业竞争力不强、社会阶层差距逐步拉大的经济社会发展背景下起步和发展的。面临着起点低、发展资源不足、基础落后等先天条件的限制。新世纪以来,国家为落实科教兴国战略和人才强国战略,推进我国走新型工业化道路,从社会主义现代化建设全局出发,把职业教育确立为经济社会的重要基础和教育工作的战略重点,成为应对社会经济、人口、环境挑战,以及实现高水平、可持续发展、促进就业与社会和谐的重要战略。

党中央、国务院对职业教育高度重视,新世纪以来,召开了三次全国职业教育工作会议,并出台《关于加快发展现代职业教育的决定》,为职业教育的改革和发展指明的方向。各地区、各部门认真贯彻会议和决定精神,根据《国家中长期教育改革和发展规划纲要(2010~2020年)》的目标,加强了对职业教育工作的指导和支持。地方各级政府加强职业教育立法与规划,不断完善政府主导、行业指导、企业参与的办学机制,健全多渠道投入机制,加大职业教育投入,职业教育得到大力发展。2009年金融危机之后,随着国家创新驱动转型发展战略的实施,各地职业教育改革发展的呼声日高,加快建立现代职教体系,探索职教体制机制创新,增强职业教育发展活力成为各地职教发展的强大动力。我国职业教育正从规模发展向内涵发展转型。

(一)职业教育与区域经济社会发展更紧密结合

近年来,各级政府重视职业教育的发展与推进,把职业教育立法与规划作为政府推动职业教育发展的重要手段,把职业教育发展与当地经济社会发展密切联系起来,将技术技能型人才发展纳入当地人才发展规划,将职业教育发展与经济社会发展、城镇化发展、产业发展同步规划。各地相继出台了符合地方经济社会发展的中长期职业教育改革和发展规划、现代职业教育体系建设规划和关于支持现代职业教育发展的意见等重要文件，主动适应国家产业振兴计划，加快发展战略性新兴产业和生产性服务业的部署，把调整专业结构、技术结构及相应教学体系作为转变职业教育发展方式的重点，按照优化需求结构、供给结构、要素投入结构的方向，对地方职业教育科学规划、周密部署，职业教育服务区域经济社会发展能力不断增强。

如从2007年到2010年的四年间，国家层面校企合作的法规制度逐渐出台。2007年6月教育部、财政部下发了《中等职业学校学生实习管理办法》(教职成[2007]4号）。2007年4月印发了国家税务总局关于印发《企业支付学生实习报酬税前扣除管理办法》的通知（国税发[2007]342号）。2009年12月教育部、财政部等联合推行中职学生实习责任险。2010年3月印发了新的《中等职业学校专业目录》（2010年修订）。

各地也积极探索职业教育立法和规划的相关工作。例如：宁波市率先在全国推动职业教育校企合作立法，先后于2009年和2012年出台《宁波市职业教育校企合作促进条例》和《宁波市职业教育校企合作促进条例实施办法》，确立了职业教育校企合作的管理体制，建立由教育、财政、科技、农业等部门参加的职业教育联席会议制度，统筹协调本地区校企合作的规划、资源配置、经费保障、督导评估等工作。校企合作有了明确的政府责任主体，形成了比较清晰的运行管理体制，校企合作也真正成了政校企三方共同承担、合作履行的社会责任和义务。上海市出台了《关于本市推进校企合作培养高技能人才工作的实施意见》，根据上海市产业发展对高技能人才的需求，充分整合社会各方面教育培训资源，发挥政府的引导和扶持作用，构建院校与企业之间高技能人才的培养平台，通过校企合作、产学结合、半工半读、定向培养，探索建立职业教育、产业发展、促进就业紧密结合的高技能人才培养制度，加快培养适应本市产业发展急需的高技能人才。山东、深圳、沈阳、广州等地也在加紧制定职业教育相关地方性法规和政策文件。

（二）职业教育基础能力进一步提高

随着对职业教育重要性认识的不断深入，各级政府加大职业教育投入，职业教育基础能力建设不断增强。2012年，全国职业教育经费总投入为3319.7亿元，比"十五"末的2005年增长2.53倍，年均增长19.8%；而同期全国公共财政投入中用于职教的投

入达到2053.2亿元，比2005年增长4.42倍，年均增长27.3%，公共财政投入的增速明显快于总投入的增速。职业教育公共财政投入占公共财政总投入的比例也逐年提高，从2005年的8.1%提高到9.9%。政府的持续投入，带来的是职教办学条件明显改善，质量大幅提高。2012年，全国中等职业学校生均仪器设备值达到3065元，比"十五"末的2005年增长62.2%，高职（专科）生均教学仪器设备值达到7025元，同比增长28.0%。

除了增加职业教育的公共投入外，各级政府还不断完善职业教育经费投入机制，逐步提高教育费附加用于发展职业教育的比例，规定地方教育费附加用于职业教育的比例不能低于30%。同时，各级政府加强了对农村各类教育培训资源的统筹，农村基础设施建设经费、农村科技开发经费和技术推广经费有一定比例用于农村职业教育的发展。

初步建立职业教育学生资助政策体系，促进教育发展和教育公平。2007年，新的中等职业学校家庭经济困难学生资助政策规定，中等职业学校一二年级所有农村学生和城市家庭经济困难学生每年资助1500元。2008年以来，中央和地方财政共投入100亿元，其中中央财政75亿元，受资助面达中等职业学校学生总数的90%。2011年这项惠民政策，扩大到涉农专业、城市家庭经济困难学生和所有农村学生。高等职业院校学生享受国家奖学金、助学金和助学贷款，受资助面达20%以上。

各地也努力增加对职业教育的投入，健全职业教育经费保障机制。各省、市（州）、县设置职教专项经费，围绕经济社会发展对技能型人才培养的需求，主要用于实施"职业教育实训基地建设""示范性职业院校建设""县级职校中心建设""职业院校教师素质提高"计划。通过各级财政加大投入，各省教育办学资源不断丰富、办学条件持续改善。

为了建立健全职业教育经费保障机制，各省（自治区、直辖市）制定和实施中等职业学校生均公用经费标准、高等职业院校生均综合定额拨款标准、职业院校校舍建设和维修及设备配置标准，并依法足额拨付。例如：山东省从2013年秋季起免学费范围扩大到中等职业学校全体学生，中职学校有了拨款标准。省财政厅、教育厅、人力资源社会保障厅联合下发《关于中等职业学校生均公用经费基本拨款标准有关问题的通知》，综合考虑不同专业的日常办学成本、财力保障等因素，按专业类别确定生均公用经费拨款基本标准，将免学费补助转换为按专业补助公用经费的新机制，对第三年级同样全额拨付公用经费，拨款更加科学、合理。2014年还将制定高职院校生均拨款标准。

广东省政府非常重视职业教育基础能力建设。"十二五"期间全省职业院校经费投入超55亿元，新建、扩建、改建中等职业学校360所，建筑面积近910万平方米，新建高职院校15所。

（三）职业教育发展得不断增强

围绕职业教育管理体制与办学机制的改革与创新，各地进行了积极探索与实践。一是加大省级政府统筹管理职业教育的权限，强化了各级政府对职业教育发展规划、资源配置、条件保障等方面的统筹管理。二是理顺职业教育管理体制，教育行政部门统筹协调和综合管理职业教育工作，相关部门分工负责职业教育的有关工作。三是依法落实各级政府举办职业教育的责任，扩大学校办学自主权。

管理体制改革有了新进展。各地不断探索职业教育管理体制创新，逐步形成职业教育从部门管理向政府统筹管理转型，建立职业教育工作联席会议制度，健全了政府统筹管理协调、业务部门牵头抓、相关部门密切配合、社会力量参与的职业教育管理模式。广东省着力强化市级统筹力度，以学校设置、专业调整、招生录取"三统筹"为抓手，优化制度环境，实现了各级各类职业教育统筹发展的"大职教"格局。各地积极鼓威职业院校、行业组织和骨干企业牵头组建职业教育集团，到2015年，职业院校参与集团化办学的比例将达到90%，2020年达到100%。发挥行业在制定职业资格标准、指导专业设置、深化教学改革、开展质量评价等方面的作用。

办学机制取得新突破。各地在建立统一、开放、竞争的职业教育办学机制方面进行了积极探索。山东省着眼于营造民办职业学校与公办学校平等的发展环境，出台多项惠政策支持民办职业教育发展。一是办学活动规范的非营利性，民办职业院校可从办学结余中提取一定比例用于奖励出资人，奖励资金转为出资额，继续用于本学校发展二是非营利性民办职业院校聘用的教师，按公办学校教师标准参加事业单位社会保险，并按事业单位社会保险政策享受退休待遇，有效解决民办职业院校教师的后顾之忧，让他们安心教书育人。三是公共财政还通过定额补助、项目补助、专项奖励的方式对非营利性民办职业院校给予支持。近日，省财政安排专项资金1.1亿元支持民办职业教育发展。

广东省民办职业教育不断发展，形成职业教育公办与民办共同发展的多元办学格局。2013年，广东省民办中等职业学校（不含技工学校）达到133所，占中职学校的25%，当年招生6.4万人，占中职招生总数的13%；在校生22.3万人，占总数的15%。广东省80所高等职业院校，民办高职院校30所，占37.5%。民办中等职业学校优质学校建设也取得突破，133所民办中等职业学校中8所是省级重点中等职业学校，1所是国家级重点中等职业学校；30所民办高职院校中1所是省级示范性高职院校。

广东省通过鼓励和支持民办职业教育发展，解决了政府对职教投入不足的难题。政府在征地税费上扶持民办职校发展，如肇庆市政府最好的土地仅以每亩8万元的价格给予民办职校，除了征地上的大力支持，在学院建设过程中，政府还减免了13项建设规费，总金额达2000多万元。与此同时，在建设程序上，政府也大开绿灯，一般项目要走一年的程序，职业学院只花三四个月就可走完。

《贵州职教规划》提出积极推进职业教育办学体制改革，建立和完善政府主导、行业指导、企业参与的办学机制。鼓励公办职业院校积极吸纳民间资本和境外资金，探索建立以公有制为主导、多种所有制并存、产权明晰的办学体制。

（四）探索建立现代职业教育体系得新进展

建立现代职业教育体系，首先需要科学界定各类职业教育人才培养目标和发展定位，才能从实际出发统筹中等与高等职业教育专业设置，一体化制定人才培养目标、教学方案、课程体系，实现人才培养的有机衔接。

课题组所到各省都提出了加快建立现代职业教育体系的意见，都把建立现代职业教育体系提到了议事日程。山东省把现代职业教育体系建设作为整个教育体制改革的重要突破口，他们对如何建构现代职业教育体系进行了深入研究，对职业教育人才培养的目标定位为：中等职业教育主要面向生产服务一线培养高素质的基本劳动者和技能型人才，并为高等学校提供具有一定专业技能基础的合格生源；高等职业教育主要面向生产服务一线培养技术型和高层次技能型人才；应用型本科教育主要培养工程型、高层次技术型以及其他应用型、复合型人才；专业学位研究生教育主要培养工程技术研发、高层次管理以及其他高层次应用型、复合型人才；职业培训面向全体劳动者提高从业能力和职业素质，形成结构合理、类型多样、相互贯通、功能完善的职业教育培养格局和人才成长"立交桥"。并要求坚持大力发展中等职业教育，稳定高等职业教育规模并加快其内涵发展，扩大应用型本科、专业学位研究生教育比重，不断提高职业教育在整个教育中的比重，推进普教与职教协调发展。

目前山东省在这方面的工作，走在全国的前列。2013年山东省实施中职与本科3+4、高职与本科3+2招生试点改革。这并不在于招收1000多人读本科，而在于整个招生考试制度和教育改革迈出重要一步。通过现代职业教育体系的构建，一方面是从政府角度充分认可职业院校的毕业生是一种技术型、应用型人才，另一方面是向社会释放强烈的信号，现代职业教育体系从中职、高职、本科的通道已经基本打通，以后可能有相当数量的高等学校也要慢慢走到职业教育这条路上来。广东省在建立现代职业教育体系方面也取得了一些经验。从2010年开始，广东省就开展"探索建立职业教育人才成长立交桥，构建现代职业教育体系"的国家教育体制改革试点，在国家政策层面承担构建现代职业教育体系的改革。广东省高度重视现代职业教育体系的顶层设计，编制了《广东省现代职业教育体系建设规划》，从2009年起开展中高职对口招生，高职院校面向中等职业学校应届、往届毕业生自主招生改革试点范围不断扩大，2013年共有22所试点院校开展自主招生；同时，推进中高职协调发展取得阶段性成果，三二分段一体化人才培养模式改革试点进一步扩大，2013年广东省39所高职院校与157所中职学校（含技工学校）对接，招收5万多名应届初中毕业生。在三二分段人才培养模式改革中，广东省坚持高职引领、中高职协同发展，中高职共同制定人才培养方案，协同培养高素质人才，高职面向中职生源单独招生、单独编班、单独培养，为技术技能人才的培养和成长探索了一条可行之路。

为适应广东建立现代职业教育体系、中高职衔接和职业教育教学改革的需求，部分高职院校选择若干专业开展中高职衔接课程体系建设研究，包括课程体系框架研究、教学指导方案研制、对接职业标准的核心课程标准开发及对接工作过程的立体化课程资开发，力求解决广东乃至全国中高职课程重复、衔接不当的问题，数控技术、汽车运用技术、计算机网络和旅游管理4个中高职相关专业课程衔接已经取得阶段性成果。

同时，4所应用型本科和4所高职开展协同培养改革试点。为加快构建现代职业教育体系，2012年，广东省教育厅提出，扩大招生规模，着力拓宽高职—应用性本科培养渠道，正式开展高职院校与应用型本科院校合作办学、联合培养试点工作。试点之前，在广州、深圳、佛山等地，已有部分高职院校与本科院校试水联合培养计划。如佛山科学技术学院在全省率先实行"高职本科一体化"人才培养改革，即中职学生可"直升"

高职院校深造，高职学生则可通过"专插本"考试进入佛山科学技术学院读本科。

建立现代职业教育体系已经得到大部分省市的认同，上海、宁波、河南、贵州等地也都已经在积极试点，有序推进这一工作。

（五）师资队伍不断加强

双师型教师队伍建设是职业教育发展的关键。近年来，国家出台了一系列有关针对专兼职双师型教师建设的政策，教育部在"十一五""十二五"期间连续出台了《加强中等职业学校教师队伍建设的意见》，2011年教育部、财政部正式下发《关于实施职业院校教师素质提高计划的意见》。一系列政策的实施，使职业教育教师队伍建设取得长足进展，师资规模持续扩大，素质结构不断优化，管理制度日益完善。2012年中等职业学校专任教师达到68.4万人，其中双师型教师17.2万人，比2005年增加1.7倍，所占比例从2005年的12.3%提高到25.2%；高职高专专任教师中双师型教师比例从2005年的21.2%提高到36.1%。职业院校教师学历和水平的不断提升和明显改善，为职业教育改革创新提供了有力支撑。

职教师资的提质增速，归功于培养培训体系的不断完善。如今，教育部依托高等学校、职业院校和企业，已建立了93个全国重点建设职教师资培养培训基地、8个全国职教师资专业技能培训示范单位、10个全国职教教师企业实践单位，各地也陆续建立了300个省级职教师资培训基地。仅国家级基地就完成培养培训50万人次，省级培训也是如火如荼。

同时开辟中职教师在职攻读硕士学位的专门通道，目前已招生1万余人，95%以上的毕业生成为学校教学骨干和专业带头人，同时启动职业学校校长能力提升计划，4000名国家级重点职业学校正、副校长参加培训；2011年启动的高职院校校长战略研修班，已培训了500名院校领导干部。作为首批全国重点建设职教师资培训基地，天津职业技术师范大学的"双导师、双基地、双证书"研究生培养新模式，培养出了我国首批"双师型"硕士研究生和"双证书"留学生硕士。

通过学校教师进企业，企业技师进校园，通过校企合作联合培养培训职业教育教师。职业教育的特性决定教师必须具有丰富的实战经验，才能教出动手能力强的学生。各地职业院校通过教师到企业顶岗实习和培训，提高教师的技能，同时聘任企业的技师到职业学校担任专职或兼职教师。据统计，超过15万名专业骨干教师参加培训，上万名教师取得更高一级的职业资格证书，从企业到职业院校兼职任教的高技能人才达2.7万余人次。教师进企业、技师进校园，人才的双向流动让职业教育焕发出蓬勃生机。

各地以素质提高计划的实施为契机，加强统筹和投入力度，积极推动职教师资管理制度创新。广西、湖南、浙江、重庆、河南、辽宁．云南等地在教职工编制、教师职务（职称）、教师专业能力标准、骨干教师和专业带头人队伍建设、兼职教师聘用政策等方面取得了突破性进展。

（六）校企合作机制不断完善

校企合作是职业教育健康发展的根本出路。各地把加强和深化校企合作，作为加快建设现代职业教育体系的重中之重，进一步扩大合作规模，深化合作内容，增强合作成效。

一是学校主动针对企业需求推进教育教学改革，提高人才培养质量和办学水平，增强对企业的服务和支持能力。

二是鼓励和引导企业深度参与学校教育教学。通过职教集团、专业建设指导委员会、学校理事会等形式，使企业参与职业院校教育教学改革，支持专业建设、教师培养和学生实习实训。鼓励企业将工厂开到学校，将学校办到工厂，在学校设立技术研发中心，创新职业教育成本转移支付机制，提高技术技能人才培养水平。另一方面，在企业建立实习实训基地，发挥好企业实训基地作用。

三是出台鼓励校企合作的优惠政策。制定落实校企合作税收优惠政策的实施意见。推行职业院校学生实习责任保险制度，将学生实习实训补贴和投保经费统一纳入公用经费补助范围，确保专款专用。各地落实政府相关校企合作政策规定的各项财税激励政策，在各自权限范围内出台了更多的激励措施，引导和支持校企合作办学、合作就业、合作发展。行业主管部门发挥对职业教育的指导作用，大力推进产教结合，密切职业教育与产业的联系，促进职业教育更好地适应产业发展实际需要。

四是建立统一的"校企合作公共服务网络信息平台"。开展人力资源统计、预测、供求信息发布试点。

五是完善就业准入制度，加强劳动监察，规范用工行为，由人力资源社会保障等部门依照法律法规对违反规定、随意招录不具备从业或执业资格人员的用人单位给予处罚。

各地经过不断探索已初步形成多层次、多类型的校企合作办学模式。一是政府主导的教产对接模式：职教集团和企业校区。比较典型的有宝安职业技术学校建立了"高新奇""汇科盛""花样年"三个大型企业校区，共容纳学生近2000人，实现了校企深度合作。二是学校主导的教产对接模式，包括车间进校、教学工厂、股份制实训中心、承包生产线、校企合营等。如宁波市职业技术学院与西门子公司合作，将生产车间引进校内，开发集岗位、任务、生产于一体的"车间训练"教学模式。三是企业为主导的教产对接模式：企业（产业园区）办校，如江门市雅图仕职业技术学校是由鹤山雅图仕印刷有限公司自主投资筹办的一所中等职业技术学校，企业办学可以密切学校与社会、学校与企业的联系，学校的专业设置、培养目标更有针对性。

山东省出台多种政策推动校企合作。2012年山东省出台9项财税优惠政策支持校企合作。相关部门出台税收优惠政策，支持学校组织开展实习实训及其他勤工俭学活动，开展教学、技术研究和培训活动，进行校区建设，支持社会力量及境外组织和个人资助、捐赠职业教育事业等。捐资举办的民办学校和出资人不要求取得合理回报的民办学校，依法享受与公办学校同等的税收优惠政策。

二、我国职业教育发展社会成效显著

改革开放以来，我国职业教育的大力发展为我国的经济社会发展培养了数以千万的高素质劳动者和技术技能型人才，为我国连续30多年的高速经济增长，从一个贫穷落后的发展中国家，成功走向制造业大国，继而跻身世界强国提供了有力的支撑。职业教育的大力发展促进了我国从人口大国向人力资源大国的转变，也将进一步支撑我国实现从人力资源大国向人力资源强国的迈进。同时，我国职业教育的大力发展，极大地提高了广大人民群众入学机会，带动了高中阶段教育普及和高等教育的大众化，促进了教育公平。

（一）有力促进了经济持续发展

现代发展理论认为，人力资本和技术进步是经济发展的关键因素，而教育则是人力资本开发的最重要形式，也是技术进步的最主要源泉。国内研究指出，在我国制造类企业，职工受教育年限每提高1年，劳动生产率就会上升17%。而在各类教育中，职业教育对经济的影响最为直接，关系也最为密切。

（二）有效缓解了失业压力

中国目前正处于经济社会转型时期，摩擦性失业和结构性失业问题突出，"就业难"与"招工难"并存。统计表明，我国失业群体中，高达95%的人没有真正掌握一定技术和技能。由于职业教育与市场需求结合紧密，受教育者在就业竞争中具有明显优势。自2005年以来，中职就业率一直保持在95%以上，高等职业院校毕业生半年后就业率达到90%以。职业院校毕业生成为高素质技术技能人才的重要来源，为缓解就业结构性矛盾提供了有力支撑。

（三）有效促进了社会稳定发展

目前，我国收入分配格局失衡问题突出，社会贫富差距较大，2012年我国基尼系数高达0.49。收入差异很大程度上是由劳动者受教育程度不同而引起的。由于职业教育面向人人，又赋予受教育者社会所需技能，有利于提高就业能力。再就业培训工作不仅可以更好地帮助劳动者解决工作问题，同时也为国家解决失业问题与缓解就业压力开辟了一条行而有效的道路。因此，职业教育某种程度上是改变弱势群体生存状态，促进贫困人群脱贫最为有效的途径和手段。

美国经济学家舒尔茨认为，改善穷人福利的决定性要素不是耕地，而是人口质量的改善和知识的增进。在调研过程中，我们了解到，接受职业教育的孩子90%来自农村，是最普通老百姓甚至贫困家庭的孩子。随着中职免学费政策的实施，农村家庭学生就读中职的成本大大下降，解决了农村贫困学生就读职业教育的后顾之忧。同时，资助一个贫困学生，学习技能有效就业，能够脱贫一个家庭、温暖一个家庭。

对于一个国家来说，社会的稳定是最大的公共利益，没有稳定和繁荣的局面，公众的利益就要受到损害。职业教育能够"使无业者有业，使有业者乐业"，在维护社会稳定中具有重要的作用。有关研究表明，在14~17岁的青少年中，在校者的犯罪率大大低于不在校者。中等职业教育受教育者大部分是不善于普通教育的学习者，对学习科学知识缺乏主动性和积极性，一些学生家庭还面临着各种各样的问题，这些未到劳动年龄的初中毕业生若不接受职业教育而流入社会，很可能对社会产生不利的影响，职业学校解决了许多家庭和社会的监管压力。

三、我国职业教育发展存在的主要问题

目前，我国经济社会正处于创新驱动转型发展的关键阶段，对比中国的技术技能型人才现状及人才强国战略，我国职业教育还存在明显差距。学生就业稳定性不强，教师专业水平不高，职业院校的办学特色不够鲜明，人才培养质量不适应经济社会发展对高素质技术与技能型人才的需求，职业教育适应经济社会发展、推动经济转型升级的能力不强。职业教育发展的滞后导致我国产业技能型劳动力不足，制造业的附加值较低以及高端服务业发展乏力，各行业技术创新能力不强。

总之，我国职业教育大而不强，职业院校之间不能形成平等竞争的问题是今后一个时期需要政府、职业院校与社会的突出问题。深入剖析造成我国职业教育存在问题的根源，校企合作不力是制约我国职业教育发展的瓶颈。而反映到职业教育的体制与机制等制度层面，主要表现为政府管得过多、统得过死，服务能力不强，行业企业参与积极性不高、经费保障不足、职业院校发展活力不足等，区域之间、城乡之间职教发展不平衡也是我国职业教育亟待解决的问题。

（一）职业教育管理体制尚未形成

政府管得过多与统筹能力不强并存，管理职能亟须转变。我国职业教育的大力发展是在政府主导下，通过各级政府强有力的政策和财政扶持，从上而下积极推动的，对职业教育发展的规划、组织、控制，均以行政命令的方式来实施。在自上而下的发展职业教育的起初阶段，政府直接参与管理起到了重要作用。这种行政主导的方式能够提高职业教育发展的速度与效率，因而出现了几年之内规模快速发展的局面。职业院校从政府那里确实获得了大量的资源，但是付出的代价是学校对政府的依附性越来越强，自主办学、自我发展的能力下降。

同时，由于受信息限制、监督不力、行政成本高等因素影响，这种政府主导的发展模式不能及时提供多样性与及时性的应对政策，必然造成决策失误和政府失灵的现象。因而，政府直接管理的方式已经越来越不适应职业院校对社会多元化人才需求，并且由于政府决策失误造成严重的资源浪费的情况逐步增多。

我们在调研过程中看到职业院校热门专业重复建设，政府直接花巨资建设的公共实训基地，由于与行业需求脱节利用率极低而造成资源浪费，政府直接推动的一些建设项目由于与院校发展实际不相符而出现的盲目投资，还有目前各地以兴办职业教育为名面大兴土木建设的职教园区，其可行性也有待论证。同时，尽管我国的职业教育实行多部门联合管理，表面上看似乎是集权制，事实上，这种部门之间各自为政，即使是教育部门内部各部门之间也存在各自为政的现象。整个管理系统存在某种程度的无序状态。因此，职业教育的宏观管理亟须加强。

行业协会参与管理职业教育的能力不强。行业协会作为社会组织参与职业教育管理应该在若干方面发挥重要作用，而目前，行业协会在我国职业教育中只是起到一个联系平台的作用，没有成为校企之间联系的纽带。行业协会受政策环境的影响，在职业教育方面发挥自治作用的能力有限。尽管在一些行业中有相关职业教育与培训的行业性规范与标准，但是，对会员单位的约束力不强，对不按照行业规范操作的学校与企业也没有应有的规范效果。

（二）职业教育办学活力严重不足

职业院校区别于普通院校的组织特点是以教学为主，课程的标准化程度高，产出更加讲求效率，并且办学绩效容易评估。职业院校的活力在于有没有适合自身特点的管理与运行机制，有没有机制吸引优秀的专业人才任教，有没有先进的教学吸引到优秀的学生，有没有能力提供先进的技术开发成果吸引到企业的合作。同时，职业院校的活力还来源于通过学校之间的平等竞争从外部（包括政府、企业、基金会以及其他机构等）获得各种资源。

职业教育寻求内涵发展对特色化办学提出了新的要求。从我们到各地调研的情况来看，职业学校的运行机制很不健全，办学经费主要依赖政府，活力明显不足。职业院校的管理体制与普通院校雷同，没有建立起适合职业院校组织特点的、及时回应外部社会需求的、灵活的反应机制。没有实现与行业企业紧密结合，缺乏完备的共同培养学生的保障制度和动力机制，不能满足产业转型升级需要，尚不能及时更新专业和课程，综合性、新兴产业课程少之又少，没有系统的质量标准、建设标准、评估标准和管理标准。大多数职业院校都存在生源不足、专业重复建设、课程陈旧、实训设备落后，专业教师的教学能力不强，校企合作不力等问题。这些都反映了当前我国职业院校微观活力不足。

（三）职业教育发展脱节

目前，我国企业参与职业教育还未形成有效的制度基础，企业参与职业教育处于

零散、低效率、低层次的运行状态，不具备可持续性发展的社会条件。究其原因，主要有以下几方面。

缺乏法律保障，致使校企合作无法可依。德国、瑞士、英国、美国等国家校企合作的成功，都离不开国家完善的法律法规体系及其严格的执行。如德国政府制定了《职业教育法》《劳动促进法》《青年劳动保护法》和《手工业条例》等法律法规来调整校企合作中多方的关系，对企业、学校、学生三者的权利和义务都做了明确规定。而目前我国尚缺乏明确、具体、专门针对校企合作的强制性的法律法规，对职业教育校企合作各方的权利、责任与义务给予必要的监督和约束。法律法规体系的滞后与不完善，导致校企合作更多处于民间活动状态。

缺乏组织管理，致使校企合作"各自为政"。在校企合作中政府的主导作用发挥不够，职业院校与企业的合作处于"无政府"状态。政府在校企合作中的角色定位不明确，组织协调职能发挥不到位。往往一所院校与多个企业合作，一个企业又与多所院校合作，而这种联系和合作是缺乏组织的、是无序的，政府对校企合作缺乏有效的管理。另一方面，行业的指导作用发挥不够，校企合作的针对性不强。由于对本领域内企业了解较多的行业未能充分发挥指导作用，导致校企合作存在很大的盲目性，在人才培养和学校建设等方面缺乏深层次的推进，也严重影响了校企合作的实际效果。再次，校企合作缺乏制度规范。在管理层面，缺乏具体的操作办法和规程，缺少对运行程序的规范、对校企合作的备案、认可、监督与协调服务。

缺乏政策激励，校企合作推进困难。教育、人力资源和社会保障等有关部门不仅缺少推动校企合作的经验，也缺乏鼓励和支持校企合作的具体政策，导致校企合作成为原则性的工作要求甚至一般性的号召。企业自身的利益缺乏保障，合作的积极性不高。一方面，有些企业认为参与校企合作"无利可图"，同时又得不到必要的成本补偿；另一方面，企业参与校企合作是为了获得其提高竞争力所需要的人才，而现实情况却存在明显差距。职业院校从自身的改革发展利益出发，对开展校企合作有着坚定的态度和巨大的需求，但往往面对的是"剃头挑子一头热"的尴尬，面临的是推进校企合作过程中的诸多困难和艰辛，需要政府及有关部门予以优惠的政策鼓励和项目推动。

缺乏运行机制，致使校企合作难以规范运行。校企合作的有效推动，不仅需要法律框架下的约束机制，也需要运行的有效平台和载体。目前，校企合作缺乏法律约束下的规范运行，缺乏将校企有机联系起来的运作方式。应该说，在校企合作的实践中，各地也探索出了"订单班"、半工半读、前校后厂、职教集团等有效的运作模式，但是这些成功的做法只停留在一些点上或局部区域，缺乏政府及有关部门的认真总结和及时推广。新的形势下，探寻有效的校企合作模式与健康的运行机制，是校企合作亟待解决的突出问题。

从课题组到各地调研的情况看也确实反映了企业参与校企合作的机制很不健全，运行不够健康，校企合作中"企业冷"的状况还未得到根本扭转。例如，宁波市出台校企合作条例已经4年，相关校企合作的实施办法也发布了一年多，从执行层面看还远未出现预期的效果。政府部门和职业院校的负责人反映政府在推动校企合作中投入了大量引导性基金，运行效果还是不够明显。

（四）职业教育基础条件薄弱，经费保障严重不足

我国职业教育规模发展快，而基础能力先天不足是明显的事实。从基础条件薄弱角度来看，既有"硬件"问题，也有"软件"问题。按照2010年教育部出台的关于《中等职业学校设置标准》的相关标准测算，目前我国中等职业教育各项办学条件都还存在严重不足的问题。2012年，中等职业学校生均校舍建筑面积为13.8平方米，与标准相差5.2平方米。各省（市、区）除天津达到标准外，其余省份中职学校生均校舍面积都没有达到标准要求。

2012年全国中等职业学校生均仪器设备值为3065元，达到设置标准要求，但全国有河北、海南、山西、江西、河南、四川、云南、贵州和西藏9个省份生均仪器设备值未达到最低2500元的标准，其中四川、云南、西藏不足2000元，全国有141个地级市生均仪器设备值低于标准，实际缺口超过500亿元。

除了硬件基础薄弱以外，教师队伍建设等软件配置也明显不足。2012年中职学校生师比达到24.7∶1，比学校设置标准高出4.7。全国有23个省份生师比高于设置标准，部分地区甚至高达40∶1。全国有225个地市生师比高于20∶1，教师缺口合计达到近20万人。

虽然教师学历合格率逐年提高，但与规定的教师学历达标还存在差距，全国还有近9万学历不合格教师在中职学校任教。双师型教师比例与标准相差4.8个百分点，全国有10个省份双师型教师比例低于20%。教师数量不足、学历不达标以及双师型教师短缺严重影响着职业学校教育教学质量的提高。

虽然近年来国家加大对职业教育的投入，职业教育经费有了较快增长，但职业教育经费的投入保障仍明显不足。教育成本的研究表明，职业教育成本一般是普通教育的2.6倍，这表明举办职业教育需要比举办普通教育更大的投入。但从实际来看，政府在投入上依然是重普通教育，轻职业教育。2008~2012年我国中等职业教育预算内教育拨款占各级各类教育预算内拨款总额的比例一直徘徊在6010左右，而普通高中逐年提高，2012年达到9.55%，两者相差3.35个百分点。高职高专学校这一差距更大，普通本科学校预算内教育拨款所占比例达到18.18%，而高职高专仅为3.66%，二者相差甚远。

从中等职业教育占高中阶段教育投入的比例来看，2012年，我国高中阶段教育预算内拨款为3279亿元，其中中等职业教育拨款1290.9亿元，占39.4010；高职高专预算内教育拨款仅占普通高校拨款总额的16.8%。这相对于中职和高职分别占据高中阶段教育和普通高等教育的半壁江山而言，投入厚此薄彼，职业教育投入明显不足。

从生均经费来看，职业教育生均经费也低于普通教育。2012年，中等职业教育生均公共财政预算内事业费为7564元，比普通高中低200乡元，全国有9个省份中职生均预算内事业费不到普通高中的85%，部分省份甚至仅相当于普通高中的65%。

第二章　职业教育发展的体制机制创新研究

> 实施具有中国特色的职业教育发展战略，需要创新职业教育发展的体制机制，构建新型现代职业教育体系，创新运行保障机制，提高治理能力，优化发展环境。《国务院关于加快发展现代职业教育的决定》（国发〔2014〕19号）明确了发展现代职业教育的各项战略部署，目前迫切要求大力推进体制机制创新，从而提升职业教育核心能力，实现发展现代职业教育的目标任务。

第一节　职业教育管理体制创新

管理体制创新是职业教育由规模发展向内涵发展转型的关键，是转变政府职能的必然要求。我国职业教育发展靠传统的行政管理方式和集中力量办大事的体制优势，很快建成了规模庞大的职业教育体系。但是，继续依靠这种管理体制已经无法满足市场经济条件下经济社会发展对人才的多样化要求，实现职业教育的转型发展。这种局面迫切需要通过管理体制创新，借助政府与社会的合力来共同推动职业教育有质量的发展。实现职业教育管理体制创新，就是要围绕如何处理好政府、职业院校与社会的关系，进一步明确政府定位，转变政府管理职能，以提高政府对职业教育的有效治理能力为目标，通过管理体制创新，实现由直接管理向间接管理转变，由原来的微观管理向宏观调控转变。

通过组建中央与地方政府统一领导的职业教育管理机构，提高政府的宏观调控能力；通过大力培育与支持行业协会的发展，进一步激发社会活力，使其有效发挥行业在职业教育中的管理能力；通过完善现代职业院校制度与确立企业参与职业教育主体地位，进一步提高职业教育发展活力，为提高职业教育治理能力的现代化水平提供制度基础。通过体制创新，我国职业教育管理体制将由原来政府单一主体的行政管理，

向由政府、行业组织、职业院校、企业多主体参与的多中心的治理模式转变。

一、转变政府管理职能

对政府公共服务绩效的问责，可以促进公共治理成为有效的管理模式。而有效提高治理能力，提高职业教育公共政策决策的科学性，需要政府转变职能，重新认识政府在职业教育领域的角色定位。近年来职业教育上升为国家发展战略，政府在职业教育上的财政投入与行政管理成本日益剧增。如何用最少的投入和最有效的管理来发展职业教育成为国家和各级政府关心的重要问题。十八届三中全会决定提出：科学的宏观调控，有效的政府治理，是发挥社会主义市场经济体制优势的内在要求。必须切实转变政府职能，深化行政体制改革，创新行政管理方式，增强政府公信力和执行力，建设法治政府和服务型政府。《国家中长期教育改革和发展规划纲要（2010~2020年）》也明确提出教育改革要以体制改革为重点。这都要求在职业教育管理中，以改革职业教育管理体制为突破口，改革的核心是教育机构职责权限制度的改革，外延是现代职业院校制度改革。及时转变政府职能，变直接管理为间接管理，变微观管理为宏观管理，提高政府对职业教育事业发展的治理能力。这就要求在管理职业教育事业中，政府的角色主要定位如何有效地在动员行业协会、企业、市场及个人的力量，参与到职业教育公共事业服务的提供上来，而不是过去政府一家单打独斗。

（一）由政务部门宏观管理决策

为提高政府对职业教育宏观管理与统筹协调能力，在国家层面，需要政府提高对全国职业教育进行立法、规划与宏观政策协调的有效性，及时出台有关全国职业教育的基本政策，负责区域、功能区职业教育发展的规划与协调，制定区域职业教育发展政策，建立全国统一的职业资格框架等省（市）级政府不能提供的政策。地方政府对职业教育发展负主要责任，负责制定地方职业教育发展规划与基本政策，统筹地方职业教育发展。

由于相关职业教育校企合作政策的制定往往牵涉到劳动人事、经济、科技、工商、税务等多个部门的协调，并且在不同的行业之间还存在较大的差异性，同时还由于产业的变动性强要求对相关的职业教育政策做出动态的调整，因此职业教育综合管理部门亟须加强对资源的整合与统筹协调能力。目前在大多数的发达国家和地区均建立了国务院直属的由劳动经济部门管理的职业教育管理机构。鉴于职业教育跨界特性和目前我国以教育部门为主、多部门联动的职业教育管理体制，统筹职业教育发展的能力不强，建议建立由国务院与地方政府直接领导的，由教育、经济贸易、人社、发改、工信、科技等经济与劳动部门联合为主的、分工合理、责权明晰的共同参与管理职业教育的宏观决策机构，进一步加强对职业教育的宏观调控能力。

为增强决策的实效性需要建立相应的议事规则和协商机制。各部门在落实重大事项决策的过程中，需要划分明晰的权利与责任边界。

（二）政府简政放权

为了实现政府职能的转变，提高政府治理能力，迫切需要规范各级政府与职业学校在治理中的权责边界，以利于建立对各级政府在职业教育管理中的问责机制，以利于按照绩效评估结果对职业院校进行资助与有效激励，从而进一步激发学校发展活力，提高职业学校对社会多元需求的因应能力。

职业教育与其他类型教育相比，特别是与普通高等教育相比，具有更加鲜明的区域特征。这种地方性特点决定了发展职业教育的主要责任在地方。而在地方各级政府中，市（地）级政府又是关键。因此，要强化市（地）级政府的责任。建立市（地）统筹的职教管理体制。这样就要求凡是由地方政府管理更方便有效的事项一律下放地方政府管理，凡是由学校能自主决定的事项一律下放到学校。完善省级政府统筹高等职业教育，地市级政府统筹中等专业教育的体制。建立现代职业院校制度，完善职业院校内部治理结构。同时督促基层和学校把权接住、管好，确保放而不乱。

社会管理是多元参与治理主体之一，应该成为政府职业教育管理决策的咨询机构，成为搭建起政府、企业、学校多元主体合作的平台和载体。

（三）建立多元主体管理职业教育决策机制

谋求集权与分权相结合、政府与非政府相结合的行业、企业、学校等多元利益主体参与的多中心治理体系是政府科学决策的正确选择。引导企业、学校在自身利益基础上重视行业共同利益和负起应有的社会责任是行业协会建立、生存、发展的根本基础。通过多元主体的参与，不同的利益主体的声音都得到反映，构筑起多元化、多渠道、多层次的合作伙伴关系和网络组织，形成的职业教育公共决策才能符合复杂多样的社会实际。

二、推动行业协会健康发展

行业协会是针对企业和职业院校共同关心的公共事务而开展自我组织、自我服务、自我管理的自治组织,与政府保持一定的距离,依法独立自主执业是其有效治理的前提和基础。行业协会由于有长期联系企业的优势,在管理行业职业教育中有专业性与灵活性。

行业协会能够发挥政府在职业教育管理中解决不好和学校与企业自身又无法解决的问题,从而实现社会自组织功能。行业协会熟悉行业人才质量需求,通过专业手段参与人才培养、专业建设、课程开发、企业参与职业教育资格认定等环节的管理,增强职业教育的质量和社会适应性。对职业教育这样一种跨界的教育组织,行业协会的作用发挥是一种不可忽视的资源配置机制、合作扩展机制和自主治理机制。通过行业协会与学校和企业的社会契约形式的管理,政府减少了直接管理的成本,也降低了监管的成本,因而政府治理的绩效大幅提高。

建立有效的职业教育治理体制,需要正确处理政府与行业协会的关系。充分发挥行业协会的职业教育管理职能,有利于政府从微观、具体的管理中解脱出来,从而转向宏观管理,促进了公共服务型政府职能的实现。使原来政府直接管理学校转变为政府通过行业协会而实现的间接管理。

(一)明确行业协会对职业教育管理的法律地位

从目前我国行业协会参与职业教育管理的情况看,在国家层面,行业协会在参与管理职业资格证书、技能标准等方面发挥了重要作用,但是地方行业协会在参与职业教育的日常管理和联系企业与学校的合作上,还远未发挥行业协会应有的功能。这主要还是与政府管得过细,过于具体有关。

同时,我们也看到我国的行业协会还很不规范,表现在与政府的关系过于密切,功能政府化,责任边界不清晰,更多地从政府的角度发挥作用,没有充分发挥行业协会在组织企业方面的社会性,因此无法相对独立于政府,并立足于企业与学校的利益。而有一些行业协会尽管相对独立于政府,由于法律条件、体制条件的限制,再加上自身发育不足,参与社会治理的空间有限。

鉴于以上情况,从提高政府对职业教育的治理能力的角度,迫切需要对行业协会管理职业教育的职责边界进行立法规范。只有行业协会的职责清晰,政府才能对行业协会参与职业教育的管理行为进行有效的监控，既发挥行业协会管理职业教育的积极功能，又能保证管理秩序活而不乱。

（二）部分行业协会优先发展

政府如何扶持行业协会对职业教育的管理，是当前职业教育管理体制创新的重要内涵。从行业协会在职业教育领域发挥作用的现状出发，分类管理、分类施策。

行业协会职业教育管理的力量来自于校企合作的需求，但是其健康发展的关键在于政府如何引导。政府需要鼓励支持与引导其健康发展。我们在调研中，发现行业协会在管理职业教育中的需求逐步得到企业与职业院校的信赖。上海市多数职业学校的专业和课程都有行业标准，行业职业教育功能逐步增强。宁波市的模具行业协会在组织职业院校与企业合作方面积累了经验。建立了行业模具实训基地，开展企业用人需求预测、岗位交流、设计比赛等多种校企合作形式，并建立了模具教育专业咨询委员会，定期开展行业技术标准制定、课程开发活动。

鉴于行业协会在职业教育管理中的现状，我们认为目前政府在立法规范行业协会发展的同时，迫切需要政府针对不同类型行业协会的运行现状，实行分类管理，尽快推动行业协会的规范与发展。

首先，通过多种政策工具，包括税收优惠、资金投入、购买服务等手段优先支持一批企业自发形成、运作比较规范的行业协会发展壮大，发挥示范引领作用。

其次，对那些覆盖范围广、有发展潜力的行业协会，给予启动经费或优惠政策，让企业愿意加入进来，解决吸引力不足与参与动机不强的问题。

再次，在产业发展条件好，职业院校比较集中的地区，扶持不具备职业教育管理条件的行业协会逐步发展其职业教育管理功能。

最后是规范运行。对扶持和推动发展的行业协会在授予一定管理权限的同时，也要对其行为进行必要的规范。包括如何支持行业主管部门和行业协会在国家教育方针和政策指导下，开展本行业人才需求预测，制订教育培训规划。组织和指导行业职业教育与培训工作；参与制定本行业特有工种职业资格标准、职业技能鉴定和证书颁发工作；参与制订培训机构资质标准和从业人员资格标准；参与国家对职业院校的教育教学评估和相关管理工作。

三、率先建立现代学校制度

教育有没有活力，关键要看学校有没有活力。《国家中长期教育改革和发展规划纲要》总结了我国教育事业发展的经验和存在的问题，要求探索建立符合学校特点的管理制度和配套政策，克服行政化倾向，取消实际存在的行政级别和行政化管理模式。要求适应中国国情和时代要求，建立依法办学、自主管理、民主监督、社会参与的现代学校制度，构建政府、学校、社会之间新型关系。要去除实际存在的高校行政化管理模式，政府首先需要调整的便是自身的定位，把无限政府变为有限政府，把管制型政府变为服务型政府。通过立法，明确政府管理的权限和职责，明晰政府与学校权力、权利、责任之间的边界。能否逐步去行政化，关键在于政府的决策与作为。

完善政府对职业院校的治理能力，迫切需要政府从职业院校组织特点出发，突破传统学校管理体制障碍，把职业教育改革作为教育改革的突破口，完善内部治理结构、破除实际存在的行政化束缚，率先在职业院校中建立现代职业院校制度。

完善内部治理结构。建立由行业专家与企业代表参加的学校董事会作为法人代表的开放的、多元主体参与的学校治理结构，董事会成员中校外人士的比例不得低于30%。以适应社会多元需求。这些院外人士以代表广大社会利益的名义对院校的长远发展进行指导，使院校免予远离社会的发展。同时，由于董事会成员不直接隶属于政府，因而保证了院校的相对独立性。

率先在职业院校去行政化。通过现代职业院校制度建设，真正破除实际存在的行政化对职业院校的束缚。去行政化的目的在于改变职业院校是政府的隶属机构的现状，只有尽快破除职业院校的这种行政化状态，才能在职业院校之间形成平等、开放、有序的竞争，这也是通过形成有效的市场调节机制激发职业院校发展活力的客观要求。

依法保障职业院校的办学自治权是职业院校得以生存与发展的重要条件。能够产生校际之间的竞争，并成为职业院校发展的巨大动力，能够充分调动办学的积极性和主动性，促进办学的特色与多样化，有利于满足社会各种不同的需求。

四、确立企业在职业教育中的主体地位

目前我国的企业参与职业教育的积极性普遍不高，主要问题在于企业参与办学的主体地位在相关法律中没有明确体现，企业办学同公办院校不能处于同等地位。同公

办院校相比,企业办学在教师编制、教师待遇、经费资助、学费标准上存在明显差距。为了提高政府对职业教育的治理能力,迫切需要明确企业参与职业教育的主体地位,并进一步规范企业在职业教育与培训中的权责。

明确企业是参与职业教育的主体地位至关重要。企业作为多方参与职业教育发展的主体之一,必须进一步明确自身在职业教育发展中的主体地位。没有企业的积极有效参与,不可能办好职业教育。

早在20世纪初,我国近现代职业教育的奠基人黄炎培就指出,"一、只从职业学校做工夫,不能发达职业教育;二、只从教育界做工夫,不能发达职业教育;三、只从农、工、商职业界做工夫,不能发达职业教育"。"积极说来,办职业学校的,须同时和一切教育界、职业界努力的沟通和联络。"世界著名职业教育专家、美国芝加哥大学福斯特(Philip J. Foster)教授也在20世纪60年代提出,"职业学校固有的且又自身难以克服的缺陷,决定了学校本位的职业教育最终难以避免失败的命运"。我国职业教育发展的历史经验也进一步应验了校企合作是职业教育的必由之路。

德国、日本等职业教育发达的国家,企业作为职业教育责任主体的地位在相关职业教育法律法规中都有明确的规定。无论是与学校合作办学还是企业自身独立办学均有相应的规范和要求。德国企业以双元制的形式参与职前职业教育,并在双元制中发挥主导作用。日本企业尤其是中小企业在工业化发展时期,因劳动力供给不足采取了合作教育的形式,参与了职前职业教育,在企业用人状况稳定之后和教育层次高移的情况下,转向了更加适合自身目标的企业内教育与培训。

进一步规范企业在职业教育与培训中的权责。企业办学具有天然的校企合作优势,发展企业办学可以促进产教融合与校企合作。企业办学可以使企业直接参与到职业院校的专业建设、学生顶岗实习和专业教师的培养中来,能够及时将产业技术标准转化为岗位技能标准,融入课程体系,及时实现专业课程与职业标准的对接,从而全面提高教育教学质量。

因此,首先需要在新修订的职业教育法中明确企业参与职业教育的主体地位,并在企业参与职业教育的相关政策上做到与公办院校一视同仁。其次,制定企业参与办学的实施细则,增强企业参与办学的可行性,为有效发挥企业参与职业教育提供制度保障。

第二节 职业教育运行机制创新

职业教育的运行机制创新就是要提升职业教育治理能力，实现职业教育治理能力现代化。职业教育治理体系现代化就是要适应时代特点，提升政府依法按照制度治理职业教育的本领，把各方面制度优势转化为管理职业教育的能力和水平。

一、指引规划机制

提升职业教育治理能力的核心是转变政府职能。作为职业教育管理的主体教育行政部门，实现对职业教育进行科学管理的主要手段是制定职业教育发展规划，通过规划引导全国和各地的职业教育健康发展，通过规划将政府直接管理改变为间接管理和宏观战略管理，从而实现政府职业教育管理方式的机制创新。

（一）政府职业教育规划

职业教育规划要具战略性、指导性等特点，它所规定的内容是方向性的、引导性的，因此规划规定的内容要有科学的论证，对于属于政府责任范畴的内容不能缺，而对于不属于政府责任范畴的内容，则不能涉及。

职业教育规划须明确政府权力清单的内容，厘清政府责任的边界，避免政府对职业教育管理的缺位、越位和错位。所谓职业教育政府权力清单，就是指政府立足于经济社会和职业教育的现实和发展趋势，塑造一种合适的制度框架，用清单的形式来明确政府职权和职业院校自主办学的空间，使政府和职业院校对彼此未来行为产生稳定的预期，进而对它们的行为形成约束或激励的作用，从而达到对政府对职业教育有效治理的目的。清单管理可分为正面清单模式和负面清单模式。

职业教育规划针对政府的正面清单是指政府在管理职业教育中可自由行动的领域或事项以清单的形式清晰地列出来，清单之外的所有领域或情况则是禁止或受限制的，这体现了"法无授权不可为"的法制精神，也可以通俗地说，就是把政府关进"制度笼子"里面，限制它的自由行动空间。针对政府权力的负面清单是指，把政府在管理职业教育中受禁止或受限制的行动领域或情况以清单的形式清晰地列出来。

对于政府在职业教育发展中必须做的事项列入正面清单，政府在职业教育治理中，要做好利益的协调者以及资源的整合者，为职业教育治理搭建服务平台，创造良好制度环境，做到总揽全局，协调各方。保障职业院校基本的办学条件是政府的责任。尽管目前我国职业教育发展取得了很大成绩，但是职业学校办学条件达标情况存在严重问题，尤其是中等职业学校办学条件总体较差。面向各地普遍提出基本实现教育现代化的战略目标，要敦促各级政府努力改善职业学校基本办学条件。规划在正面清单中就应该列出诸如保障职业院校基本办学条件等内容，而对于职业院校的具体办学行为，则要给予充分的自主权，诸如专业的设置、课程的建设等政府不应该干预过多。职业教育规划要把上述这些政府不能做的，即禁止或限制的项目列在负面清单中。

（二）优化职业教育规划执行过程

目前我国存在着重职业教育规划的制订而轻教育规划的落实、修正等问题，对职业教育规划落实缺乏有效的监测与评估，这一缺失已严重影响到职业教育规划在职业教育发展中的引导作用。因此，新时期职业教育改革与发展应加强对职业教育规划执行的监测与评估。

职业教育规划执行的监测与评估是纠正规划执行偏差、实现科学决策的迫切需要，是实现由传统经验决策向科学决策转变的必要手段。要实现科学决策，就必须使决策建立在完整、准确的信息基础之上，职业教育规划执行的监测与评估可利用一切可行的技术手段收集相关信息、掌握一手政策运行数据，为政府的教育决策活动提供基础性保障。职业教育规划执行过程难免存在一定程度的偏差，执行偏差存在的原因是多方面的，如执行者的认识水平、价值取向、个人及其所代表的利益等，使得规划在执行程中存在被误解、曲解、滥用、消极抵制的现象。教育规划执行的监测与评估则是对教育规划执行情况进行监控和修正最有效的工具。由于职业教育规划执行的监测与评估，能够描述职业教育规划执行情况与职业教育发展之间的关系，因而成为获取职业教育规划执行情况的首要信息来源。因而，加大对职业教育规划执行的监测与评估，密切关注职业教育规划的实施过程，搜集相关的资料和信息，并以此为基础，对规划执行情况进行科学的分析和论证，及时纠正规划执行过程中的偏差，不仅可以在一定程度上继续完善职业教育规划执行的过程，而且还可以更好地达成职业教育规划目标。

（三）建立规划战略目标

在规划的实施过程中，要随着职业教育的实际发展情况和规划的实施情况调整战略目标。规划制定时提出的战略目标，有的时候会提前实现，有的时候会出现种种困难导致目标难以实现，因而在规划实施过程中，要建立规划战略目标和重点任务的动态调整机制。

二、信息发布机制

目前我国部分地区技能人才的短缺和整体质量偏低已经严重制约了产业结构升级和企业竞争力的提高，影响了工业化的水平和进程，行业企业都渴求招到合适的技术技能人才，却不知应该到哪所学校哪个专业去招，而职业院校在培养人才方面，却不了解行业企业的对技能人的需求规模、专业选择和质量要求等，从而不知道技能人才培养的规格和方向，同样的职业院校的学生也不了解社会的需求，不了解自己所学专业的就业前景，从而不能确定自己努力的方向。上述情况说明虽然零零碎碎的技能人才供求信息到处可得，但是由于信息不完整、滞后及不对称，使得技能人才供求几乎处于盲目、无序状态。为了促进职业教育有序、健康发展，政府有责任建立技术、技能人才供求预测和职业院校毕业生就业质量信息发布机制，为社会提供全面、准确的技术、技能人才供求预测信息和职业院校毕业生就业质量信息，引导职业院校根据劳动力市场的需求和社会经济发展对职业教育的要求来设置专业、组织教学，使职业院校的人才培养规格与社会需求接轨。

（一）增强政府的服务功能

国家层面建立的技能人才供求和就业信息发布平台要根据全国的产业结构和各行业发展状况，对全国技能人才的总需求和分行业、分职业岗位对技能人才的需求做出预测，根据各主体功能区的产业布局，对几大主要的主体功能区（长三角、京津冀、珠三角等）的分行业、分职业岗位对技能人才的需求做出预测。国家层面的平台要根据全国的职业教育发展规模对总的和分专业的技能人才供给做出预测。

省、地市层面建立的技能人才供求信息发布平台要根据本地的经济社会发展水平和产业布局结构，对分行业技能人才的数量和类型结构、层次结构作出预测，根据本地职业教育的布局对分专业的技能人才供给的规模、层次结构做出预测。

国家和各地在产业改造升级、战略性新兴产业培育、现代服务业发展规划中，科学预测产业发展对技术技能人才的需求，并在相应层级的技能人才供求信息发布平台发布，使技能人才培养做到超前培养和储备，从而使产业结构调整和职业教育人才培养结构调整保持同步。

无论是哪个层级的信息平台都要定期（每年度）更新、动态管理，保持信息发布的及时和有效，为职业教育的发展提供强有力的信息支撑。

（二）确保信息的权威和可靠

对于社会机构发布的技术、技能人才供求预测信息，政府部门要进行规范和引导。社会机构发布的技术、技能人才供求预测信息，是对政府发布信息的有益补充，为了使信息保持客观、公正，对职业教育发展起到正确的导向作用，政府应该对此类信息加以规范和引导。

三、动态调整、预警、退出机制的专业设置

要办好职业教育，不能仅靠政府及教育部门主导推进，还必须把和职业教育相关的利益主体的积极性充分调动起来，并赋予承担着技术、技能人才培养工作的职业院校办学自主权。

发挥职业院校的办学自主权，就要改变之前政府在职业教育各环节扮演全能化的控制角色，处理好政、校关系，实现政府宏观管理，学校自主办学。坚决落实简政放权，减少不必要的行政审批和干预，减少对学校微观事务的管理，赋予职业院校充分的办学自主权，包括课程选择、专业设置等方面的权力。职业院校要根据市场需要和学校自身办学条件，进一步优化专业结构，提升办学能力。

职业教育的专业设置和专业结构调整是影响职业教育发展和毕业生就业质量的重要因素。近年来，职业院校的就业质量偏低，原因固然是多方面的，但是职业院校毕业生所学专业技能与就业岗位匹配度不高，职业院校专业设置结构和区域产业结构、经济结构匹配度不高是其中一个重要的原因。

（一）市场区域动态调整机制

职业院校专业的设置要面向市场，面向区域经济发展状况，不要盲目跟风。职业院校设置一个专业，应该对区域经济社会发展需求、办学定位、院校的培养能力以及专业发展前景进行深入研究。

职业院校专业设置和调整要有适度的"超前意识"。要实现这一点，必须重视对本地区或更大范围经济发展和产业结构变化的分析。对产业结构性调整和新兴行业、职业的出现，要进行较为全面的前瞻性预测，以适应社会发展和时代变化。以新能源、新材料、新技术与互联网的创新、融合为标志的第三次工业革命对职业教育产生巨大挑战，职业院校要超前部署战略性新兴产业所需专业的设置和人才培养工作。

职业院校专业设置和调整既要立足当地，看到本地区的人才需求，也要考虑技能人才的流动性，在更大范围内考虑人才需求的变动。处在长三角、京津冀、珠三角等主体功能区内的职业院校，除了为当地经济建设和社会发展服务，办学也要面向所处的主体功能区的产业布局，在主动适应劳动力市场变化的过程中，把握好发展的方向和机遇。

此外，根据产业结构调整的方向和要求，职业院校应根据产业的发展前景主动作出调整，对社会认同度不高，产业发展萎缩，社会需求量明显下降，毕业生就业率较低且布点较多的专业要实行退出机制。

（二）专业结构调整的反馈机制

职业教育是面向就业市场的教育，对于职业院校人才培养结果评价很重要的指标之一就是毕业生的就业状况，职业院校要根据毕业生的市场适应程度调整学科专业和课程。

在建立人才培养质量反馈机制的过程中，要加强与用人单位建立友好合作关系，定期走访用人单位人力资源部门，调查用人单位对毕业生的使用情况和对学校人才培养质量的意见和建议，搜集毕业生的薪酬、就业质量、就业适应性、稳定性、专业匹配度等数据进行分析，将分析结果反馈给学校各学科专业，以促进学校调整专业、改进教学，使职业院校的学科专业结构、人才培养模式与社会、行业企业对技能人才的要求相适应。

四、激励融合的机制

职业院校的人才培养目标决定了校企合作是其发展的必要手段，目前校企融合因种种原因尚处于发展的初级阶段，职业院校普遍意识到校企合作对学校发展和人才培养的重要性，开展校企合作的热情很高，校企合作形式也比较多，但传统校企合作模式依靠行政命令或人情交往得以维系，这种合作模式不符合市场经济规律，没有建立院校和企业的平等地位和互赢关系，难以调动企业参与合作的积极性和主动性，合作层次普遍不够深入，也不能持续，远未形成长期良性合作的模式和机制。

在市场经济环境下，职业教育的校企合作面临新的情况，需要学校、企业会同政府创新符合经济发展规律的新机制。德国校企合作之所以成功，其主要运行机制是基于学校与企业之间的利益机制，而不是源于政府的激励或约束机制。虽然我国各地政府通过激励机制刺激企业的参与积极性，但是持续时间都不长，根本原因是没有从根本上增强企业参与职业教育的内在动力。在市场经济体制之下，校企合作行为应主要依靠市场来调节。

市场机制主导的校企合作模式是校企双方在平等自愿、互惠互利的基础上，以市场和社会需求为导向，采取市场机制运作，按照市场规律办事，体现市场机制优势的一种合作的模式，建立一个可持续发展的校企合作的良性循环机制，实现教育资源的优化整合。

（一）明确政府、学校、企业的的权利、义务

目前，我国关于校企合作的法规、优惠政策、鼓励措施尚不健全，校企合作没有可以依照的法规和实施细则。校企合作不仅是学校与企业的合作、教学与生产实践的合作，也是一种技术技能与市场经济行为相结合的合作。国家不仅要在政策上鼓励和引导企业积极参与技能人才培养，而且更应通过立法的形式，明确学校与企业在培养技术、技能人才方面的权利和义务，将校企合作纳入国家法律保障体系之内。

实践证明，税收减免政策是激励企业参与职业教育办学的有效举措之一。为推进职业教育校企合作的良性发展，中央政府和部分地方政府虽然相继出台了一系列税收优惠等政策，但总体上此方面的政策仍存在可操作性不强、吸引力不大等多方面不足。因而国家和地方政府应通过立法，明确企业在深度参与校企合作中税收等方面的优惠，以保障参与校企合作的企业的经济利益，增强校企合作对企业的吸引力。

此外，可建立由政府和社会多方资金来源的基金，通过立法明确规定基金用于奖励、支持行业、企业参与职业教育人才培养和基础能力建设。

（二）打造有市场竞争力培训

随着我国经济转型和产业结构升级，人力资源素质不高、文化技能结构低下、人力资本积累不足已经成为经济发展的主要制约因素，因而加大技能培训力度成为政府、

企业的关键任务,这对职业院校既是挑战也是机遇。职业院校面对挑战应及时把握机遇,积极为社会和企业开展职业技能培训。

职业学校作为企业培训的主要提供者,拥有丰富的技能培训资源,完备的办学场所,具有一定的办学资源优势,但与实际生产间仍有一定距离。因而在培训市场竞争日益激烈的情况下,要做好充分的市场调研,与行业、企业建立良好客户关系和合作关系,分析企业培训的真正需求,与行业企业的技术骨干共同开发培训包,将企业的新技术及时补充到培训包中去,为企业提供最适切的技能培训服务。通过与企业合作,学校利用自身资源优势为企业提供技能培训服务,打造专项技能培训品牌,发挥职业院校的技能培训功能,拓展办学空间,培育新的发展增长点。

对于外来务工人员职业技能培训,各地政府通过"教育采购"政策促进职业教育培训的市场化。政府根据行业企业需求及行业技能专家的建议,制订培训计划,面向所有的职业院校和教育培训机构招标,只有质量高、成本低,并且培训适应经济发展需要的学校才能中标,与政府签订"教育培训采购协议",内容包括培训技能内容、培训人数、培训目标等,在达到培训目标的前提下,按照培训人数和培训效果等向学校支付培训经费,这种市场运作的机制可以引导职业技能培训市场发展,促进职业院校相互竞争,实现"优胜劣汰",提高职业院校提升自身技能培训竞争力和发展的内在驱动力。

(三)面向社会开放,实现资源共享、互利双赢

职业教育离不开实训基地的建设,目前的实训基地建设中存在诸多问题和困难。问题之一是资金投入成本高,工科类、医学类、农业类等专业建一个实训基地需要较高的投入,一台国产的数控机床需要几十万元,而且运行成本也很高,机电、电力、通信等实训设备的使用损耗较高,发生故障的维修费用也较高,职业院校在建设这种高投入高运行成本的实训基地时面临巨大的资金压力。问题之二是区域内同类实训基地重复建设,资源严重浪费,目前大部分职业院校建实训基地一般都是独立建设,独立使用,缺乏共享性和开放性,导致同一区域内同类专业实训基地重复建设,造成资源浪费。问题之三是实训设备没有发挥应有价值,实训设备如果仅用于实践性教学,而不用于生产、培训和科研,那么就没有充分发挥实训设备的价值。问题之四是实训设备更新速度跟不上产业升级、技术更新,随着产业转型升级,实训设备改造和升级

更新都需要增加新的投入，而职业院校自建的实训基地由于资金、使用周期等原因不可能及时更新。为了解决上述这些问题，职业院校可以采取和企业共同入股建立生产型实训基地，基地采用公司化运作方式，面向社会开放，实现营利，解决实训基地建设中的资金短缺问题。

校企通过共建的形式建立生产型实训室、实训车间，双方共享设备资源，进行市场化运作，把学生教学实践和生产融于一体，使得专业教学紧密地对接产业。把学生放在真实的生产环境中，由企业的专门技术人员作为实践老师指导，从而使学生技能得到提升，在指导学生实践的同时，企业技术人员在学生的学习实践中也完成了自己的生产任务，在这个过程中，学生的实践材料可以作为产品生产成本，不会额外增加学校和企的经济负担，实践的产出就是产品，可以直接进入市场，这种生产性实训基地可以同时完成院校实践教学与企业生产双重任务，达到互利双赢。

建设生产型实训基地可以采用市场化股份制运作，建设之初就要明晰产权，学校和企业投入的有形资产和无形资产等都要通过权威专业的评估确定产权份额。一般地说，为了确保实训基地首先服务于实践教学需要，学校要对实训基地达到基本控股。生产型实训基地是为了服务于工学结合的教学改革，在工学结合的条件下，实践技能的培养应该以生产过程的规律为主导来设计教学过程，教学过程也要满足生产的要求，要按照生产和市场变化的要求来设计教学过程。生产型实训基地既要保证生产过程的顺利进行，使合作企业获得合理的经济效益，又要保证学生在真实的生产环境中使技能得到提升，完成实践教学任务。只有这两个目标都达到了，才能使生产型实训基地持久运行。此外，要充分发挥股份制生产型实训基地的综合功能，如基地的新技术研发、社会技术服务和技能培训等功能，把生产型实训基地建设成全方位开放的基地，成为地区经济发展的亮点，为企业和职业院校的深度合作发展创造良好的外部环境。

（四）明确各成员责任

近年来，各地职教集团数量和规模得到长足的发展，但是作用并没有得到充分发挥。大多数职教集团只是一个松散型组织，成员单位原有的各自法人资格及人、财、物隶属关系不变。在实践过程中，很多松散型职教集团仅是形式上的联合，难以开展实质性的业务合作活动，职教集团内部校企合作陷入停滞不前的状态。究其原因，一方面职教集团的组织章程不具有法律效力，对成员不能形成实质性的约束力，另一方面职

教集团不能作为独立实体进行交流和合作，因而职教集团的形成并没有促进校企合作的持续发展。要促进职教集团发挥在校企合作中的实质性作用，当务之急是职教集团要建立法制化的契约制度，对职教集团成员起到真正的约束作用，明确集团成员的责、权、利，使得集团成员单位的职业院校校长和企业的 CEO 实现交流互聘，企业的技术骨干和职业院校的教师实现双向流动，使得职教集团内部校企真正融合。

第三节　职业教育保障机制创新

构建职业教育保障机制是促进职业教育可持续发展的重要基础。职业教育保障机制创新的重点主要包括教育质量保障机制、教师队伍建设机制、教育经费投入保障机制和宏观环境支持机制四个方面。

一、建立教师队伍机制

高水平的职业教育师资队伍是高质量教育水平的有力保障。目前，国家已颁布了《中等职业学校教师专业标准（试行）》，根据《国家中长期教育改革与发展规划纲要（2010~2020年）》的要求，提出建立符合职业教育特点的教师资格制度和职务（职称）评审办法，严把"双师型"教师入口关，切实保障具有教育教学能力和技术技能水平高的人才能够进入职业院校从教。高水平的职业教育师资队伍要从源头开始抓起，具体包括完善的师资培养培训体系、严格的教师资格准入制度，同时还需要特别加快双师结构专业教学团队建设，聘任（聘用）一批具有行业影响力的专家作为专业带头人，一批企业专业人才和能工巧匠作为兼职教师，使专业建设紧跟产业发展，学生实践能力培养符合职业岗位要求。

（一）建立职业教育专业教师准入机制

职业教育是培养经济发展所需要的各类专业技术人才的主要机构，经济建设中扮演着越来越重要的角色。与学历教育相比，职业教育更强调教育过程中的实务导向，教师作为职业教育中教学计划设计与执行的关键人员，自身也应具备良好的专业实务能力。

但是目前我国职业教育还很难真正做到学以致用，无法凸显职业教育的内涵，部分学生毕业后就业能力较差，无法适应实务工作的需要。多数教师缺乏实际工作经验，其教学能力和实务技能尚需得到进一步的提升。

近年来,我国各级政府采取各种措施加强职业教育师资队伍建设,各地先后成立了多个国家级和省级的职业教育师资培训基地和师资专业技能培训示范单位,为各类职教教师提供岗前培训、在职提升和高级研修等培训项目,初步形成体系健全的职业教育师资培训体系框架。课题组在调研的实践中,也了解到多地虽十分重视对职业教育教师的培训工作,但是职业教育教师培训的标准、内容和方式上仍有待于进一步完善。

因此,应当完善职业教育专业教师培养培训体系,建立职业教育专业教师准入机制。

首先是制定职业院校教师资格标准,要建立符合职业教育特点的教师培养、培训体系。职业教育院校应对师资培养培训体系进行必要的革新,探索新的教学模式,根据职教教师应具备的能力要求,分阶段、有计划地培养他们的专业理论知识、专业操作技能与教学技能。同时,教育部门应针对职业教育的特点,进一步完善现有的教师资格认定制度,科学设定职业教育教师资格认定条件,以突出职业教育教师自身的特点。

其次是建立职业教育教师评聘的合理机制,改革专业教师聘用制度,拓宽行业企业技术技能人才进入职业教育的渠道,建立相关标准制度。职业院校则应制定兼任教师相关政策和管理办法,建立兼任教师科学合理的工作量考评和薪酬补助机制,以吸引更多优秀的业界专家。通过聘请业界资深专家担任兼职教师,与本校专任教师共同授课,不仅可以使学生更直观地了解企事业单位的业务运作情况,也可以使本校专任教师在与业界资深专家互动的过程中,增加他们对业界的了解,随时把握业界的发展现状和未来的发展趋势,提升专任教师的实务能力。专兼职相结合的职业教育师资队伍,较好地解决了因专业转换所导致的职业教育专业教师的不足。并且专任职业教育教师和兼职职业教育教师因各自所具有的优势和不足,可以互相交流,取长补短,有利于职业教育师资队伍整体水平的提高。

最后是严格建立职业教育教师准入机制。职业院校规范教师的准入资格,规定教师需要有专业学历、教师资格和相关专业工作经历,熟悉企业生产流程。相关职业院校在师资招聘时,应将应聘者取得代表其职业能力和技术水平的职业资格证书或技术等级证书作为录用的条件之一。

(二)制定并完善"双师型"教师职务标准

"双师型"教师政策是国家在特定阶段解决职业教育技能型教师短缺问题而制定

的方案，其宗旨在于优化教师队伍素质结构，提升职业教育质量。1995年原国家教委《关于建设示范性职业大学工作的通知》的官方文件第一次正式使用"双师型"表述，该通知在关于"申请试点建设示范性职业大学的基本条件"中提出：要有"一支专兼职结合、结构合理、素质较高的师资队伍"；"专业课教师和实习指导教师具有一定的专业实践能力，其中1/3以上的达到'双师型'"教师。随着社会经济发展对职业教育提出更高的要求，院校对"双师型"教师的需求更为迫切。

《现代职业教育体系建设规划（2014~2020年）》进一步提出"加大国家对'双师型'教师队伍建设的支持力度，实行职业院校'双师型'教师岗位国家购买制度"，"建设以'双师型'教师队伍为特点的人事管理制度，到2020年，专兼职技术技能教师占教师总数的比例达到60%以上。建立职业院校教师编制动态调整机制"，反映出对"双师型"的要求从对教师个人能力的要求转为对整个职业院校教师队伍结构合理化的要求，职业院校应当获得更多的自主权，从行监和企业界招聘高水平的兼职教师，改善职业院校的教师队伍结构。因此，应当制定"双师型"教师职务和岗位标准，完善"双师型"教师培养机制。

第一，制定"双师型"教师职务和岗位标准，改革教师管理制度。政府应建立和规范"双师型"教师的资格和评价的基本要求和标准。对不同层次、不同专业类别的"双师型"教师应提出不同要求，比如，学历要求、所在专业的实践工作经历、实践能力水平、应用技能水平或培训要求，以保证职业教育的教师水平和职业教育的质量。建立职业院校教师与企业工程技术人员、高技能人才的双向聘用机制，完善"双师型"评价标准和体系，提高"双师型"教师岗位待遇，引导专业教师积极加入"双师型"教师行列。这样，既有了考试制度等方面的改革、人才成长通道的贯通，又有了优秀师资作保障，解决职业教育目前存在的"断头路"问题，或许为期不远。其次是改革教师管理制度，开通职业教育急需专业教师引进的"绿色通道"，落实"政府定编、自主聘用、动态管理"的教师管理办法，从高校引进优秀毕业生、吸引行业企业技术骨干和能工巧匠到职业院校任教。

第二，建立双师型教师培养的校企合作伙伴关系，完善"双师型"教师培养机制。由政府、学校、企业三方共同多与合作培养双师型教师，建立契约关系，共通合作，互惠互利。首先是政府制定参与职业教育企业的条件和标准，遴选一批具有相应资质的企业；同时出台相关政策法规和可行的措施，落实企业承担教师培训的具体责任，并提供优惠的税收政策和补贴政策，促进企业参与合作培养。其次是职业院校和企业自愿建立合作伙伴关系，企业为职业院校教师提供培养培训机会，职业院校则为企业员工培训提供相应支持，通过建立健全职业院校与企业共同培养专业教师的新模式，促进职业院校与企业的密切合作实现二者的优势互补和共同发展。

（三）构建教师评价制度

职业教育教师评价是一项十分严肃与慎重的工作，直接涉及广大教师的切身利益，影响到教师积极性与创造性的发挥。科学与准确的评价是对教师工作价值、贡献、能力、素养等的全面肯定与认可，可以增强团队凝聚力，激发办学活力，减少矛盾，维护校园稳定，促进学院长远的可持续发展，充分调动高校教师的教学积极性，促进职业教育质量的提高。

与普通教育相比较，职业教育侧重于实践技能和实际工作能力的培养，因此在评价标准上也应有别于普通教育。因此，应当改变目前对教师的评价标准，构建体现职业教育特点的教师评价制度。

首先是教师评价的内容应当具有针对性，体现职业教育的特殊性。职业教育人才培养应当突出行业性、职业性和实践性。教师评价标准中要突出实践教学的特殊性，因为职业院校的主要任务是教会学生够用的理论、实用的技能。全面、准确、发展地对高职教师做出评价，才能激发高职教师的工作热情，提高教学质量。其次是教师评价的结果不应是终结性的，应用发展的眼光看待教师的教学水平。评价制度不仅是对教师过去工作表现和已经具备的素质的评价，更应引导教师的未来的发展，重视提高教师的教学水平。

通过改革觋有的教师评价标准，加强对教师实践教学能力评价，促进教师提升职业能力素质，适应行业和产业经济发展的需要，不断吸收新的专业技术知识，提升教学水平。其次通过改革现有的教师评价标准，引导教师积极参与校企合作，鼓励学校的学术型教师为企业提供技术服务，解决企业亟须解决的技术问题。搭建学校教师与企业专业技术人员的合作平台，鼓励双方的合作与交流，共同解决技术难题，提升科研成果的转化效率。

二、建立教育质量保障机制

《国家中长期教育改革和发展规划纲要（2010~2020年）》提出提高质量作为教育改革发展的核心任务，制定教育质量国家标准，建立教育质量保障体系。职业教育质量保障最为核心的是课程，具体表现为课程内容和教学质量。世界发达国家都建立了政府、行业和学校相互认可的，以职业能力培养为核心的职业教育标准体系。而目前我国还没有真正意义上处于实践操作层面上的职业教育质量保障机制，围绕课程内容与教学质量的保障建立相应的机制，加强职业教育与行业、产业的联系，以培养主动适应区域经济社会发展需要，培养数量充足、结构合理的高素质技术技能型人才具有十分重要的意义。

（一）改革专业课程体系

课程质量是职业院校教学质量的核心，也是衡量职业院校办学质量和市场应变能力的主要指标。在职业教育专业课程的设计中，最为核心的是如何将课程内容与产业界职业需求和岗位标准密切地联系起来，加强与行业的紧密协作，把掌握知识和技能、发展能力、培养良好的职业道德和个性心理品质等各类目标有机地结合起来，为行业提供高素质劳动者。

目前国内的职业教育课程设计中仍然是政府在起着主导作用，行业企业在职业教育方面发挥的作用有限，企业参与学校的方式缺乏长效机制，不利于行业企业参与学校课程的设计开发，职业教育的课程内容与市场需求存在脱节。

因此，为保证职业教育课程质量，应当组建由多方利益主体构成的国家职业教育课程标准委员会机构，构建行业企业参与学校课程开发的平台，改革职业教育的专业课程体系。

委员会的成员构成应当突出行业、企业具有职业教育发言权的特点，除了政府的相关部门代表（如教育部、工业和信息化部、水利部、农业部、科学技术部等），学校代表外，还要包括行业代表和有参与职业教育资质的企业代表，其中行业和企业代表的成员数量应当占到1/2以上。行业和企业人士都应当是相关行业实践经验丰富、专业技能和理论功底较深的知名专家，他们能够协助政府提供最新的相关岗位能力要求及近期就业信息，指导院校和培训机构的课程设置与教学计划。

委员会的成员之间相互分工与合作，从而加强职业教育与外部经济界的联系。行业和企业代表对本行业人员的素质要求体会最深刻、最具体，是技能需求情况的最好判断者，因此由他们制定职业教育技能标准与培养方案，作为学校进行课程设计、开发和更新的重要依据。学校代表在制定具体课程标准时就要考虑这些技能领域，依据行业企业代表的意见和建议，将其落实到课程计划中去，并获得委员会成员的认可。此外，职业教育技能标准是随着产业结构调整和技术升级而不断更新和再评估的一个螺旋上升的过程，行业企业代表要及时更新技能标准的要求，以便学校在教学实践中可据此改变或增加课程内容、设置新的课程和新的项目，从而使得职业教育的课程更能适应当前及未来企业行业发展的需要。政府部门代表则负责协调组织，对课程标准进行最后的审定认证。其次是提供服务支持，如对于国际先进课程的评价和引进，对职业教育的优秀课程、教材信息化资源，实行国家购买制度。

通过国家职业教育课程标准委员会，可以使教育界与企业界的合作形成良性循环，行业直接参与课程设置与教学内容的确定，保证了课程内容与产业界职业需求、岗位标准挂钩，使求职者经过培训，能主动适应劳动力市场的需求。

（二）推行职业资格认证与专业学历教育相相结合的制度

目前我国职业教育证书体系包括学历证书与职业资格证书两种类型，学历教育由教育部负责，职业资格证书由人力资源和社会保障部颁发。由于职业学历教育和职业资格认证分属于职业院校和劳动部门，不同的管理体制使两种证书教育成为独立的教育体系，无法形成协同发展的合力，尤其是考核具有两种标准，不仅给学生的学习带来一定的压力，而且容易出现学历职业教育与职业资格证书教育以及劳动就业培训不能有效衔接，导致既不利于普通教育与职业教育的沟通，也不利于高技能人才的培养。

职业资格证书制度是国家劳动就业的一项重要制度，是国家层面的人力资源开发体系的重要支柱，它适应了受教育者的需要，搭建了技能人才的成长通道，促进了职业教育的发展，还起到了检验职业教育培训质量的作用。与专业学历教育不同，职业资格是一种综合能力的体现，职业资格与职业岗位的具体要求结合密切，能更直接、更准确地反映特定职业实际工作的技术标准和操作规范。两个体系各有偏重且相互独立，都不能单独承担起培养技能型人才的责任，必须在两者之间探寻一种有效沟通的模式和运行机制，建立起一种专业学位教育与职业资格培训相互贯通的教育模式，充分结合两者的优势，对职业教育和培训进行改革与创新。

因此，应当推行职业资格认证与专业学历教育相结合的制度，构建双证融通的课

程体系。将职业教育与相应的证书培训结合，对职业资格证书内容与学历证书内容进行整合，为培养既有学历证书，又有职业资格证书的高技能人才和高素质劳动者奠定基础，也使得职业教育同时突出学历性和职业性。具体操作可以参照国家职业资格标准对应的专业，将国家职业标准作为教学计划制定的重要依据，将国家职业技能鉴定内容融合进专业课程设置，即开发"双证制"课程。"双证制"课程教学的优势在于可以加强院校与企业的沟通与联系，从企业获得来自一线的生产信息，技术信息与需求信息，院校根据信息及实际需要灵活调整专业与课程设置，使教学计划与职业标准相适应，做到既符合高职教育教学大纲的要求，又能涵盖职业技能鉴定的内容与标准，实现学历教育与职业标准的衔接，调节理论与实践教学比例，丰富教学模式，以满足就业对人才规格的需要。

真正做到以职业资格标准作为导向，制定与职业资格标准相衔接的教学方案，培养适应社会发展和市场需求相应的人才，整合和优化教育资源配置。中等职业学校和高职院校要加强与国家职业资格认证管理机构及行业、企业合作，积极在国家职业资格认证管理机构的有关组织中发挥作用，共同开发专业课程教学与职业资格认证的标准，改革教学内容，把"职业标准"融合到"课程标准"中去，把职业资格培训引入到专业课的教学中去。坚持对学生实行"双证或多证"的毕业标准，积极探讨建立"职业资格标准"学分与"学校专业课程"学分互认相互沟通的新型机制。

（三）建立职业培训质量的保障机制

职业培训是职业教育体系中的重要方面之一，它是面向全体劳动者提高从业能力和职业素质，承担着完成农村劳动力转移、农村实用人才、城镇职工就业和再就业培训等各类职业培训任务。适应市场需求的多样化职业培训有利于形成结构合理、类型多样、相互贯通、功能完善的职业教育培养格局和人才成长"立交桥"。

目前，国内的职业培训尚不发达，主要是由政府主导的职业学校进行，缺乏社会培训机构的身影，且存在诸多的困难。我国企业在参与职业教育和培训在职职工的积极性均未得到充分发挥。这与我们企业所处的市场环境和经济发展阶段密切相关。一是我国的市场经济机制还不够完善，资源配置尚未完全由市场来决定，激励企业投入职业教育的动力明显不足。二是我国企业尤其是国有企业的现行评价制度导致短期行为，不利于企业从长远考虑人力资源问题，阻碍了校企之间的深度合作。三是我国的企业制度中尽管有了相关职业培训的责任，但是相关的配套措施尚未健全，对企业在人才培养上的社会责任没有充分体现。

因此，应当开放培训市场，建立教育培训机构资质标准、从业人员资格和专业发展标准、学习内容标准、学习成果评价标准等规范。

首先是制定职业教育培训机构资质标准和从业人员资格标准，用以规范和约束职业教育机构的注册和运行。这些标准可以包括遵守职业教育法规，财务管理制度，行政管理制度以及从业人员所具备的学历和职业资格证书，定期接受技能鉴定等。此外，还应该规范培训机构的专业课程内容标准，保障培训机构的办学质量。培训机构只有满足了这些标准，才能够获得认可，并进行培训活动。

其次是对培训机构办学质量进行评估。培训机构在第一次申请注册时要接受办学条件和资格的评估，办学一年以上的每年进行一次自评，每五年接受一次办学质量的水平评估，评估内容由政府相关机构确定，该评估工作可以是全面检查，也可以是局部抽查（包括某一专业类别或某一类资格证书）或通过审核注册培训机构上报的书面材料进行评估。通过办学质量的评估，政府相关机构有权决定培训机构能否继续注册和继续办学。

通过发展更多的社会职业培训机构，规范职业技能培训、鉴定机构，建立职业培训质量的保障机制，为公民提供高质量多样化的职业技能培训，满足外部劳动世界的不同需求，提高公民劳动技能素质，为社会输送高素质人才。

（四）加强教育专项督导评估

职业教育质量直接关系到劳动力的综合职业素质的提高和国际竞争力的增强，建立科学的有效的教育督导评估体系，对保障职业教育的质量，培养经济发展所需的技术型、技能型的人才起着十分关键的作用。职业教育与普通教育有着很大的不同，市场意识更强，因此在职业教育的督导工作中，应当更加强调行业企业的评价作用，以使得职业教育更能适应市场的需求，反映市场的变化。

国内的职业教育督导工作仍处在起步阶段，尚存在诸多问题，如职业教育督导机构设置不到位，缺乏独立性；职业教育督导工作内容片面；职业教育督导队伍结构不合理等。但是国内对职业教育的督导工作的重视程度正日益加深，2012年，教育部印发《中等职业教育督导评估办法》，明确提出中等职业教育督导评估指标体系、督导评估标准、

督导评估程序等。2014年，《国务院关于加快发展现代职业教育的决定》指出要强化督导评估，特别提出要"发挥行业、用人单位作用"，强化职业教育督导评估。

因此，应当在国家层面成立专业的督导机构，发挥行业企业的评价主体作用，完善职业教育质量评价制度，定期开展职业院校办学水平和专业教学情况评估，实施职业教育质量年度报告制度。该教育督导机构应当是独立于教育部门的专业的评估机构，使评估更加客观公正，评估结果更具权威性和影响力。该督导组织成员由行业、企业和政府等多方利益相关者共同组成，行业和企业代表应该占到成员总数的一半以上。由行业企业代表制定具体的评价标准和评价指标，并且每年对职业院校的人才培养质量进行定期评估，确保专业设置、课程开发都能保证质量，与行业的需要相吻合，同时还经常进行对行业雇主对职业教育和培训的满意程度的调查，提供对职业院校教育教学的看法和建议。对职业院校的教学质量进行评价，实施职业教育专项督导的"一票否决"制。通过将职业教育专项督导作为提高职业教育办学质量的科学管理手段，督促政府及其教育行政部门履行职责，转变职能，办好每所职业学校；督促指导职业学校贯彻、执行有关职业教育的方针政策和法律法规，遵循职业教育规律，深化教育教学改革，使职业教育发挥着同普通教育同等重要的培养人才的功能。

三、经费投入保障机制

《国家中长期教育改革和发展规划纲要（2010—2020年）》要求"完善投入机制。各地根据国家办学条件基本标准和教育教学基本需要，制定并逐步提高区域内各级学校学生人均经费基本标准和学生人均财政拨款基本标准"；明确"中等职业教育实行政府、行业、企业及其他社会力量依法筹集经费的机制"；明确"高等教育实行以举办者投入为主、受教育者合理分担培养成本、学校设立基金接受社会捐赠等筹措经费的机制"。《国务院关于加快发展现代职业教育的决定》明确规定："完善经费稳定投入机制。各级人民政府要建立与办学规模和培养要求相适应的财政投入制度，地方人民政府要依法制定并落实职业院校生均经费标准或公用经费标准，改善职业院校基本办学条件。"十八届三中全会《中共中央关于全面深化改革若干重大问题的决定》中明确要求：要"处理好政府和市场的关系，使市场在资源配置中起决定性作用和更好发挥政府作用"。2014年2月召开的国务院常务会议更是明确了加快发展现代职业教育的任务和措施：要求以"改革的思路办好职业教育"，"积极引导社会力量办教育，扩大职业院校的办学自主权，通过体制机制创新为职业教育汇聚更多资源"。因此，迫切需要以改革的思路完善职业教育经费保障机制：把传统的"政府主导"下的以"公共财政投入为主"的职业教育经费保障机制，调整为"政府引导"下的"举办者投入问责"和"学校自主办学面向市场筹资"的有中国特色的职业教育经费保障新机制。

（一）改革完善职业教育经费保障机制

职业教育经费保障机制设计，将更加注重以下三个方面：

第一，改变"政府主导"和"公共财政为主"的单线思维，更加注重发挥"政府引导、规范和督导作用"。《国家中长期教育改革和发展规划纲要（2010~2020年）》明确要求："政府切实履行发展职业教育的职责"，把"健全多渠道投入机制，加大职业教育投入"作为政府履职的重要内容。2014年2月26日，国务院总理李克强主持召开国务院常务会议，部署加快发展现代职业教育，提出要"发挥好政府引导、规范和督导作用，充分调动社会力量，吸引更多资源向职业教育汇聚"。因此，在当前形势下，完善职业教育经费保障机制的关键，是要依法落实"（多元）举办者的投入责任"。

第二，"政府引导"贵在"以身作则、率先垂范"，重在更加注重解决现行经费保障机制中存在的问题。当前，职业教育经费保障机制存在"三个不匹配"问题，即"经费总量与办学规模不匹配、生均投入与成本支出不匹配、举办者责任与义务不匹配"，其最重要原因是"举办者责任未得到有效落实"，其根源是"政府认识"责任不到位。

首先，由于各级政府对职业教育重要性认识不足，导致职业教育在国家财政性教育经费分配中"职业教育经费总量与事业规模不匹配"。其次，政府认识不足导致履职不够，导致职业教育和各级各类教育生均经费（拨款）标准缺失，一方面使得各级政府在编制各级各类教育经费预算拨款时，没有相对科学合理的参考标准；另一方面，标准缺失成为职业教育与同级教育之间的经费结构失衡的重要技术原因，中职生均经费的实际投入水平低于普通高中，违背实践教学需高成本投入的基本办学规律；高职生均财政性教育经费拨款普遍低于本科，未能体现公平原则。

最后，由于政府自身对职业教育存在认识不足履职不够的问题，不仅导致职业教育在国家财政性教育经费分配格局中被边缘化，而且导致职业教育和各级各类教育经费（拨款）标准缺失，因此，政府亦难以监管企业办学和民办职业教育举办者的"出资责任"不到位。

第三,更加注重学校自主办学,引导和"倒逼"学校"面向市场、社会、企业多渠道筹集资金"。发展现代职业教育,要求大力推动专业设置与产业需求、课程内容与职业标准、教学过程与生产过程"三对接",如果一味强调"政府主导",不利于发挥学校自主办学的积极性,只有引导学校甚至倒逼学校面向市场、面向社会、面向行业企业办学,才能切实提升职业院校自身的服务能力。面向市场获取"技术服务收入",不仅是职业院校经费筹措的重要渠道,更是检验职业院校办学能力、办学质量的一块"试金石"。

(二)构建中职经费保障新机制

构建职业教育经费保障新机制,从筹资角度讲,就是要从传统的"政府主导、公共财政投入为主",转变为"政府引导为先,举办者投入问责与面向市场筹集并重"。在教育经费总量分配中,尤其是国家财政性教育经费分配中,更加重视职业教育。

提高国家财政性教育经费分配中职业教育经费的比重,形成"投入总量与事业规模相匹配的协调机制"。按照《国家中长期教育改革和发展规划纲要(2010~2020年)》关于"要健全以政府投入为主、多渠道筹集教育经费的体制,大幅度增加教育投入"的总体要求,根据中等职业教育和高等职业教育经费投入保障机制存在的不同问题,有针对性地采取不同方式。

中职:在国家财政性教育经费,尤其是"公共财政预算教育经费"分配结构中,中等职业教育的经费比重至少要从目前的6%左右恢复到1999年的10%左右(高中和中职在校生规模相当)。"国家中等职业教育经费保障新机制"的构建,可以借鉴"国家农村义务教育经费保障机制",分阶段逐步实施,譬如全部免除农村中职教育阶段学生学杂费,对贫困家庭学生免费提供教科书并补助寄宿生生活费;提高农村中职学校公用经费保障水平;建立农村中职学校校舍(实训基地)维修改造长效机制;巩固和完善农村中职学校教师工资保障机制等。

高职:要对高等职业教育给予普通本科"同等待遇"。在高等职业教育经费中,"公共财政预算教育经费"所占比重要参照普通本科,而不应"歧视"。建立科学合理、持续增长的高等职业教育投入机制,明晰财政对高职经费投入的标准,对连片特困民族地区职业教育进行特殊支持,尤其要通过财政转移支付、建立连片特困民族地区职业教育专项经费,在各级财政中计划单列等方式,帮助民族地区、革命老区、贫困地区的高等职业学院解决办学经费困难的问题。

对特色专业（如涉农专业）和区域经济急需的专业，国家要加大投入力度。

（三）强化规范和督导

强化规范和督导：依法抓紧制定职业学校"生均经费标准"，并以此为基础建立"生均经费标准拨付制度"及问责机制。我国《职业教育法》第二十七条规定："省、自治区、直辖市人民政府应当制定本地区职业学校学生人数平均经费标准；国务院有关部门应当会同国务院财政部门制定本部门职业学校学生人数平均经费标准。职业学校举办者应当按照学生人数平均经费标准足额拨付职业教育经费"。《民办教育促进法》第十条规定"民办学校的设置标准参照同级同类公办学校的设置标准执行"。《民办教育促进法实施条例》第八条规定"民办学校的举办者应当按时、足额履行出资义务"。

结合上海等地的实践，在技术层面，建议先制定"分专业类型"的职业学校"生均公用经费"基本标准，以满足职业教育有别于普通教育的运行成本需求，而不是直接建立"生均经费"标准；在机制层面，形成能负责、能问责的"举办者投入责任问责机制"。

建立依法制定职业教育生均经费标准的问责机制。由国家教育主管部门牵头，会同国务院有关部门和国务院财政部门，按照高于普通教育生均经费投入的原则抓紧制定出职业学校生均经费基本标准（国家标准）或者出台指导性意见和原则，指导和推动各省市制定各地标准，以明确职业学校举办者的出资责任；国家教育主管部门对各地依法制定职业学校生均经费基本标准的情况进行督查，推进各地科学合理研制经费标准。同时，建立生均经费拨款标准动态调整机制，保证职业院校经费投入稳定增长。

建立举办者出资责任落实的检查机制。由国家教育主管部门牵头，先从对各级政府（省、地市和县市级地方政府，以及各级行业主管部门）的督导和问责开始，落实各级政府发展职业教育和公办职业教育举办者的出资责任；然后，由教育主管部门依法对企业办学和民办职业教育举办者的"出资义务"进行依法监管；最终形成"中等职业教育实行政府、行业、企业及其他社会力量依法筹集经费的机制"和"高等教育实行以举办者投入为主等筹措经费的机制"。

建立职业教育经费保障的监督评价机制。建议国家教育和财政部门定期对全国、各地职业教育经费投入情况进行分析评估，比如，对全国和各地职业教育在教育经费分配中的比重进行排序，对各地职业教育生均经费制定情况进行总结、交流，推广成功经验和先进方式。建立职业教育经费使用监管机制，完善财务管理状况与绩效评价

相结合的动态监管办法。

（四）激励社会各行投入职业教育

以改革的思路完善职业教育经费保障机制，通过政策引导，逐步让市场机制在职业教育经费保障中发挥决定性作用，激励行业企业和社会力量投入职业教育，支持职业教育。

建议设立各种不同类型的职业教育发展基金，由社会、企业或政府提供资金立，由专门机构进行投资运作，投资收益用于资助职业教育发展。如为企业职业培训设立基金，以有效筹措企业职业培训的经费；为学校职业教育设立基金会，以有效管理政府的职业教育拨款。

企业职业培训基金，可以借鉴德国中央基金模式，由国家设立、以法律形式固定向国营和私营企业筹措经费，规定所有国营和私营企业，无论培训和非培训企业在一定时期内都须向该基金交纳一定数量的资金，通常按企业员工工资总额的一定百分比提取。国家根据经济发展状况确定和不断调整比例。中央基金由国家统一分配和发放，并规定有一套严格的分配制度和资金申请条件。这种筹资方式，较之传统的仅由举办培训的企业承担职业培训的费用，能够筹措到更多的企业职业培训的经费。由于举办培训的企业可得到这些资金，一方面可激发企业举办职业培训的积极性，另一方面可平衡企业间的经济负担.一定程度上避免了可能由此而引起的不平等竞争。而且无论对企业还是个人，接受有效的培训，未来的收益都是远远大于现实的付出，这也大大提高了企业和个人接受职业培训的积极性。

学校职业教育设立基金会，可以有效地管理政府的职业教育拨款。政府出资设立学校职业教育发展基金会，采取竞争性的经费管理模式，政府的经费资助不是采取直接拨款的方式，而是通过"政府购买培训"的方式激励公立与私立职业院校参与职业教育与培训。譬如基金会在确定购买哪所学校的教育培训时，采取公开投标的市场运作方式。首先由基金会制定教育培训要求，再由职业院校按国家技能标准和政府要求制定教学计划，最后由基金会组织进行评估来确定购买哪一所学院的教育培训，职业教育院校在激烈的竞争中得到发展。同时，如果企业需要培训，则由企业提出培训的需求和目标，职业院校派人与企业内专职培训教师共同研讨、制作培训项目数，包括课程设置、课时安排、教材选取、考核与评估、时间分配、场地安排、费用开支等，经企业认可后，由职业院校实施。这一过程不仅通过协商，也可由企业进行招标。这就需要职业院校凭着商业眼光和自身实力去投标，在职业教育市场上参与竞争，争取培训项目，以筹集更多资金。

各级政府还可以设立各种职业教育专项基金，如职业教育校企合作发展专项基金，培育、扶持第三方机构，与政府共同完成对区域内的产学融合、校企合作进行绩效评估，并根据评价结果对优惠政策、资金使用进行调整，同时将考核结果纳入到相关部门、职业院校领导班子考核中。

税收优惠，也是激励行业企业和社会力量投入职业教育，支持职业教育的一个重要手段。总结和提炼借鉴山东等地的改革实践，可以在以下方面进行探索。

在营业税、企业所得税、个人所得税政策方面：

（1）鼓励学校组织开展实习实训及其他勤工俭学活动。对学生勤工俭学提供劳务取得的收入，免征营业税。鼓励企业接收学生实习、实训、学徒，企业为接收学生实习实训支付的报酬等费用支出，按规定在计算应纳税所得额时扣除。对政府举办的职业学校设立的主要为在校学生提供实习场所、并由学校出资自办、由学校负责经营管理、经营收入归学校所有的企业，符合相关政策的，给予免征营业税。

（2）支持学校开展教学、技术研究和培训活动。对从事学历教育的学校提供教育劳务取得的收入，免征营业税。对政府举办的高等、中等和初等学校（不含下属单位）举办进修班、培训班取得的收入，收入全部归学校所有的，免征营业税。学校提供技术开发、技术转让和与之相关的技术咨询、技术服务，符合相关规定的免征增值税（营改增）。对于一个纳税年度内符合规定的技术转让所得不超过一定额度的部分（如500万元），免征企业所得税；超过部分，减半征收企业所得税。

（3）支持社会力量资助现代职业教育事业。对企业通过公益性社会团体或者县级以上人民政府及其部门，用于教育事业的捐赠支出，在年度利润总额12%以内的部分，准予在计算企业所得税应纳税所得额时扣除。个人通过中国境内非营利的社会团体、国家机关向教育事业的捐赠，准予在个人所得税前全额扣除。

（4）职业学校被认定为具有免税资格非营利组织的，其接受捐赠收入、财政拨款以外的其他政府补助收入（不包括因政府购买服务取得的收入）、收取的会费、不征税收入和免税收入滋生的银行存款利息收入等，按规定免征企业所得税。

在房产税、城镇土地使用税、耕地占用税、契税、印花税等政策方面：

（1）支持学校校区建设。对国家拨付事业经费的学校自用的房产、土地，免征房

产税、城镇土地使用税，对财产所有人将房产、土地等财产赠给学校所立的书据，免征印花税。对学校占用的耕地，符合规定条件的，免征耕地占用税。

（2）学校承受土地、房屋权属用于教学、科研的，免征契税。③对县级以上人民政府教育行政主管部门或劳动行政主管部门审批并颁发办学许可证，由企业事业组织、社会团体及其他社会和公民个人利用非国家财政性教育经费面向社会举办的学校及教育机构，其承受的土地、房屋权属用于教学的，免征契税。

在关税和其他政策优惠方面：

（1）支持境外组织和个人捐助教育事业。对境外捐赠人无偿捐赠的直接用于各类职业学校教育的教学仪器、图书、资料和一般学习用品，除国家明令不予减免进口税的商品外，免征进口关税和进口环节增值税。

（2）支持学校更新设备。学校进口国内不能生产的仪器、设备，直接用于科学研究、科学试验和教学的，免征进口环节增值税。

（3）捐资举办的民办学校和出资人不要求取得合理回报的民办学校，依法享受与公办学校同等税收优惠政策。

（五）推进教育公平与效率

进一步健全公平公正、多元投入、规范高效的职业教育国家资助政策。逐步建立职业院校助学金覆盖面和补助标准动态调整机制，加大对农林水地矿油核等专业学生的助学力度。有计划地支持集中连片特殊困难地区内限制开发和禁止开发区初中毕业生到省（区、市）内外经济较发达地区接受职业教育。完善面向农民、农村转移劳动力、在职职工、失业人员、残疾人、退役士兵等接受职业教育和培训的资助补贴政策，积极推行以直补个人为主的支付办法。

在中等职业教育阶段，考虑试行职业教育券制度，扩大资助面的同时，促使家长和学生能够参与"公共决策力"，促进职业学校的竞争，提高教育质量。

改革职业教育贷款制度。由国家提供信用担保，愿意提供贷款的银行根据专业、行业前景、申请人自身素质进行筛选。银行根据自身利益需求，选择就业前景好的专业学生，淘汰过剩专业，前景堪忧的专业。这一选择同样益于职业教育自身发展。此外，对于银行不愿提供贷款的专业，但属于艰苦行业，国家战略需要的专业，由政府直接资助，提供低息或者免费贷款。

第三章 职业教育专业教学中对于技能积累的探讨

第一节 专业技能的层面及其哲学的思考

一、专业技能的层面

（一）专业技能的理解

对专业技能概念的理解有两个方面。一方面是"专家"。专家可以被认为是一门学科的专家，即其在相关学科领域有渊博知识。学科专业技能的重要特征是能获取某个学科方面新知识的能力。例如，科学家或是学者能获取学科新知识。另一方面是"专业技能"。专业技能的概念与"实践活动"有关，如做木工、做医疗、搞工程、绘画或是钓鱼，它涉及对一种职业、行业或是行为的掌控。

赖尔指出"实用知识"从广义上来说是指"技术"，而不是指"技能"，而且它包括对如何去实践以及广义上的在现实语境中能够理性实践的实际判断道德方面的思考；还包括对"能力""技巧"等相关术语的思考。尽管书本知识与亲知知识不是主要思考的方面，可是这些知识，尤其是书本知识与实用知识之间的关系将会一直成为讨论和研究的焦点。的确，为了弄明白这些关系，弄清这两种知识的主要差别是有必要的。即要弄清组织知识与个体知识的差别，以及全景知识与非全景知识的差别。

赖尔主张技能不应该包括在技术里面，后者应该属于认知领域，

尽管赖尔的区别论在日常环境中被广泛认识和运用，可他的论据还未被广泛接受。主要是因为那些拒绝这种观点的人同时也排斥赖尔的"技能有别于技术"的理论。在

这样的背景下，任何"技能"的实例事实上就是"技术"的实例，我把这个观点称为我的论点一。

由于职业教育和专业教育与实用知识的发展有着极大的关系，因此，随着时间的推移，初学者就会发展能力，然后逐渐熟练，最后成为专家。我们在一些规范的行为方面，如指导、培训、鼓励、讲解、示范和评估等，能够清楚地应用这些概念的能力在职业教育中是不可或缺的。任何对实用知识的认知离开了实践，必定存在致命缺陷。

同时，很有必要来对技术进行更为密切的观察。虽然有争议，但专门技能无疑被认为是职业教育和专业教育的特殊范畴。若认为技术知识在里面不起任何作用也将是个严重的错误。技术知识一定是有作用的，并且在职业教育和专业教育中，技能知识和技术知识的关系将是本书需要考虑的一个重要方面。

二、专业技能的两个层面

1. 第一个层面：实用方面知识

本书主旨是实用专业技能的概念。有种倾向认为实用专业技能是某种与之前提到的学科专业技能截然不同的东西，好像两者之间彼此相互背离。这是一个歪曲了对学科专业技能和实用专业技能理解的重大错误。虽然本书将会关注到利用专门技术去做各种各样的事情的细节，但重要的是定位与思考实践事件的概念框架相关的讨论，这种实践事件是阿拉斯泰尔·麦金太尔 1981 年出版《美德之后》以后才凸显的，此书产生了大量的学校文献。书中，麦金太尔主张以有价值的活动为核心概念，即美德的概念，对其道德行为能力理解的核心便是实践的概念。实践就是一种反复的社会活动，主要具有如下特点。

1. 在实践过程中，有其自身的目标或目的，以及实现构成完美标准的准则。这些构成了自己内部的美德，二者之间相互联系，首先，实现完美的活动涉及自身的价值；其次，完美标准的实现也是一种内部的核心美德。

2. 实践历史构成本身就涉及传统活动，二者存在固有的内在联系。实践的动机很大程度上就是建立在工作机制和完美标准之上。这可能是逐渐形成的，但在传统工作机制和完美标准的情况下也会发生变化。

3. 每个人类的个体都有其叙事结构，基于人类生命周期的自然属性，根植于实践之中。我们懂得生命的重要性以及生命与实践的价值所在。

4. 不仅实践有其内在价值，还有其外在用途。当实践的内外价值进行互换时，内在价值便成为像钱财或是服务那样的外在物品，成为某个个体所拥有的东西。外在物品还可以用其他方式获取，而非通过某种特定实践来实现内在价值。

有关麦金太尔的实践概念，前面已经写过很多。在此讨论中，我想要着重阐述的是有关实践概念的某些方面。哲学家们都倾向于使用专门的技术术语，这样做一点也不为过。如果这种术语有助于理解而不会导致误解的话，是值得大加赞赏的。麦金太尔在此介绍的实践的概念是为了提供一系列簇拥在道德行为能力概念周围的表象。他的讨论表明实践的概念不像人们以前广泛认为的那样具有启发性。主要原因是我们已经有着丰富的类别词汇，这些词汇不是为了人类活动，而是为发生人类活动的社会环境所创立的。如果我们为了赞成上面所述的哲学层面的实践概念而抛弃该词汇的话，那就很有理由来询问一下我们是否真正理解了像专业技能自然属性那样的哲学问题。而情况恐非如此。

①实践

对于麦金太尔流派的实践概念的可变性，许多评论家已经做了评价。其本身并没有问题。麦金太尔要给实践下这样严格的特别定义是没有理由的。这一概念是为了阐明哲学上的问题而创立的，并且在不断发展，而不是为了满足社会等级结构。不过，如果这一实践概念不仅会引起混乱，还不能启发人们，那就有必要来质疑它是否有存在的价值了。有关实践概念的一个主要问题就是要搞清楚什么是实践，什么不是实践。比如，我们都知道建构、钓鱼、建筑设计和耕作都属于实践，因为所表示的概念与别的我们熟悉的概念相连，如一个经济部门、一种职业或是生活方式。相比之下，砌砖和种萝卜就不是实践。这同时也证明了职业与专业，交易与活动之间的区别。可以说职业是一种比具体的交易更为高级的类型，所以砌砖是个例外，乍看起来让人感到迷惑。

根据麦金太尔和邓恩的说法，情况变得更加复杂化。麦金太尔认为教书不是一种实践，而是将一套技巧和习惯投入到各种实践中的活动。

我们所谈论的实践就是像本章前面所提到的历史或哲学那样的学科。在这一系列的特征里，我们发现我们更加混乱。首先，像教书这样的一种职业被限制成"一套技巧和习惯"，一种被简化到只对训练复杂职业的描述，即便是麦金太尔对实践的描述，如建筑设计或耕作也不过如此。其次，尽管把学科划分为实践有点优势，它们展示出了内在价值；他们拥有传统；他们见证了美德的培养，帮助构建了对人类生活的叙述；

可他们并不等同于职业。职业是组织工作最主要的方式，其首要目的是获得经济效益，但同时它也是组织并获取知识的方法。

可以说，当实践与内在利益相关联的时候，组织机构就与外在利益（如社会地位、名望及金钱）有关。但这一区分是站不住脚的，即使是用麦金太尔最喜欢的例子也无法说明。建筑设计不仅与建造优美的房屋、完美的构思有关，还与名望、社会地位、金钱以及其他外在的物品，如环境的改善，经济、法律或是社会文化生活方面的改善有关。确实，建筑设计作为一种实践（从人类的日常活动或是生活形式来看），如果没有这些外在物质作参照，是不容易理解的。人们可以区分组织机构（如建筑行业协会），在某个特定国家的职业（如培训体系的不断完善、许可证、与房屋设计相关的知识技能团体）以及包含以建筑目的（建筑设计）为特征而建筑活动演变的建筑设计的实践（生命形式）。如果有这样做的目的就应该这样去做，而并非只为了构建等级体系之故。

此外，我们可以在职业、学科、组织机构和生命形式之间来探测拥有内在利益所具有的特点，麦金太尔把这归结为实践。他早已知悉这便是学科之事，也可以说是专业、职业及组织机构的事。因此，就健康而言，医学有其自身的目标；面包店有做面包和糕点的品质要求；国家军队有保家卫国之责。各自都有各自的内在品质，无论是完美实现目标本身还是实现目标的方法都有其标准。我们可以得出结论：根据麦金太尔的定义，实践的概念并不能对与它相关的道德行为能力、人类生命的叙述框架以及内外品质的产生方面的问题提供任何重要的哲学启示，因为这些是可从专业、职业、生活方式以及组织机构的各个社会层面进行仔细讨论的。此外，我们可能需要进行更加仔细的分析以便弄清实践与文明等级社会相关的美德和内外品质发展过程的联系。例如，德国的 Beruf（天职），尽管大体上属于社会上层阶级职业范畴，但我们不能脱离其文化特性孤立地去理解。

②知识与技能

我不想使用麦金太尔的实践概念。他希望通过实践的概念去探索的关注点十分重要，但是这些关注点应该通过已建立的社会等级被处理得更加详细，更易被辨别。而我想要更加详细探讨的东西包括内在和外在利益。尽管在后面的例子中，我不关注金钱、社会地位和名望，我关注的是"卓越"的外表形象，如对待顾客、对待病人以及社会公众。不过和以上所关注的专业技能个人特征相比，我所关注的会更为具体些。如上所述，这种专业技能与学科系统的命题知识的成果、确认及保护相关。但它还与多种组织机构环境下的专业、职业和生活形式的实践相联系。这样似乎把关注点从命题知识（技术）转移到了技能方面，而情况也确实如此。我们似乎可以说，一些以传统工艺著称的职业，如制陶或制轮，不需要靠大众化的系统知识来指导实践。他们只要应用技巧和职业判断力即可，也可依赖偶然知识（相当于瞬间知道的知识），或是依赖个人成长过程中习得、积累的系统专业技能知识。这些将是我所关注的重要部分。

依靠传统工艺的例子来解释专业技能是很有吸引力的。我们不用处理为说明技术和技能之间的关系，尤其是为说明命题知识或学科知识如何来预示技巧和职业判断力所带来的显著的复杂和困难。但我认为这种方法是无效的。我们已经证实专业的学科知识是一种命题知识和实用知识的混合体，并且即使是传统的工艺也不能没有命题知识。当我们继续审视这些行当、技术职业、半专业和专业时，这一有限的方法就显得更加难以置信。很多职业都依靠系统的命题知识来指导实践，这并不是历史或偶然因素所决定的，而是因为人们不能在没有或缺乏命题知识的情况下有效实践，更不用说不实践就能拥有专业技能。当然，这还需要商榷，它并非只是涉及命题知识如何去指导职业方面的实践，还需要涉及专业技能是如何利用命题知识来影响实际判断力和行动的。

在这方面，前面讨论过的学科显得极为重要，因为有些学科为确定职业的条理化知识提供了理论来源。如前所述，学科与职业之间存在着密切关系。它们都涉及实际实践能力和实际判断力的掌握，都围着专业技能的概念转，都体现了它们之间组织形式的差异性。学科与职业关系的问题不仅仅是实用主义的问题（做这种职业需要什么样的知识），而且是如何界定专业技能的问题，还是要掌握业界的学科专业技能以及个人该如何发展的问题。

③学科与职业

学科与职业间的区别是个很重要的问题。个人成为一个学科专家是有可能的（从非严格的"知识形式"层面来看，本章已经使用了这个术语），成为一种职业的专家也是有可能的（同样，这一术语也是在不严谨的意义下的使用）。而且，它们关系很密切。掌握一门学科需要知道如何去习得、利用、控制和印证这些命题，它们是构成本学科已经存在的调查模式的结果和手段。而精通一种职业包括传统建立的拥有内在认同和卓越标准的经济活动模式的实践。它可能包括也可能不包括对条理化知识的应用，就更不用提对知识习得的系统方法的应用了。可这样一来，就免不了会将学科与

职业的专业技能相联系。在学界和科研界，学科实践作为一种职业，暗示出实践本身与两种概念化的专业技能的统一。

为了从事一种职业，需掌握何种程度和类型的学科知识是一个重要问题。为了完成相关职业的某些任务，需要掌握一些基础的学科知识，还是需要达到学科专家的水平，该问题有不同的回答。可大家都提出了一个共同关注的问题：有没有一种像学科知识一样的东西，对于职业的直接实践是多余的？从业者要掌握多少学科知识才算够？这个担忧引发出许多问题，暗示我们需多加思考专业技能的属性——它既与拥有大量的命题知识没有关系，也跟是否能卓越完成核心职业任务无关。对于职业穷面的专业技能，需要考虑的重要问题是下面几个：

> 1. 从业者在计划、掌控、配合以及职业工作的评价方面的自治程度。
> 2. 从直接实践到与职业实践相关的技术和研究的渗透能力。
> 3. 职业和与之专业技能相关的学科知识，在从业者公众和个人能力发展中的作用。

对这些关注的不同回应既反映又解释了不同职业方面的专业技能的概念，同时也在个人和社会的广泛层面上阐释了专业技能在职业实践中的作用。

2. 第二个层面：学科方面知识对"程度问题"的回击就是说它不存在。就像说"A比B更知道如何去F"是有意义的一样，因此，说"A知道如何很好地或差劲地去F"也是有意义的，那么A比B更加了解法国历史也是有意义的。例如，我们可以说一个人很了解或很不了解法国历史。当然，再举个例子，说一个人很会拼写"文盲"是没有意义的，因为人要么知道如何拼写，要么不知道。这种回应是不正确的，而且无法解决赖尔提出的问题，因为赖尔对"程度问题"的构想与人们是否能对p有一定的了解根本不相关。但是，当这些智能概念应用于单一命题时在"技术"案例中是不可能成立的。说它不正确是因为它不是那种只是简单拼出"文盲"而没有做任何评估限制。因此人们可以单纯地、快速地、准确地拼写出"文盲"，但却不能将这个智能概念术语应用到"A知道拿破仑在1815年去了厄尔巴岛"。

当然，说人们能充分了解或很不了解法国历史是非常正确的，而且还值得研究为什么可以这样说。如果法国历史被认为是一组与国家的过去相关的事件，那么，很明显A能够比B更加了解法国历史，在这层意义上，如果A能够全面深入地把握法国历史，A就能知道许多有关法国过去的真实情况，或是比B更加了解情况。

然而，大多数历史学家都肯定会说这只不过是一种肤浅地了解法国历史的方式罢了。尽管掌握好法国历史的确需要了解很多有关法国过去的真实事件，但是只了解一些肤浅的情况是绝对不够的。至少，我们需要做到 A 清楚法国历史的来龙去脉，知道事件发生的缘由，以及对所陈述事件的有关问题能连贯回答。如果情况是这样的话，A 还需要知道事件发生的原因，而不是是否发生过某种事件。换句话说，他必须既懂史实又能对事实做出解释。将 A 的知识凝聚成对一系列事件及事发过程的合理而有说服力的解释，就可使我们认为他掌握了历史的节点。我们要用赖尔的智能概念来描述这一理解。例如，A 可能了解拿破仑或奈伊个性的细微差异，或许能辨别米拉波革命和罗伯斯庇尔革命动机的细小差别。他可能能够敏锐地指出导致热月反革命的各种因素，或能够将 1793–1812 年国内外政策间相互影响的复杂关系组织在一起并连贯地叙述出来。很明显，这种知识虽然不会被掌握很多相关事实弄得筋疲力尽，但要依靠一系列的能力才能获得。从这层意义上讲，他要很好地掌握法国历史就需要通过组织和解释能力以及基础命题知识。如果还有人倾向于反对忽视"程度问题"，是因为本例从技能层面上说明了能力是掌握像历史这样的学科的重要因素，其他学科也是如此。

但这样我们还是做得不够，无论是在描述学科知识特点方面，还是学科专业技能特征方面都还远远不够。前面所述 A 对法国历史的良好把握可能只是人们对一个拔尖中学生的期待。对于历史学家，我们所期待的就远非如此了，应该包括对历史事件的评价和对历史知识的补充能力，还应该有职业道德以及追求真理的热情。为了充分理解这一点，我们需要辨别以事实积累为根本的学科与以习得和维持知识为模式的学科之间的区别。这种辨别已经通过各种形式做了证实，如迈克尔·奥克肖特的"经验模式"，保罗·赫斯特的"知识形式"以及菲利普·菲尼克斯的"语义域"。"知识形式"的基本概念（我使用的是赫斯特的），不仅以事实为根本，还用历史发展观和概念的条理化的方式来习得、检验和传播知识。为避免混乱，我将使用"学科"这个术语来说明这种类型的知识，同时记住下列附带条件：

> 1. 学科界限存在着不稳定性，从某种程度上来说是相对的。
> 2. 学科界限并非一成不变。
> 3. 知识可以从现存其他学科里抽取重组。

一门学科应包含：核心框架概念、核心事实以及将这些概念和事实作为本学科理论基础的构建模式。除此之外，还要有特定的学术研究、发现、认定、理论创建和教

学活动以保证本学科对其追求真理的保护和强化其基础知识。从这层意义上来看，一门学科就是一种围绕一系列人们所关注的事情而构成的活体形式，这些事情相互联系，不仅能满足人类的需求，还能成为构成知识的方法。在这种生命形式里，整个过程涉及从浅尝者到新手，再到专家或是狂热追求者。他们每个人不仅具有不同程度的知识，还具有相应的能力来将本学科的核心理论付诸实践。因此，传统学科严重依赖人类技能以及大量的技术知识。

众所周知，这种调查学科知识的方案用不同的有时是相互矛盾的方法来划分学科领域，而且，值得争论的是，它们有些还是不完整的。例如，赫斯特的知识体系结构就承认这一说法，而后把宗教知识归结为一种不同的认知类知识的范畴，而像外语类的知识却根本未被划入该体系。由于我们学科的特殊性，这些分类体系的准确细节不是十分重要。有争议的是不同体系适合不同用途，我们没有必要去寻找一种能永远满足各种用途的范式。重要的是这些体系阐明了与之相关的需要阐明之事，无论它是对传统英语语法学校教育的课程概括，还是对职业培训计划的可行性知识规划，我们应该注意到的是赫斯特的知识体系结构与传统语法科目不一致，甚至与新的学科也毫无关系。因此，即使可以说经济学和心理学在教学法上是两种完全不同的学科，或更为激进地说，即使它们主旨相同，位于各个学科方法论之下的假设使这两个学科呈现出不同的知识形式，但所有的社会科学还是被归纳于一种形式之下。使用当代的一种表述，即不同学科可能彼此拥有不同的范式，各有各的核心概念，推论根据和调查、验证模式。

学科核心点（语法学校课程教育的传统学科）便是那些把已经存在的知识和新的知识系统化，并暗示出知识被发现和确认的过程。可以说这样一门学科就是知识系统化的方法，要记住这是一种可能导致误导的表述方式。至少，一门学科应该具有前面所提到的特点。有作家尝试着仔细推敲这种学科理论，首先赫斯特知识构架中的讨论模式，反映出了不完整性和形态的变化性。另一种方法是利用图尔明的争议结构，并阐明不同的知识领域间论据和论证的变化。但是，想要阐明学科理论框架特点，这样还远远不够。

通常都有核心假设，尽管少见，如果陈述过，就构成了对某个特定领域进行调查的预设。例如，测量仪器对自然科学不同学科的测量结果保持稳定性或是对考古学、地质学和历史学的测量保留痕迹。这些就是莫亚—沙罗克所谓的"本地河床命题"，他接受了维根斯顿的观点。时常还伴有规范或准规范的重要命题，这便是物理学或是几何学定律的相对理论，这种情况未必受到质疑，除非情况非常特殊。有些特别的学科也有核心框架概念，如历史学中的原动力（诱因）与事件，物理学中的能量与场。个体拥有的概念本身就是实用知识或是技能的一种形式。

可以看出学科里的系统知识结构是有差异的，与那些通常企图解释单一命题知识状况的哲学文学里的大量知识定义相比更加微妙和复杂。在德语里有一个意思清楚的名词（Wissen），表示"系统性知识"，与单一命题的（Kennntnis）"瞬间知道"意思相对。通过对这部书的广泛学习，当我们讨论到应用实用知识的时候，我们就会知道我们主要讨论的是 Wissen 意义的知识应用，而不是 Kenntnis 意义的知识。

二、专业技能的哲学思考

（一）技能与技术的诠释

当前哲学界对实用知识自然属性或技能的讨论，更为具体地说，是从 1946 年赖尔写的关于"技能与技术"的文章发表后开始的，后来赖尔在 1949 年出版的《思维的概念》（The Concept of Mind）一书中，专设一个章节来讨论该问题。在他的文章和书里，赖尔认为技能是一种有别于技术的知识形式，二者是不能混为一谈的。如果我们认识不到这点，我们就不能正确理解技能和与之相关的概念。虽然没有着重强调，但他并不否认技术与技能之间有联系。赖尔 1949 年的理论关注点是揭露笛卡儿学派心灵哲学的缺点。他这样做的策略是建立在笛卡儿学派所研究的一套假设之上的，这意味着他们不能连贯地把他们所偏好的技能概念以一种技术的形式呈现出来。在没有笛卡儿派确认的情况下，能否坚持认为技能与技术存在联系是本章的主题之一。

针对赖尔所称的技术和技能之间的差异性已经出现了许多反对的声音，许多人否认这种存在于认知意义上的差异。有时，较多的像卡尔这些持同情立场的评论家还为命题知识和实用知识之间的区别做辩护，这倒并非是为了支持赖尔的差异论。通常，那些力赖尔关于技能和技术之间的差异论做辩护的人似乎都会在某种程度上受到围攻。我认为赖尔观点的优势还没有得到足够的体现。本章的目的不是为了全力支持赖尔的观点，而是为了通过关注抨击的不足之处，以及没有差异论我们将无法充分理解人类行为的重要特点，即专业技能的概念，来证明赖尔的差异论。这倒不是完全支持赖尔对技能或是技术差异论所做的解释，因为它存在一个显著的弱点。但若没有赖尔差异

论的某种形式,我们就不能在理解专业技能方面取得进展。

赖尔对技能或是技术差异论所做的解释是基于一个特别的立论,即"假定技能是技术的一种形式"。一直坚持这种观点,你就会发现它导致让人无法接受的结果。因此,起初坚持的"技能是技术的一种形式"的观点站不住脚。但是,技术和技能这些可识别的形式被认为是非技术性的语言学用语,所以,唯一合理的观点就是技能和技术是有区别的(尽管它们有关联),我们应该接受此观点。

赖尔反对技能是技术的一种形式的论点是通过假定这样一个前提,即技能是技术的一种形式,来向前推进的;然后证明它们会导致让人不可接受的结果。前提如下:

> 1. 如果一个人以某种方法来做事,那说明他知道如何用某种方法做事,将这种方法设为 w。
>
> 2. 如果一个人在"某某是这样的"情况下运用知识,那么他便承认"某某是这样的"这一命题。
>
> 3. 如何用某种方法 w 做事的相关知识,就是某种命题知识,即干某事就是一种做 w 的方法。

赖尔认为某种心灵理论,如笛卡儿主义,致力于坚持三个命题。笛卡儿主义坚持认为心灵在本体论方面有别于身体,凡做有目的的身体活动之前都有心理行为,心理行为是受与特定的身体部位相关的个体思维所支配的。心理活动都是有意识的活动,而行为者会立马凭直觉意识到应该怎么做。

基于假设一门技巧的应用涉及技能对活动的实施过程,就在此过程中体现了技巧的应用。

技术知识与大脑中有意识的命题活动相关,这是对此观念的说明。

从心里层面说,笛卡儿派是唯一一种将动因说成某人的公开行为或是态度的方法。事实上,在一个有关技术的例子中,有种方法可以展示这个行为。

得出结论,一种行为包括一种声明。因为用某种方式行事应当包括了解这种行为方式,以及包含相关命题声明的技术。但声明本身就是一种行为。既然情况是这样,为了执行这个声明,人们就可以提出他们所需要了解的任何声明。而且在不断重复以上推导出来的模式的过程中,人们可以对为了执行这个声明需要了解什么命题做出提问。最后,由于意识到命题 2 对其自身有所声明,人们不得不再次来对命题 2 的声明做分析,等等。赖尔立论的结论是这三个前提假设一起提供了一种与动作行为毫不相干的解释，只因为，未说明一个动作行为发生之前已经发生了许多动作，它们就无法解释动作行为是如何发生的。因此，这三个前提假设是笛卡儿学派观点必须做出的承诺，该立论证明了他们的这种观点站不住脚。

已经有人反驳了命题1和命题2。有些事情即使人们不知道做的方法也能做，如呼吸及消化。当应用于目的性行为时，命题1才是正确的。同样，有人反驳到，拥有技术知识就没有必要涉及其所声明的命题知识。如果不是有意地声明，我们还可以接受命题2。可是命题1要在行为有意图时才成立，而命题1和2又不能同时成立。然而，我们必须要回顾的最后一点是赖尔并未承认前提1或前提2，相反，他还持反对意见。他所提出的问题仅仅是：第一，他是否正确描述了笛卡儿派的立场；第二，他是否正确指出存在一种倒退；第三，他是否承认某种命题包含知道如何宣称另一命题。

（二）技能观点的解释

赖尔由于坚持反对笛卡儿派的观点而遭到了斯坦利和威廉森的批评。怀特说过，值得多花点时间去关注对赖尔观点的批评，因为这些批评暴露了对赖尔立论的误解。正如我们所了解的一样，赖尔并未致力于这个观点，即"所有人类活动都包括展示行为活动的技能"。他的观点与那些行为活动相关，对于那些行为活动，我们既可以说做得好，也可以说做得不好，好坏的标准与这个行为被执行时的意图有关。他也没有赞同"拥有技能或技巧就意味着人们在相应的条件下能够应用知识或技巧"的观点。他也不赞同"若不会做某事就不可能了解这件事情的行动进程"的观点，即如果没有能力做的事，是不可能理解和说明做该事的过程的。

赖尔的主要观点是知道如何做某事包括在正常情况下要能够做某事。这驳斥了第二种反对观点。赖尔的观点完美地涵盖了这个观点，即某些行为，如解释某些事如何来做，会构成人们全部技能的一部分，而人们不需要拥有完成这种行动的技能或技巧。解释某事如何来做的能力与真正做某事的能力是不一样的，虽然它们经常相互伴随。我想重点放在两个来自怀特对赖尔的批评上：第一个涉及对智能概念的应用；第二个是"程度问题"的事。怀特反对赖尔认同的具有特别智力概念的技能。因此，将某人描绘成精明的、谨慎的或灵巧的，就等于说他们有成为一个精明的、谨慎的或灵巧的人的特殊能力。怀特不同意这个观点，即一个人不能认为会做某事等于擅长做某事。很明显，一个多少知道如何做某事的人，在一定程度上是知道点个体命题知识的。巧

妙地争辩是以某种方式争辩，而不是争辩本身。

赖尔主张的是技能不能归为技术。我们已经看到，通过展示导致相反观点的假设最后是荒谬的，这一声明得到了支持。对他的观点需要做进一步论证的是人们可以把他所谓的"智能概念"的概念范围应用于命题来表达这样的事实，即某人知道如何做某事，而一个人却无法把这件事做成命题来表示自己实际拥有的知识。换句话说，解释技能需要我们使用理解人类行为的惯用语，即"厚度"的范围或是对很好地完成某事和怎样完成某事的行为内容的评估概念。比如，我们可以假定"精确"是个可应用于测定行为的智力概念。赖尔没有提示，可怀特似乎有所暗示，测定就得精确（无论意味着什么）。他也并未说明测定就要精准地测定。这可能就是赖尔想要寻求辩护的间接证明法（反证法）观点。

（三）技能观点与知识

目前，哲学文献中，像赖尔的那种一样，都充斥着各种各样像赖尔那样对于技能的本质的解释。广义地说，这种文献可分为三类。

1. 知识的一种形式

斯坦利和威廉森坚持认为，知道如何做事的人应该知道一种表现为与该实际行动前后相关的如何做该事情的方法。如果有说服力的话，该分析表明当事人知道做某事的那种方法就是以第三人称和不离题的方式做某事的方法。当事人知道 w 是一种达到 F 的方法，不用说，但必须能够演示他的知识。换句话说，他知道，从某种微不足道的或是归属意义上讲，他的知识通过他的行为得到体现，并由别人归因于他自己，而不是他本人的声明。同样，他知道如何点火，可不能解释火是怎么点的，也不能证明他的解释。因此，我们需要弄明白斯坦利和威廉森归因于实际知者的技术知识是没有可比性的，尽管它与其他成功阐释了有技术知识的人的技术知识有兼容性。在部分案例里，前者的知识已足够强调专业能力。为了评估，可能还不够。例如，专业背景的范围是如此的庞杂以致原来的专业表现还不足以表述为职业能力。在这种情况下，有必要来要求求职者说明他会做什么，或者在假设的环境里他的判断如何。可以利用考试来抽样检查求职者被合理期待做出专业判断的情况范围。问题的关键是，从弱意来看，技能能否实际成为技术的一种形式。斯坦利和威廉森的陈述只能被用于作为理解"技能是技术的一种特殊形式"的方法，而不能涵盖如第一人称陈述性知识那样重要的例子。

通常说到 A 知道 p，即 A 能够真实地说"我认得那个 p"，并且能完全理解。根据斯坦利和威廉森的陈述，说 A 知道如何达到 F，并不是说他们能够真正理解"我知道 w 是一条通往 F 的路"，因为，从不切实际的意义上讲，他们可能不知道 w 是一条通往 F 的路，他们表示实际知道那个方法就是达到 F 的方法包括拥有某种心理倾向。

一个关于心理状态的自然属性的问题会自然地产生。弱化的命题知识可以被本质性地展现而不需做出相应解释。例如，我们可以说顺利驶过一座城池的人知道 A 更加接近 B，不需要通过解释他正在做的是什么事，只需用他所驶过的路程就能显示这种知识。赖尔自己对技能的解释实际上是从心理倾向的角度来解释的。对他来说，这些心理倾向就是那些手工灵巧度、手眼协调能力以及情境意识等。它们就是我们用来区别技术和技能的个人特点。一个知道如何做事的人在相应的条件下行为举止很得体，而某个不知如何做事的人是做不到这点的。对赖尔来说，技能知识需要通过在恰当的环境下被激发出来的复杂倾向来解释。出人意料的是，斯坦利和威廉森的陈述和赖尔的有点相似：第一，两者皆用个体倾向特征来解释技能。沃利斯已经进一步关注了赖尔用心理倾向解释技能的理论及斯坦利和威廉森的分析论之间的密切关系。斯坦利和威廉森指出，人们不用表现相关信念（大概除了以上概述过的微弱行为意义外）就可证实技能论的注意力。第二，他指出行为倾向的许多环境特征使得它们如此复杂，以致很难相信会把它们描述成与做事方式的效果有关的索引信念，因为事实表明在特定环境中，事先详细说明如何利用技能知识是不可能的。

另外，寇瑟指出了解释斯坦利和威廉森与心理状态相关的方法。w 是完成一个动作的方法，假设它是一种正确地完成这个动作的方法，如果在正常情况下有效的话，就意味着做事的人能够完成这个动作。这样，如果有正确的方法达到 F，有人能够使此法生效，那么就能在正常情况下达到 F。这相当于说他们知道如何使得该方法生效，这样做就知道如何达到了。如果情况如此，那么需要对解释执行行为 F 的方法进行反复分析。斯坦利和威廉森的分析倾向于回溯论证，尽管不是赖尔描述的那种，因为斯坦利和威廉森在他们的陈述中并未致力于行事者的命题声明。他们容易受到批评的地方就是那个指控，即指控他们还没有排除那些未进行分析的技能概念，即他们所说的技能是技术的一种形式。

此外，在斯坦利和威廉森的陈述中有一个赖尔理论中不存在的致命弱点。通常将技巧和专业技能归因于某人的技术 p 是没有意义的，或者更为广泛地说，一个人无法评估自己个人命题知识的质量，但多数情况下，可以评估个人的行为特点。询问一个人掌握多少做事的手段是很有意义的。为了达到许多目的，我们需要对某人的技能知识做一个评估。比如，为了判定某人是否能很好地完成某种任务并评估他们的专业技能水平。一般说来，我们评价一个人的表现来决定他是否能很好地完成某项工作，而不是通过评估他们拥有多少命题知识。这样便会使用赖尔引起别人注意的一连串的"智能概念"。由于这个原因，斯坦利和威廉森提供的分析就不太管用，这是由于实用模式的演示是通过切题、有目的性的行为，而非语篇来体现的。当我们解释什么是技能的时候，我们所关注的通常是行为的能力而不是解释如何行事的能力。我们判断专门技术主要是通过行为，而不是通过对如何行动的解释。那么，可以说斯坦利和威廉森的陈述，在某些方面类似于赖尔的陈述，因而没有体现出自己的优点。

2. 知识的一种过程性

卡尔区分了技术和能力之间的不同，指出前者在没有后者的情况下可以得到体现，情况反过来也成立。这些观点现在都成了共识。卡尔认为技能似乎是对一种实用推断模式的掌握而不是像技巧和以下描述的那样：

A 知道如何做某事 Φ（抽象事情），只有

1. A 认为做某种抽象事情是有某种目的的。
2. A 懂得一套成功做某种抽象事情的实际方法。
3. A 展示了大家认可的成功做某种抽象事情的方法。

要搞清楚这点，需要大量的说明解释。

1. 做某种抽象事情是动作的补位符。这样，实用知识是有行为取向的。
2. 上面的条件 I 表明涉及知道如何做事 Φ 的行为是有目的性的，但它并非一定有必要说明这种目的性。
3. 针对第 2 个条件的实际步骤进行了如下说明：做成某事才是 A 的目的。A 知道做成某事 Φ 的令人满意的具体方法 Ψ。

A 用具体方法 Ψ 做成了某事。

4. 条件 3 暗示至少在知道做某事 Φ 和实际完成某事 Φ 之间存在一种概念上的松散联系。

这便是卡尔对技能有别于技巧或能力理论陈述的特点，这点也含在以上陈述中。人们能够掌握一种实用推断原则，而不必要让这些推断的结果产生效用。技巧不同于

那种拥有知道如何某事的知识。正如技巧可以用智能概念来评估，因此，知道如何做某事是一个人有或没有的一种特征，其显示的程度或无论是否受到过评价的质量，都不容易受到影响。这样我们得到了怀特一个非常类似于此的观点，他这样写道：

> 很简单，宣称有做事的技能不等于就有知识的观点是错误的，但却是一种聪明的说法。能力是同时包含两种知识的东西，但如何做某事的知识本身不是做该事的能力，而是说出来或是表现出来做事的能力。做某事的能力本身就是表明如何做该事的能力的推论和证明。如赖尔所说，一个善于或者能够有效、正确做成好事情的人不会是我们所描述的那种知书达理，会下棋或是会钓鱼的人。后者引出了前者。

可惜，这一声明是不正确的，没有像技能的概念那样被应用于常用语中。我们不仅能够评价技巧和能力，还可以利用评价技巧，连同更高级别的不适用于技巧概念的事情的评价概念范围来评价人们的技能。我们已经看到能力的概念有别于技能的概念。在许多情况下，这并不意味着能力不包括专门技能。为了说明一个哲学立场，我们把知道如何做某事和有能力做某事做出了区分，代价是改变了我们现存的结构概念，且失去了我们能够提供本领域满意的哲学思维的能力。

这是怀特论的又一问题，也是卡尔理论有争议的地方。怀特明确地将技能描述成了能力，特别把技能说成是引起"本身能做某事能力"的能力。在卡尔的陈述中，掌握实用推断模式以行动为基础；很明显，这里也暗示出这种实际的掌握就是一种基于行动能力的能力；然而，这意味着解释技能的过程性知识的理论是不完善的。技能是概念化了的基于能力之下的一种能力。思考发现，在缺少对能力是什么的解释下，我们对技能的理解也不够深刻。原来的问题，即是否存在一种有别于命题知识（技术）的知识形式（技能），曾经被解释为拥有一种能力所包含的知识。因此，由怀特和卡尔提出的技能陈述是基于一种能力的概念，很少用来解释是什么类型的能力。如果它们不是技能类型的能力，我们依旧不知道它们可能是什么，以及它们如何与技能相关联。如果它们本身是技能的一种形式，那么，对技能的解释就成了一个循环论证。而且，依照这些陈述，为了弄懂技能，我们就需要弄清能力是什么。根据推断，对技能的过程性知识陈述，从目前所提供的形式看，是站不住脚的。事实上，任何一种对技能概念的陈述，无论是与能力的概念还是与能力的类型特点都有明显的差异。在明显的证据面前，这种说法都注定无法经受住说明性解释的考验。

3. 知识概念掌握的一种形式

对本森和莫菲特提出的知道如何做某事的陈述与前面谈到的其他两种陈述有所不同。本森和莫菲特将他们的观点描述成"知性论者",意思是他们将"技能"描述为心智上的特点而不是行为上的特点,这和赖尔的观点相反。他们的观点和前面讨论过的有着极大的差异。一方面,本森和莫菲特反对技能是命题知识的一种形式的这一说法;另一方面,他们认为技能与掌握实际推断无关。然而,他们把技能描绘成概念上的掌握。要想知道如何做某事就得弄明白所包含的相关动作的概念。反过来,也就会使人明白完成这个动作需要包含些什么。了解到完成这个动作需要包含什么通常是完成此动作的必备条件。尽管它适用于某些类型的技能,即适当掌握相关概念就能拥有相应的能力,但并非放之四海而皆准。这样,合理掌握不断增长的概念就能让人们完成某些复杂的事了。一个人适当了解航空常识并不等于这个人就具有开飞机的能力。

本森和莫菲特拒绝承认"知道如何达到F"在"能够演示或说明如何达到F"与"能达到F"之间存在模棱两可的说法。只有合理掌握概念F,动词"知道如何达到F"才有意义。尽管在某些情况下,做到充分掌握是能够做F的必要条件。本森和莫菲特想要把"知道如何达到F"分开,在多数情况下,"知道如何达到F"能解释为什么F可以被完成,即便情况特殊,F在当事人不知如何这样做的特殊情况下也可以被完成。但他们也认识到有许多情况是人们知道如何达到F,可就是不能做成这样。他们陈述的要点就是要表明知道如何做某事并非就等于能够做此事。然而,由于知道如何做事确实包含了解如何做此事,因此理解某事是能用正确方法做某事的必要条件。人们能够掌握概念,但不能完成与概念有关的动作,即便对概念的掌握是一种技能的形式。

能力似乎在很大程度上是可靠的倾向到有目的的行为,而技能包括理解的程度。

那么,考虑到对相关动作的概念掌握,知道如何做某事似乎不可能同时被认为是做事本身的能力。本森和莫菲特认为有一个涉及滑冰的技术动作叫作"后内结环一周跳"的复杂例子。这是个花样滑冰中的跳跃,从后内结环起跳,落在另一只脚的后内结环上,空中旋转一周或一周以上。"后内结环五周跳"需要在空中旋转五周。据我们所知,还没有人能够跳成五周的。

此外,大概所有的世界级花样滑冰运动员都知道如何跳后内结环五周跳,可是由于这种跳跃的难度,几乎无人有能力来完成。于是,我们可以说知道如何跳后内结环五周跳和能够跳后内结环五周跳是有区别的。不能仅由简单地说所有世界级花样滑冰运动员都能说明如何做后内结环五周跳，就将他们和非滑冰运动员区分开来。我们假定所有的世界级滑冰运动员都能够做后内结环四周跳，等于说他们不仅有这样做的运动能力，他们还具有操作实践这方面的技术（显性、隐性或两者兼而有之的）知识。他们知道如何做后内结环五周跳就说明他们有做这种类似动作的能力以及对如何做那个动作的概念上的实际理解。

我们来对下面有关世界级花样滑冰运动员知道如何做后内结环五周跳，但又做不到的例子进行分析：

1. 他们能够做一个与使用到的相关的基本概念相同的动作。
2. 他们知道如何做这个相关的动作。
3. 他们缺少来完成这个行为的运动能力。

从这里可以看出，他们知道如何做后内结环五周跳，尽管他们做不到，这种技能不能被简单地解释为能够对如何做一个动作进行描述。

看看奥林匹克花样滑冰运动员伊瑞娜·斯鲁茨卡娅的例子。我们深信伊瑞娜知道如何做后内结环五周跳。同样，我们也相信她做不出后内结环五周跳。因为在这一对观点里不存在认知紧张，所以我们有理由认真思考知道如何做后内结环五周跳并不等于有做这个动作的能力。

这个例子并未说明它想要标榜的要义。可没有人会否认本森和奠菲特的主张，尽管他们做出的阐释仍然有待商榷。很明显，伊瑞娜对如何做后内结环五周跳的理解比非滑冰运动员的理解要更为深刻。更广泛地说，这种解释适用于弱意上的技能，因为这里所提供的涉及任何动作的解释或多或少能够证明这种理解。在没能做到后内结环五周跳的情况下，世界级花样滑冰运动员就能够给出有法定意义的陈述："就像这样，只要旋转五周"，可没有人能够做到。从能完成该动作的相关意义看，我不能坚持伊瑞娜知道如何做后内结环五周跳。例如，她要是具有这么做的运动能力的话，她仍旧知道该如何做，可是她目前已经伤了踝关节，因此就不能做到了。本森和奠菲特对待这个例子的态度是要证明：知道如何做某事并不能说明就能够做某事。通常，我们应理解为知道如何做 ϕ，而没有能力做 ϕ。更广泛地说，正如怀特指出的那样，例子的使用对于这个讨论很关键。尽管可能会在时常发生的环境中激起特殊事例，但有助于概念的掌握在实践中得到证明，避免承担想要证明的存在于技能和能力之间的差异所带给我们的压力。

另外一个例子，我们来思考一下管道工人。他知道怎样给房子排列管道，但却没有能力去把管子插到一座具体房屋的一个特别狭小的地方。于他来说，告诉顾客他知道如何给一座具体的房屋布置管道就会产生误导，因为顾客会毫无疑问地推断他能做这件事。在此情况下，表示管道工人说自己知道如何给房子布置管道，但并没有暗示他不会具体做这件事。在此环境下，技能类似于能力的说法得到了假设。如果他告诉顾客"我知道如何安装这些管子，可我做不了这件事"，他就不会听到赞美的话。

这样，避开本森和莫菲特结论（与斯坦利和威廉森及卡尔结论相同），就清楚地将做 F 的能力和知道如何做 F 区分开来，就可声明"技能"在"能够说明如何达到 F"（弱意上讲）与"在正常情况下，能够达到 F"（强意上讲）是模棱两可的。那么，就有可能表示理解了如何达到 F（弱意中的技能）而不能够做该事。假如做事者不疼不病，又不缺乏必要的材料等，强意中的知道如何做某事就可能意味着能够做该事。指明这个模棱两可的情况，虽然还不足以说明问题，但为赖尔对"技能"的陈述扫清了道路。例如，卡尔坚持认为强意就相当于声明有能力，而弱意提供了"技能"在哲学上的趣味意义。就卡尔的观点来看，技能的哲学趣味意义情况则是指已经掌握实用语篇的理论，知识对技能而言是规定而不是描述过程。这就等于说在对技能描述过程中产生的理论知识与实务意义上的技能知识无关。

对于持有技能有弱意和强意之分的观点声明，有必要来说明技能属性的模糊性，这正是本森和莫菲特想要否认的。为了强化上面例子中说过的这点，他们提出了四个立论。这些立论以英语语言学的四个特点为基础，指出"技能"这个词是清楚的，动词没有较弱或较强意之分，只有一个整体意义。

第二节　能力的复杂性与专业技能的理论、基础与实践

一、能力的复杂性

技巧概念的复杂性就像它的局限性一样被揭示了出来。然而，要描述实用知识）的全部复杂性，单靠技巧这个概念是远远不够的。对于行为，特别是在工作背景下的行为做充分论述。除技巧外，它还包含其他更多的含义，它还提供了用于讨论专业技

能不同维度的工作框架。

在此将论述一个与过分依赖一种语言相关的哲学方法论的观点。我们需要区分语言学的变化和概念上的变化两者之间的差异。相同或是相类似的概念可以用不同的语言学方法来表达是毋庸置疑的。然而，汉夫林指出人们普遍的生活方式暗示了语言多样性在概念上的内部统一。

很大程度上，概念被不同的社会群体所共用不是偶然的；它们是人们生活状况的一部分，反映了人们在社会生活领域中的需求和兴趣。

然而，尽管人类的生活状况存在普遍的特点，但是在不同的社会中，人们的生活方式可能有很大的差异。但这并不意味着表述这些差异的概念不会对试图理解它们的想法产生影响。但是，除非一个人非常细心，否则很容易就忽视了这些差异。这种观点的产生一半是由于我们会习惯性地做出假设，即其他社会会用我们的生活方式去组织他们的生活；一半是由于我们被异体同形、微妙误译和语言学的"假朋友"的想法误导了，认为他们所有的特质也是我们的，因此，我们单独的用法可以毫无疑问地被用于达成哲学确认。而且，在一种语言中，有明显相似性的习惯用法可能诱导我们在分析诸如知识等核心概念的时候，采纳一种根据初步印象观念维持同一性的立场。在这里，动词"认识"的根源在德语中的表述为 wissen, konnen, kennen（系统了解、能力和认识内容），使我们容易受到类似概念的影响。

（一）能力的概念

现在是考虑比技巧概念蕴含的范围更广的行动范畴的时候了。对英国人来说，它受到英语中"能力"术语和法语中"能力"术语以及德语中"能力"术语的误导。为了理解这个广泛的行动范畴，有必要把关注的焦点由任务转向职业。职业是与生产某些可识别的产品或服务相联系的广泛的经济活动范畴。因此，它有一个重要意义，就是职业有目标和结果，或是像麦金太尔指出的一样，与职业本身卓越的内部标准相关的"内在利益"。作为一个宽泛的范畴，职业包括了（需要较高教育水平的）专业、（传统的）工艺业和商业。在德国，Beruf 天职）这一术语意味着工作，但从广泛的意义上来说更等同于英语中的职业（vocation），天职这一术语在此处既意味着伦理的称谓，而且也意味着个人实践的社会身份。

"大多数的德国人不只是在寻求工作，而是想要从事一种毕生追求的并保持

着热情的天职。同时，任何无法满足那种强烈渴望的政府迟早都会倒台。如果你在德国拥有一份天职，那么你就是那部分人。如果你仅仅是拥有一份工作，那么你就不是那部分人。"乌尔里克·菲切纳在每周时事杂志，2005年5月30日的《明镜周刊》中这样写道。

从职业而不是从任务角度看待实用知识，将会导致大量倾向于过分关注英语中讨论任务焦点的观点。英语中的能力概念是一种可接受的标准化技巧训练。在现代认证系统中，特别是建立在"学习结果"方法的基础之上的系统中，如国家职业资格。能力是以任务为基础的想法，是对行为术语中所构想的任务的履行。在设置了"大陆性的"能力概念后，我将要集中思考也许是最富有表现力的国家——德国，在合适的时候还要提及法国和荷兰的事例。

正如已经论述的一样，天职概念与通用的"职业"概念相比具有许多细微的差别。这既存在于每天的语感中，也存在于表述一个人所接受的职业教育类型的正式用法中，此外，这种职业的类型就是追求有偿的雇佣。在正式用法中，成功完成了职业教育，特别是在德国的双元制职业教育中，学徒的现代形式与正规的教育原理的意义就是掌握了职业执行能力或职业活动能力。为了理饵这个概念，首先有必要在德语中区分技能的这两种形式。

首先，德语中个人技术大致相当于英语中的技巧，或等同于与任务相联系的技巧。因此，技能接近于技巧。其次，德语中的能力是一种没有必要的具有典型身体表现的能力，诸如沟通、计划和评价。最后，这个术语是单数形式，在职业环境中被使用，表示的是成为如木匠、牧师或医生的整体与综合能力。在这种意义上，德语中的才能在很多方面超过了一大批的个人技术和能力。

第一，自主问题是工人被期待着掌控他的工作，包括不同程度上的计划、控制、合作、评估和完成广泛的职业任务。在英国等其他国家中，典型的天职不能被狭隘地设想，它包含着一系列相关活动，这些活动可能比预期的类似职业范围更广。砌砖工作可能会是一个很好的例子。

第二，工人也被期待着与大量的工人团队和其他在同样部门的相关职业中的工人协同操作。

第三，工作自身被认为是必需的，不仅仅是偶然知识运用的实践，而且也是与职业相关的系统（同时也是理论）知识。这包括在职业领域当中具有足够深度的能够预测和新发展的知识。

第四，德语中的能力含复杂道德和公民气质，以及或多或少限定于劳动过程中的态度。这些包括运用标准和承担个人工作职责的能力，发展个人在道德价值方面的承诺特性和在广泛社会和政治环境中承担一个人职业实践结果的职责。在这里，德语中的职业执行能力既包括重要的（德语中的）教养或教育要素，也包括发展所获取的知识和技能品质。它被视为个人持续发展的基础，不仅是作为工人和公民，而是作为独具特色的个人或普通人的教育或人类的普通教育，这可以从威廉·冯·洪堡德的作品中来了解。

这个能力概念引导我们从哲学对实用知识的解释中走出来，乔·凯兴斯泰纳的作品是个显著的例外。它是一个比技艺实践以及融合了在职业实践中追求卓越表现的思想更加宽广的范畴。怀着对亚里士多德的尊敬，在工作环境中追求卓越不是件丢脸的事，事实上这是做到了自我认识这一层面。与此同时，工作环境是社会和道义活动的焦点，同时工人的职责没有在工作场所终结而是延伸到企业、职业和社会内部的职位发展方向之中。

在这种意义上，能力的复杂性保留了一种把技能运用于技巧的重要特征，也就是"智力概念"的运用。然而，我们现在可以把技能的成长理解为包含不仅仅与任务相关的智力概念的事物。恰当的职业才能评价概念的范围将会更加宽广，并且将会包括对个人拥有能力的道德评价、社会评价和公民特点评价。

（二）技艺与实践智慧

亚里士多德的伦理学讲述了近来颇具影响力的实用知识的两个方面，但同时这两个方面也容易被怀疑过于简化并造成误解。简单来说，技艺就是一种完成某事的"能力状态"，同时还包括真实的推理进程。这种推理还与获取最终假设的方式有关。因此，亚里士多德对于技能训练中包含的意向性的解释是有意义的，尽管它在最终选择方法上限制了意向性的引用。这种推理进程最终变得简单化，并被编成描述技术或是做事方法的法典，它有条件性的规范力、先前展示的个人目标以及随之而来的命令。

也许，这种自然倾向是哲学家为什么轻视用技术（有时候称为技术知识）来表达实用知识的原因之一。但是我们应该铭记：技巧是个人属性和做事情的技术方法，它们可以在技巧训练范围之内被叙述或掌握。概念合并会导致我们把技巧和技术在本质

上等同,并把技巧认为是对做事方法,甚至是执行程序的僵化方法的描述。应该注意的是,当一种技术的论证可能变得很复杂和有微小差别的时候,对技术的描述可能会很浅薄和程序化。从业者的个人技巧象征着技术——能够对情境(在最广泛的意义上)、所需材料和时间限制等做出需要的解释。这时,我们需要分清技术(作为做事的法典)和技术实践之间的差异。如果无法做到这点,我们就会陷入哲学的困惑。善辩的亚当·斯密陷入了下面这种困惑中:

> 当两者(手表和制造手表的机械)被很好地创造并被清楚地理解时,那么采用最彻底的方法向任何年轻人解释如何运用器具,如何组建机器所需的课程可能超不过几周,也许几天的课程就足够了。

斯密说过想要拥有熟练灵巧的手可能需要长时间的充分练习,但上面的引证展示出技巧和技术的概念是多么容易混淆。

亚里士多德在他的许多评论中使用的技艺概念,其用法和英语术语中"技术"的用法是相似的,技艺就是做事情的方法。另一方面,这个术语所包含的经验的使用和情境意识的细微差别表明技术与实践智慧具有很多相似的方面。亚里士多德的术语也引出了技能这一概念的关键特征就是它的意向性。因此,技艺被认为是一种具有目标导向和意向性的行为方式,甚至在这种情境下,这种目标并未被之前的动因明确地规划到训练之中。意向性就是一种达到独特类型目标的方法。

从另一方面来说,实践智慧是实践才智的训练。实践智慧包括在正确的时间用道德意义上正确的方法去做事情,在亚里士多德的术语中这就是被指向了幸福或是道德意义上幸福的状态(这包括被认为的幸福)。因此,预期的训练方式就是个人应该去训练诸如公正、勇气和诚实等道义上的美德。实践智慧不能被规定,最好把它理解为一种行为方式,而不是一套固定的指令。同样,实践智慧要求人们在不同的情境体验中进行美德的训练,在个人相关道德诚信受到怀疑时,每一个特定的情况都需要有恰当的回应。例如,诚实是一种美德,但如果诚实会给别人造成不必要的痛苦或触犯了他人,那这种行为就不被认为是必要的实践智慧训练。因此,实践常识的发展是一个需要体验的复杂过程,而不是建立在条件、训练(赖尔理论意义上的)、解释、替代性经验和各种不同情况下的直接经验基础之上的。

美德是一种行为方式的属性,有美德的人在他的美德训练中显现着他的实践智慧。例如,勇气、诚实、善良、耐心等典墅性美德是在我们与人相处中锻炼出来的,这种美德包括我们对待他人要像对待具有最高价值的个体，而不是作为达成目标的一种手段。美德通常是在社会环境下训练出来的，人们更容易把美德认为是正确对待他人的实践智慧（也就是通常会参照道德上正确的方式）。

技巧具有个人特征并且能在行动中得到训练，通常会使用一种或多种技术。例如，完成一种像测量浴室的活动会使用技巧，人们也可以进一步说测量能力包含技巧训练。更确切地说，把一种行为描述为需要技巧（训练做某事的方法，即技术）的活动是为了在某种特定的描述下展示这种行为："A通过做G完成了F"，同时，他当然也可以使用"智力概念"完成这样的表述。例如，"A通过使用卷尺仔细而又准确地测量了浴室。"

对美德反面的解释既是微妙的，也是重要的。为了描述高尚的行为需要提供所做行为的方法的一个方面，不能用这种被完成的事情描述来说明这种行为，而相反的是要用所做事情的特点。技巧和美德两者之间的差异是微妙的，然而却是有重要意义的。一个可以成为技巧专家，是说他不仅仅拥有技巧，而且还在与所需目标相联系的优秀程度上实践着技巧。这些专家能够指导、培养一个人，并向他展示如何获得更高的技巧，以及如何变得更加熟练。专家，尽管无须对包含技巧的行为都很精通，但确实需要对所做之事达到熟练的程度。

我们可以说出大量有关技巧和美德两者之间联系的事情。首先，技巧可以被合乎道德地或缺乏道德地，或熟练地或不熟练地展现出来。其次，对美德的需求不同于对技巧的需求。技巧通常指向完成动因要求的目标，而完全不考虑这些目标的道德价值。例如，一个人可能为了达到邪恶目的而运用技巧。比如，人们可能为了达到邪恶的目的而运用技巧。另一方面，道德的实践大部分指向善良，而这通常意味着对他人是好的，对自己未必有利。需要使用技巧的行为是一种可辨认的行为类型，而道德的训练却并不是一种可辨认行为的体现，而是一种以行善为目标的行为方法。技巧具有个体的、道德的或者它们被践行或不被践行的方法的特性；是人们性格的重要方面，一定程度上决定了他们（或她们）是什么样的人。因此，我们不能假设两个人完成的行为在相同情况下表现出的道德一定是相同的类型。这就回答了我们关于专业技能在道德层面上的问题。道德训练是我们个性发展的一部分，我们通过自身的努力和向他人学习已获取了部分道德训练的知识；通过我们自身和自我发现也获得了部分道德训练的知识。它不是任何技术的应用。

然而，在这个故事中存在着一个复杂的因素。技巧自身也许不是某人个性特征的一部分，但是当个人行为包含技巧的时候，这种行为就可能是美德的典型。然而，如果可以坚持不懈地训练一种技巧，如果这样做属于个性的一方面，那么我们就不可以说道德，至少有一部分道德是毫无疑问地指向良善的。即使人们勤奋地、谨慎地训练了技巧，但仍可能会被持错误原则和价值观的人所误导。这就区分了从属于技术训练的小人物或资产阶级的道德，以及以向善为目的的人或是大多数人的道德。这不是完全鲜明的区别，因为有的美德，如勇气，可以在不好的行为中例证出来。然而，小人物的道德通常从属于自己的利益（他们是利己主义而不是利他主义），因此，不像利他主义的道德那样有价值。这就是为什么思想家们，如凯兴斯泰纳认识到了道德在技术训练中的作用的同时，又强调如果把道德完全应用于技术训练中，道德的谆谆教诲存在局限性，并且坚决主张个人所做事情的重要性和意义的观念可能被曲解了。因此，任何"资产阶级"道德的灌输必须受公民道德发展的平衡，而这与其说是考虑到社会的需要，倒不如说是个人利益驱使的结果。因此可以看出，技巧训练在某种情况下可以体现出一种或是多种美德（或是恶习）。因此，拥有技巧并不是拥有了部分性格本质，而是拥有了一种技巧训练方法。从这方面来看，技巧训练与道德的关系同其他行为与道德的关系是一样的。

在此需要总结一下技巧与道德之间的最后一个区别。技巧概念的基本点存在于任务之中，即存在于一种已经讨论过的相对受到限制的人类活动的形式之中。道德能够以完成任务的方式显示出来，但是它们的范围更宽广，并且包含了更广泛的行为，重要的是，也包括了像职业活动一样宽广范围的活动类型。例如，士兵和木匠的道德，不仅仅只存在于隶属那些职业实践任务的方法中，而且还存在于他们的职业实践本身。作为木匠，其职业道德包括他与雇员、顾客和学徒相处的方法，同时也包括他的职业声望以及与实践工作相关的更宽广的社会关系。在这里，一个人能够成为有技术道德的木匠，而无关乎他是否是一个有职业道德的木匠。这就是说，一个人能通过在其任务中提升道德水平来实践木工手艺的技巧，同时一个人也可以用提高个人和职业自身名声的方法来追求木匠职业目标。遗憾的是，这两种道德并不总能在同一个人的身上得到体现。

（三）现代形象中实践智慧

迄今为止的讨论，将我们引向了这样一种观点：实用能力有两个方面的内涵。因为它们涉及人类行为的不同范畴，所以每一种能力都隐约与另一种能力交织在一起。技术从程序的意义上来说就是做某些事情的方法，然而美德是个人行动方式中与向善的道德相关的一个方面。在某种程度上，它们相互之间没有矛盾，而是互补的。然而，这不是现当代评论家通常看待它们的方式。本节将大量地探讨和反驳对这些差异的叙述。这些评论，特别是在经济背景下，倾向于认为技术的实践从本质上是降低身份的，而认为政治参与或无私的友情追求意义上的行为是人们生活中的最终价值。

亚里士多德的哲学遗产演变成一种社会学，这对我们理解他的有关实用知识的哲学理论有着持续的影响力。但是，为了对当代职业教育形式有更好的理解，至少是在除了英国以外的其他国家，它们必须被拆散。道德获取的传统观点认为，它们是通过经历、培训、习惯、例证和效仿、替代性经验、独立的经验和判断以及对经验的反思形成的。一个人需要具备一种正确的经历类型。在超出了培训和习惯的早期阶段，这些经历类型还必须提供一种范围，同时确实还需要道德判断的训练。这些经历能够以松散的方式来表述，同时，它们的特征表明了在不同程度下道德的尺度范围。这些参数与我称之为操作环境的条目相关，具有不同程度的某些特征。这些特征的存在与不存在告知我们在这种形势下美德的意义，以及它们为形成美德提供的范围。这些经历，包括操作环境，拥有下列或大或小的特征：①针对自己或他人的个人责任；②缺乏对行为发生环境的完全控制；③有关个人或他人幸福的行为结果的道德严肃性；④决策和行为所需的直接性。从操作环境中获得的生活中的实例，典型但绝不详尽，包括战争、工作和民政事务。因此，尽管工作和商业活动可能代表具有某些内在价值的活动，但它们却没有最终价值。

这就针对把使用操作条件作为道德行为范围指示器的一般观点，提出了一个问题。尽管可能存在这样的情况，即道德可能会从中得到发展；但同时也很明了，即他把这种情况以及从中产生的经验形式看作有价值的活动发生的准备工作。因此，战争和工作是为有价值生活而准备的一部分，甚至是必要部分，但是它们本身并不属于最终价值依附的生活范围。然而，公民活动、休闲（活动）和沉思是这样组成的，前两个，特别是包含友谊培养的休闲活动是道德活动的合适领域。因此，一个受过教育的人也许是为了休闲而工作，因为这些是他们所享受的高尚行为。他的工作作为职业来说并不具有终极价值，因为它不体面，同时也不是有价值生活的一部分。如果必须要从事

这种职业，它最终就必须成为一种有价值的活动方式。然而，他从事的这部分工作可能具有内在的价值。

亚里士多德对待音乐教育的态度在《政治学》说得非常清楚。他认为悠闲的音乐教育是用来欣赏的，而不是用于严肃表演的，休闲必须在乐器学习之前产生。包括音乐欣赏的休闲，要求具备直接的难度欣赏和演奏艺术。然而，这样的成就不能达到专业音乐家的专业技能程度，就如同让一个悠闲的人把他厌恶的音乐练习当作职业而不是一种休闲。尽管职业教育与在已选的职业中可达到的专业技能水平有很大关系，但是它不是为公民生活而准备的。职业中所需的卓越表现并不适用于一个受过教育的人。因此，教育并不需要在美术和工艺方面表现卓越，而是要求在达到卓越的过程中表现出的半间接感受式的欣赏。从这个意义上讲，过于靠近专业音乐家的工作生活和操作环境下的欣赏是不可取的，因为这些操作环境下的经验是被贬低了的，而在战斗和集市操作环境下的经验却不是这样的。我们可以进一步用价值的惯用说法表述，被创作的音乐及其运用的技巧和美德可能具有内在的价值，但是制作音乐以及训练技巧和美德的生活方式却没有内在价值，也不可能成为有价值的存在模式。

二、专业技能的理论、基础与实践

（一）理论、基础知识与实践

1. 实践的基础知识

有层次的命题知识的属性对于第三人称来说，在哲学上是能说得通的，这一观点有着重要意义。当某人骑自行车时，人们可能会谈及，必须用力踩踏板，自行车才能走。同样的，假如命题知识存在潜在的不严谨，人们就可以认为，通过观察英国人的骑行习惯得出他们是靠左行驶的。实践基础上的命题知识的属性可能就是通过这种方式得出的，斯坦利、威廉森、怀特、卡尔、赖尔、本森和莫菲特都认同该观点。然而，这些还不算我们调查的特别有意思的例子。问题是，在从实践中得出命题知识的过程中，简单地说，就是因为这种类型的行为活动有很多，特别是在我们主要关注的专业和职业领域里。实践知识的描述不能对这一点做出令人明白的解释，其本身是不充分的。迄今为止，没有人能说出实用性知识不具备这种能力的原因，况且也从未有人这样做过。最大的挑战莫过于给技能做一个合理的解释，这个解释最好可以理解为用相关方式行动的能力，这个解释能合并为包含了知识的判断和或行为。

2. 知识作用

赖尔对技能和技术这两者之间的区别做了辩驳，其中有一部分对笛卡儿的二元论进行了大幅度的批评。赖尔对笛卡儿学派知识理论中认为知识包括判断力的说法进行了批判。赖尔因此颠覆了笛卡儿的学术权威，他认为笛卡儿学派的知识理论内部逻辑混乱，且导致了这一研究领域的恶性倒退，不仅是笛卡儿学派关于知识产权的解释，而且关于判断力的观点，都应该被摒弃。虽然成功地抨击了笛卡儿学派的相关论点，但批判本身也不幸地给他带来了负面效应，使他不能完善关于判断的理论，以及不愿意或者说不能够把关于判断的解释连贯地与技能理论融会贯通。

详细来说，赖尔的辩驳就是通过揭示笛卡儿学派这一理论的各种落后性，构建一种基于笛卡儿学派理论的反证法的模型。

1. 如果 A 知道怎么做 F，那么 A 就能知道 φF（φF 是做 F 的过程）—假设。

2. 如果 A 学会了 φF，那么这一过程包含着 A 的判断，A 的判断是 φF（使 A 自然而然地知道例举的某事只是一个例子）—假设。

3. 如果 A 的判断是 φF，那么 A 就能说明 φF（作为 A 的判断的 φF 包括非语言性的判断）—假设。

4. 如果 A 能说明 φF，那么 A 就会知道如何去说明 φF。假设：说明的过程是一种包含技能的行为—假设。

5. A 知道怎么做 G（G=A 知道如何去说清楚 φF 是做 F 的方法）。需要假设，因为说明是一种为了需要技能去完成的行为。

6. 如果 A 知道如何去做 G，那么 A 就会知道 φG（φG 是做 G 的过程）。用 G 去代替 F，并且用 φG 去代替第一步的 φF。

7. A 知道 φG。演绎推理出上面的第五、第六两步。

8. 如果 A 知道 φG，那么 A 就会判断出 φG（把'φG'和'φF'替换到第二步中去）。

9. A 判断出 φG（通过对第七、第八两步的推理演绎）。

10. A 说明 φG（在第三步中用'φG'代替'φF'，并且推理演第九步）。

11. A 知道如何去说明 φG（在第四步中用'φG'代替'φF'，并且推理演绎第四步、第十步）。

12.如果 A 知道如何说明（pH（φH 是认可 φG 的方法）（基于五步，在第十一步中用 H 代替 G）。

从反证一开始，我们就知道，由于清楚如何去声明某事即等于做此事时这样、那样的说明过程，一个命题往往会包含更深入的知识、判断和认可，所以这样的论证必须再次重复。因此，没有人能直截了当地宣称谁知道如何做某事或者能确定某人知道某事就是如此。

赖尔的结论从表面上看十分有说服力，就像一个人一旦认可了假设，就不可避免地会得出事情就是如此的不可能性的结论。然而，我们必须记住赖尔没有对他的任何一个观点做出定论。例如，很明显他会推翻第一、第二、第三步。由于第一至第三步都是笛卡儿学派哲学所认可的，所以其中任何一个假设的推翻都会阻碍反证的逻辑轨迹，但赖尔的反笛卡儿理论仍然成立。在某种意义上，即使他证明了第四条，但在没有前面其他论点的支持下，反推就不能进行。无论如何，技能的一些形式并非总是需要一个程序的知识，在此意义上，这样的一个程序必须在行动开展之前在内部得到公认。赖尔当然没有证明第四条的这一解释。从其本身就是一个产物的判断力效果模型的层面上来说，赖尔也没有办法去解释，认可这一行为包含着对如何认可的过程的详细命题知识。的确，他的工作主推的恰恰是那么多，如果说所有的人类活动都需要命题知识，就更不必说让他们开展这样的程序所需要的意识认定了。通常情况下，技能是所谓的"隐性知识"，在一个相当合理的概念里被理解为知识，原则上是不能被明确表达的。这一事实意味着，承认某些行动是以一个理论为指导的，其大意是执行该程序，而不是致力于他的反证上，他最需要承认的是，规范的程序性知识对于指导新手的实践是必要的。

成人的活动，虽然需要判断力，但不需要明确地说清楚整个行为的缘由。然而，一旦有人承认存在不可逆转的观念，在此观念中他能说明一个命题，这就不再是一个概念性的问题，而是对不同种类的技能进行的实证性调查研究之一。

因此，赖尔既没反对第三人称属性的知识与成功完成一项活动的个体的实践相关联，他也没有忽略规范或规则在行动中的指导作用。不过，他认为后者的价值是有限的。第一人称知识，无论是程序性的，还是与执行该程序相关的命题性的，都只能被勉强接受为技能叙述的一部分。甚至像做手术这样一个复杂的职业似乎都不完全包括对第一人称明确命题性知识的要求。

> 一个人只懂一点或根本不懂医疗科学，那么他不可能成为一名好的外科医生，但卓越的手术与医学知识不是同一回事，它也不是医学的简单产物。外科医生确实必须得从指导说明，或通过自身的培训和观察及大量的实践进行学习，但是，他也必须通过练习大量的技能而变得博学。

这段文字需要得到进一步的验证（测试）。首先，我们被告知要成为一名好的外科医生，需要懂一些医学知识。很少有人会反对这种观点。但我们也知道外科医生也可以通过指导和观察获得一些医学知识，这一观点给我们留下了一个谜。赖尔宣称一个外科医生通过指导和观察建立他专业上的完整的第一人称语言性的医学知识，逻辑上来说是可能的。这的确是一个纯逻辑可能性，但声称这是为了形成一个浅显的论点，因为它有点偏离了大众健康系统中实用可能性的范畴，而这种大众健康系统是基于解剖学、生理学、生物学和化学的科学研究基础上的。没有人会因为这种可能成为现实的逻辑可能性的假设，考虑取消医学教育。

另一方面，如果赖尔所说的有人可以通过个人指导和观察建立一整套成功的手术系统，这样人们就可以把知识归因于第三人称，而不用假设外科医生自己能够成功地、清楚地说明这类知识。然后赖尔的观点再一次选择了纯逻辑可能性的范畴而不是实用可能性。所以在成功的专业技能中，赖尔还远未搞清楚应该把什么当成是必要的知识，更不用说如何获得这种专业技能了。

（二）知识与行为关系

我们可以重申以下声明，即没有理由认为某人公开宣称的命题（该命题描述了为实施某行动，有必要执行的一个程序），需要为了解释如何做某事而提出任何逻辑性问题，前提是我们不致力于认为声明永远需要相关程序的知识。例如，一个司机可能会注意到油表显示压力太低，为了保障安全，他会关掉引擎。随后，当问到他为什么这样做时，他可能会把压力表的读数作为自己行动的原因。司机这样的判断是否足够正确取决于多种因素，包括司机责任感的强弱和开车技术的熟练度。在第一种情况下，一个知识渊博的技术操作可能会需要进一步的程序来克服或压制问题的产生。在第二种情况下，司机停车可能是个错误的选择。比如，如果是由压力表读数来决定是否需要关闭发动机，那么该推理的结论如下。

每当油压力表读数低于 X 时，发动机会过热而产生危险（因此会造成严重伤害）。

如果专家认为，只在有限的情况下这才会是真的，那么采取行动的标准还是有待商榷的。

1. 知识在实践中的作用

学科知识的本性组织知识不仅包括命题，也包括程序。在英语中，没有特别区分组织知识和相互之间没有系统联系的单个命题知识的关系，但是德语中有。为了弄清楚对我们目前的目的是否有帮助，有必要看一看德语中对二者的区分。德语这样区分这两种命题知识：瞬间知道，即偶然发生的、不连续的；系统了解，即有组织的、系统的理论知识。系统了解对我们的调查很重要，举个例子，在德国的职业系统中，就把系统了解的理论应用于这一实践中。或许我们可以把瞬间知道和一定程度上的系统了解的观点应用到职场中，作为观察他们行为的根据。然而，职业教育系统基于以上根据，明确要求首先要获得系统的知识，然后判断并行动，前提是代理人得自己为自己的行为做解释。系统的、有组织的命题知识能起作用是这种教育系统可行的前提。拥有相关的组织知识不是行为产生的附带结果，而是先决条件。如果是这样，至少有一些相关的案例。

关于系统了解，我们需要有一个更深层次的观点。专家用赫斯特的知识形式所组织起来的主题专业知识是不需要很多前提假设的（尽管是毋庸置疑的），但要推断人际关系，把握主题概念、行为过程和以往的经验。这种专业知识通常包括在实际过程中部署命题知识的能力。例如，测量建筑或测试设备，检查新提出的知识观点是否符合学科内已经被接受的前提。因此，不用说职业行为，即使我们需要解释学科的专业知识，我们仍需要对命题知识有一个明确的理解，并在实践中有一整套系统的组织知识用于判断。

2. 专业或职业行为

对如何解释个人行为，我们是有固定标准的，如休谟的案例。这种标准暗示，行为首先包含欲望或意图的首要因素，即希望引起某事的这样那样的状态。其次，包括一种信念，即这样那样的行为会带来欲望或意图的事件状态。假如没有其他的信念和欲望，充分结合以上两个因素，将会导致相关行动。有些解释程序偶尔用这种模式，信念和欲望在其他相同的情况下，足够引发行动。另一些解释程序用这种模式来推理。欲望和信念可以从表面上解释行为的发生和没发生。除以下几种情况外，这种模式用起来最简单：

1. A 想或打算 p。

2. A 相信做 φ 可以引起 p。

3. A 经常做 φ。

> 很容易看出我将一种信念归为 A。如果这个信念是真的，那么行为就可能成功。在某种意义上，行动成功需要知识。同样，相关行动也需要判断力。如果 A 需要知道怎么做 φ 的话，这种模式就变得复杂了。

1. A 想或打算 p。

2. A 相信做 φ 可以引起 p。

3. A 知道怎么做 φ。

4. A 经常做 φ。

如此看来，规划行动的充分条件看起来好像不需要进一步的解释。但是，一旦某人仔细准备复杂情况下可能出现的复杂行动的先决条件，以及所需的能力时，就远远不够充分了。我们需要把注意力集中在第二个条件上。

毫无疑问，在许多情况下，A 相信经过某个特定的程序就能达到想要的结果。在特定环境下，这些情况可能会是真的。例如，当激活警笛时，它就会发出报警的声音。不过，也有其他可能性需要检验。在有些案例中，对某个概念的理解也能达到本来想要的结果。例如，A 希望在街上捡到钱包的时候表现得诚实。A 知道把钱包交给警察会赢得诚实的赞誉，于是 A 就把钱包交到了最近的派出所。所有的上述举动，只需要 A 对诚实有一个正确的理解。然而，通常的案件需要以下解释：

5. A 觉得不管是做 φ 还是不做 φ，结果都会导致 p。

这种情况下，需要选择一个更好的做法。这就要考虑到道德因素，不过也需要考虑到安全、速度、代价或效率的因素。

6. A 做 φ。

这种情况下完全有理由从技术方面考虑。在这种情况下，做决定时需要把系统的组织知识作为参考。即使没有可替代性程序的可能，通常情况下，需要行动方案的信念不会达成，除非通过一系列的推理，这些推理会得出如下推断，即某某是最合适的行动方案。从哲学的角度解释这种情况。我们需要两个因素来做此解释，一是不用担心赖尔关于说明的倒退暗示的判断，二是对推理如何支持判断的描述。两个条件都可以满足。

（三）理论的多样化

为了说明隐藏于行动之下的主题（大部分情况下是理论）的多样性，现在可以适当地讨论更多关于支撑职业实践的系统知识的本质了。许多情况下，一种职业会有多个学科主题相互重叠，以下将举例说明。有时，学科是为职业所重新定做的，这会带来其自身的问题。与德赖弗斯兄弟所提倡的相比，"理论"在这里使用的是狭义的意思，它具有以下特点：它应该是明确的、普遍的应用，在涉及人类利益、体系和系统时应该是抽象的。一门学科或许包含一个或者多个理论，但不一定必须拥有以上所有的特点，除了最后一个特点不是必要的。例如，显而易见的是掌握一门学科与掌握它的过程、描述和对学科主张的辩护都存在一些隐性要素；一些学科的核心命题，如数学的，是普遍的，而另一些，如教育的，就不是；有的学科能处理抽象知识，而其他的就不行；作为一个人类机构，学科不能被认为是独立于人类利益和机构之外的，但是学科有一个系统的结构。

对于知识的获取、创造和验证都有管理的规范。概念与包含学科中心命题的命题之间的关系是可追溯的、可验证的和可推论的。显然，在这项研究中"主体"和"理论"有密切的联系，其核心的观点是，相关命题性知识的组织属性是系统了解而不是瞬间知道的理论。理论是一门学科里具有系统性或组织性的知识，它和一个或多个学科是相联系的。许多理论追求在知识中的地位，但相对很少能够实现。与学科不同的是，理论被相关的命题认为是其主体部分，而不是程序和命题。用在专业行动中的程序可能来自一个或多个学科，学科的系统性在此将不会被攻克，然而，为了了解职业和行业背景下的专业技能，将做出以下广泛的区别。

先验理论。主要的例子是逻辑学和数学。这些是依照可上升为定理的推论的公理和原则而形成的（可在体系内陈述），这些学科的主要推理模式，是用弗雷金的演绎法，以公理和原则推断出的定理来推演的。上述意义上的理论建设是这些学科的特色活动。神学是一个稍有不同排序的先验学科，它是基于规范文本或特殊事件的中心命题的启发。不同于数学和逻辑，注释和解释的特点在推理形式中发挥着重要作用。

经验理论。经验依赖的是至少两个广泛领域的知识和许多不同的学术主题的自然中心。

这些很少涉及纯粹的演绎推论，但一般往往采用来自归纳过程中的可测试的陈述。它们是特殊情况下的一般化，通常是可逆的，虽然它们经常都被认为既是核心的，又是次要的命题和概念，前者比后者更不容易被修订。理论的核心部分与理论中的其他部分有着紧密关系，所以理论中有异议的那部分会使得其他部分也变得有异议。假设理论的中心部分有一个规范或准规范的地位，那么当它作为诒据或者是莫亚·沙洛克所说的当地铰链的命题时，就发挥了重要作用。经验理论中经常使用的两种理论，一部分作为证据，另一部分作为调查技术。德赖弗斯兄弟认为，在一些自然科学领域里构建理论往往是可能的，就像在数学和逻辑中构建那样。

所谓的社会科学有不同的视角，因为它对设想、方法、范围，甚至是目标都存在着广泛的分歧。尽管如此，它们仍依赖于收集关于世界的知识，在这种情况下，社会科学是关于社会和个人的，而不是关于自然界的。尽管已经尝试从狭义的角度来构建理论，但取得的成果比先验科学和自然科学少得多。历史有点超出了社会科学，它的目的是为叙述事实而不是概括经验。然而，它的确是根据群众所公认的标准来收集证据和展示参数的，这就是所需的系统性。

纪律不是上述三个里面的。它们可能是职业判断和行为的边缘化，但是应该被提及。与信仰和观点相反的是，在有些领域，它们询知识的有用性。神学也许就是这样的一个例子。然而，在文学评论领域，他们质询的关键问题就是文本的解读，尽管调查的目的很明确，但却需要更多的知识文本。一个较难的例子是哲学，其学科的本质及它与其他学科之间的联系在学科自身中存在广泛的争议。。

虽然在这种必然的情况下，哲学的边缘问题和这本书的关系并不明确。哲学的出现伴随着以上所提到的学科，也存在于职业向导知识的应用领域：实践伦理是一个明显的例子，教育哲学是另一个例子。因此，它应该被称为基础职业教育活动的学科，即使会被误称为是一个有组织的知识体系，与系统形式的调查相对。

第四章 职业教育资源库建设的必要性与内涵

> 最近的三十多年里，我国职业教育发展迅速，根据对现在的研究来看，我国职业教育不管是学校的数量还是学校的在校生数量，在我国普通高等教育中占据重要地位，约占五成。但职业教育急需加强内涵建设，职业教育不仅要有数量也要加强质量的建设，通过加强以人为本，加强德育和知识教育，通过完善人才培训机制，把课堂教育和企业要求结合起来，通过课堂来培训适合企业要求的人才，同时也可以弥补企业的人才缺口。职业教育的内涵建设是一项长期的、系统的工程，对院校的长期发展至关重要。抓好内涵建设就是要理清办学思路、正确设置专业、重视师资建设、打造品牌特色等。

第一节 职业教育资源库建设的必要性

一、教学资源库

教学资源库是对各类教学资源的整合，其核心理念是：

第一、学生通过资源库的使用掌握基础课程知识。

第二、自主学习能力，是继续教育、终身学习的前提和基础。

第三、加快教学资源库的建设。国外成熟的资源产品比较多，信息技术多是从国外发展到国内的，特别是美国与欧洲国家。我国信息技术的发展还很落后，不过可喜的是我国各地已经意识到教学资源库是高校信息化发展的重要组成部分，加大力度进行教学资源库的建设。

二、教学资源库建设的必要性

在 20 世纪 80 年代，改革开放后我国职业教育才开始得到发展。教育是我国经济进步的产物，也是社会发展的产物，我国改革开放的逐渐深入，职业教育得到了迅速的发展，同时也受到了社会和人民的关注和支持。职业教育是我国教育体系的重要组成部分，其目的是帮助学生掌握职业技能，使学生能够获得生存和就业的本领，能够为国家和社会服务，实现自身的价值。近些年来，职业教育呈现出多样化、全方面的特点，职业学校数量呈几何形的增长，在校生的数量更是猛增，势头甚至压住了普通本学校的发展，同时办学的一些劣势也凸显出来了，教学中的师资力量和硬件设施等一些薄弱处明显，制约着学校的发展。这就要求我们的职业教育需要进行改革，立足社会的需要，培育社会需要的技术型和复合型人才，学校要帮助学生掌握职业技能，使学生能够获得生存和就业的本领，通过对国家和社会服务来实现自身的价值。当前国家正处于经济发展的高速时期，对职业教育的重视程度也在逐步提高。因此，加强高等职业教育学院的内涵建设刻不容缓。在教育部的文件中指出：职业教育是高等教育发展一部分，肩负着培养面向生产、建设、服务和管理一线需要的高技能人才的使命，培养德智体美全面发展的高素质技能性专业人才，各地教育行政部门要完善五年一轮的高等职业院校人才培养工作水平评估体系，在评估过程中要将毕业生就业率与就业质量、双证书获取率与获取质量、职业素质养成、生产性实训基地建设、顶岗实习落实情况以及专兼结合专业教学团队建设等方面作为重要考核指标。我们要抓好内涵建设，主要包括特色的建设、专业的建设、教师队伍的建设、实训条件的建设、质量的建设等。一定的办学思想指导下形成的高职院校的内涵，也是办学思想、办学理念的反映。每所职业教育院校都应有区别于其他同类院校的办学风格、管理理念、建设模式等方面的独到之处和独特做法，要形成自己的办学特色，并要得到社会的认可。只有这样，在高职教育中发挥自己的特色优势，在激烈的市场竞争中立于不败之地。

（一）非均衡发展建设专业教育教学资源库

<u>1. 促进教育均衡发展</u>

建设区域性职业教育教学资源库，一方面是由于我国职业教育发展水平存在着巨大的地区差距，受教育人口超过许多中等规模国家，教学资源的建设全部依靠中央政府是不现实的。在当前及未来一段时期的信息技术发展水平下，国家级的网络学习平

台也不可能满足全国各地的需求。另一方面，我国各级各类教育的办学主体是以省、市为主的地方政府，以省为单位建立区域性教学资源库更便于应用、便于管理。以高等职业教育为例，大多数高职院校为省属高职院校，省级教育行政主管部门可以更好地行使规划管理的职能。

区域性教学资源库不仅能够促进优质教学资源的共享，促进教育的均衡发展，其建设过程也是促进职业教育改革、全面推进区域内专业建设的过程。众所周知，我国高职教育各专业均没有国家统一制定的专业标准和课程标准，在实际教学工作中应用的是许许多多个校本专业标准和课程标准。专业标准和课程标准的制定需要深入、严谨的调研，以一所学校的师资力量来完成这样的工作往往力不从心。开发专业教学资源，首先要基于专业标准和课程标准，因此，建设区域性职业教育资源库可以促进区域性专业标准和课程标准的制定。

2. 促进区域性教育发展

改革开放以来，我国形成了具有鲜明特点的区域经济带，各省份均有自己独特的经济结构和产业结构。作为直接服务于地方社会经济发展的职业技术教育，专业结构取决于各地的产业结构，从而形成具有地方特色的职业教育体系。这种具有区域性特点的地方职业教育体系，要求建设区域性职业教育教学资源库。区域的划分可以以省、市、自治区为单位，如上海市、广东省和湖南省等地已建设了区域性教学资源库。在需求相近、网络平台可以满足用户需求的情况下，也可以由相近省份联合开发和建设教学资源库。

（二）教学资源库的终身教育

1. 产业结构转型和生产技术的升级换代带来巨大的教育需求

随着科学技术的高速发展，知识爆炸已由一个时髦词汇变为人们生活和工作于其中的日常环境，人们面对的是全新的和不断变化发展的职业、家庭和社会生活。在经历了三十年的高速发展之后，我国社会经济正处于转型时期，产业结构在变化，生产技术在实现升级换代，这种变化向职业领域各层次的人才提出了知识更新的要求，人们必须用新的知识、技能和观念来武装自己。巨大的社会需求需要相应的教学资源与之形成相互激发、相互推进的作用，从而促进产业结构转型和生产技术的更新。传统的教育受到时间、地点、空间和教学人员的限制，难以为企业员工提供灵活、高效的教育和培训，而信息技术支持下的学习方式，具有更大的灵活性和多样性，可以更好地满足受教育者特别是职业领域的受教育者的要求。

<u>2. 是建设学习型社会重要部分</u>

自 1965 年联合国教科文组织提出"终身教育"这一术语以来，在近半个世纪的时间里，终身教育思想已体现在教育体系的各个层面。《国家中长期教育改革和发展规划纲要（2010-2020 年）》提出，"到 2020 年，努力形成人人皆学、处处可学、时时能学的学习型社会。"使人适应工作和职业需要是终身教育最重要的一个方面，这就要求职业教育必须向社会提供丰富的教育教学资源和广泛的受教育途径。职业教育教学资源库本身所具有的服务企业培训的功能正是终身教育理念在职业教育中的具体体现。利用先进的信息技术，开发优质职业教育资源，建设资源共享平台，搭建无阻碍的全民学习通道，可以真正满足人们广泛多样的学习需求，从而建立保障和推动全民学习的长效机制，将终身学习理念与愿景真正转化为全民深入持久的学习行动。

第二节　专业教学资源库含义

一、专业教学资源库基础

随着信息技术的快速发展和普及，人们认识到教育信息化的重要性。对于教育工作者来说，这是一个大转变的时代。国家高度重视教育信息化建设。胡锦涛总书记在 2010 年的全国教育工作会议上明确提出："要以教育信息化带动教育现代化，把教育信息化纳入国家信息化发展整体战略"。我国自从 20 世纪 90 年代开始，就全力开始普及和推广教育信息化。教育信息化的含义可以理解为："信息与信息技术在教育、教学领域和教育、教学部门的普遍应用与推广"。

我国的教育信息化发展基本上经历了以下三大阶段：

第一阶段是信息技术基础设施建设阶段。从 20 世纪 90 年代开始，我国的教育信息化进入信息技术基础设施建设阶段，这个阶段主要是配备基本的信息技术硬件条件，特别是计算机的配备等。这个阶段的一个形象比喻就是主要建设"路"。

第二阶段是信息技术软件资源建设阶段。从 21 世纪初开始，我国政府充分认识到教育信息化仅仅有硬件条件还不够，还需要软件条件，这个期间主要是开发和应用一

些管理型软件资源。这个阶段的一个形象比喻就是主要造"车"。

第三阶段是信息技术应用与资源建设阶段。人们在配备软硬件时，越发感觉到，仅仅有硬件和软件设备还是不够，还需要有会使用的人员，以及相应的资源。就好比仅有路和车还不够，还需要有车上的"货"和"驾驶员"。所以，这个阶段主要是做好人员培训、建设资源以及促进应用。

从我国教育信息化的发展阶段来看，目前的教育信息化热点之一就是优质教育资源的建设与共享。区域性职业教育教学资源库建设正好契合了这一发展机遇与热点。

二、建设专业教学资源库的意义

（一）专业教学资源库能进一步满足人才培养的需要

人类进入 21 世纪以来，新型人才的标准一直是教育的人在研究的问题。综合近年来的研究。可以概括为以下三点：

一是学习能力，包括学会认知、学会做事、学会共同生活、学会生存；二是创新能力，指具有创意、创造性思维和创造能力的人才；三是信息素质，是指信息获取能力、信息加工能力、信息利用能力和信息服务能力。总结起来就是：具有高尚的职业道德、创新能力和信息素质的新型人才。然而，传统的教学结构并不利于新型人才的培养，当前深化职业教育改革的关键在于如何充分发挥学生在学习过程中的主动性、积极性和创造性，使学生成为信息加工和增值的建构者，专业教学资源显露出它强大的优势。

（二）专业教学资源库能进一步扩大受益面

信息共享和信息交流是信息增值的必要途径。无论是个人还是组织、行业，相关信息的积累是当今知识经济时代的基础性工作，也是未来发展的潜在动力。中国高等职业教育的迅猛发展，积累了大量的相关信息，特别是在专业教学方面。从多媒体素材到精品课、从人才培养方案到专业建设规范，这些都是数年来经过成千上万人的努力而获得的宝贵财富。相对过去零散、封闭和没有统一管理的教学资源而言，这些宝贵的信息只有通过管理、共享和交流才能使有用信息增量和价值增加，才会使我国数百万的高职教师和近千万的高职在校生和社会学习者受益。

（三）专业教学资源库能进一步提高专业教学质量

由于地区经济和社会水平发展的差异、地区教育历史和教育管理的差异，全国各地的高职专业教学发展并不平衡。虽然经过几批次的示范性院校建设，数量上只占很小一部分，并且示范性院校建设成果在传统的平台上很难快速供全国其他高职院校共享。专业教学资源库以信息技术为平台，以教育技术为支撑，它的"示范性"和带动作用会更加突出，必将整体提高我国高等职业教育专业人才培养质量。

（四）专业教学资源库能进一步提高社会服务能力

职业教育是社会发展的产物，职业教育随着社会的变化、发展而不断变化、发展。职业教育要适应社会的发展和变化、服务社会并推动社会发展和充分依靠社会。由此，作为职业教育的主要内容之一，专业教学资源库要服务于社会就成为必然。专业教学资源库建设从调研、论证、立项、建设、总结全过程都包括专业教学社会服务的主线，包括联合行业企业、开展专业领域内的社会调研、行业标准、职业标准、专业人才需求分析、基于职业标准的课程开发、校企合作、"订单式"培养、资源库的利用和推广、服务社会等，分别从理论上、实践上、制度上、手段上全方位地规范了专业教学的社会服务内涵。在信息技术的助推下，社会服务的范围之大、层次之深、制度之规范是空前的。

（五）专业教学资源库能进一步提高职业教育信息化水平

教育信息化是指在教育领域运用计算机多媒体和网络信息技术，促进教育的全面改革，使之适应信息化社会对教育发展的新要求。专业教学资源库建设项目是国家的建设项目，其建设质量和建设水平都是非常高的。就其教育信息化基础设施建设投资也是空前的。项目建设主持单位一般可获得近800万元的中央财政支持和近800万元的自筹资金。如果全国建设上百个专业教学资源库项目，那么，这一强大的资金投入必将进一步提高全国职业教育信息化水平。

第三节 专业教学资源库特点及发展要求

一、专业教学资源库特点

随着教育信息化进程的大力推进，网络教育资源的建设越来越受到重视。国家也投入了大量的资金用于资源建设，但是，与发达国家相比，我国网络教育资源在视频

公开课、国家级别的共享平台建设方面走在世界各发达国家的后面，资源建设仍存在很大的不足。

同时，从目前可以了解到的国内外数字化教学资源建设情况的比较看，我国国家精品课程建设和高等职业教育专业教学资源库建设与国外教学资源建设相比，不仅关注平台的建设，更关注资源本身的开发。我国以政府为主的办学模式对资源的集中开发提供了良好的保障，各级各类学校可以避免由于各自为政所带来的资源的低水平重复建设，但其前提是中央政府和地方政府必须对数字化教学资源建设进行合理规划。

在数字化教学资源和网络平台的利用方面，我国各级各类学校与发达国家差距较大。加拿大、澳大利亚、德国等国家在学校内部，教师习惯利用网络平台构建课程空间。加拿大百年理工学院（Centennial College of Applied Arts and Technology）、澳大利亚阿德莱德大学（The University of Adelaide）、德国马格德堡大学（Otto-von-Guericke-Universitat Magdeburg）等院校均鼓励学生利用网络公开的课程资源学习，学生通过教师构建的课程空间，接受学习任务、接受教师指导、利用网络提交学习成果等。这些国家的实践对于我国开展职业教育教学资源库建设的重点与难点预设及其解决方案研究有着重要的参考价值。

二、专业教学资源库发展要求

（一）重视数字教育资源公共服务平台建设

《教育信息化十年发展规划（2011–2020年）》明确提出要"建设国家数字教育资源公共服务平台。建设教育云资源平台，汇聚百家企事业单位、万名师生开发的优秀资源。建设千个网上优质教育资源应用交流和教研社区，生成特色鲜明、内容丰富、风格多样的优质资源。提供公平竞争、规范交易的系统环境，帮助所有师生和社会公众方便选择并获取优质资源和服务，实现优质资源共享和持续发展"。

数字化教学资源平台是各级各类教学资源库的基础，对资源库的可持续发展和资源的应用起着决定性的作用，没有平台就谈不上资源库建设，没有平台，就不能汇集优质教学资源。

虽然在国家、省和院校层面形成了各级教学资源平台，但是，平台本身的功能、平台间的关系等还在不断探索之中。教学资源平台的应用有赖于完善的教育信息网络基础设施。中国教育和科研计算机网（CERNET)、中国教育卫星宽带传输网(CEBSAT)在不断提升技术和服务水平，实现升级换代。同时，教学资源平台的运行，还要充分利用现有公共通信传输资源。

在现有的网络技术水平下，已有的网络教学资源平台难以承担全国甚至某一省份的教育教学要求，网络拥堵现象时有发生，制约着广大用户使用网络教学资源的积极性，因此，需要根据用户需求、根据网络基础条件对不同层次的资源平台进行功能划分，以更好地服务于广大用户。

数字教育资源公共服务平台不仅需要建设，更需要良好的运营维护机制。专业化技术支撑队伍是平台建设和运营维护的关键。各级各类平台都要根据各自的功能明确教育信息化专业人员岗位职责，制定相应的评聘办法。区域性教学资源平台及各职业教育机构的平台，也必须有专门的人员进行维护。

（二）逐步建立基于云计算技术的教育资源云服务模式

《教育信息化十年发展规划（2011–2020年）》同时提出要"建立国家教育云服务模式。充分整合现有资源，采用云计算技术，形成资源配置与服务的集约化发展途径，构建稳定可靠、低成本的国家教育云服务模式。面向全国各级各类学校和教育机构，提供公共存储、计算、共享带宽、安全认证及各种支撑工具等通用基础服务，支撑优质资源全国共享和教育管理信息化"。

云技术是网络技术发展的趋势，但是，当前的云技术发展尚不成熟，在较长一个时期难以实现所有用户像用水、用电一样使用网络教学资源。近期，云计算技术支持的网络安全性、接入云的互联网带宽、公共资源云的管理和服务以及云服务的成本问题难以很快解决，而资源库建设不能等待云技术的成熟。因此，教学资源库建设要充分利用现有条件，尽可能运用先进的云计算技术，确定现有技术和云计算技术的结合点，以最优的性价比确定教学资源建设和服务模式，来适应当前网络技术要求和未来网络技术发展趋势。

（三）统筹规划下的优质数字教育资源建设机制

开发优质数字教育资源是今后我国教育信息化的核心内容。《教育信息化十年发展规划（2011–2020年）》提出"针对学前教育、义务教育、高中教育、职业教育、高等教育、继续教育、民族教育和特殊教育的不同需求，建设20000门优质网络课程及

其资源，遴选和开发500个学科工具、应用平台和1500套虚拟仿真实训实验系统。整合师生需要的生成性资源，建成与各学科门类相配套、动态更新的数字教育资源体系。建设规范汉字和普通话及方言识别系统，集成各民族语言文字标准字库和语音库"。

规划中提出了优质数字教育资源建设量的要求，但是，在资源的具体分布、资源来源等方面没有具体的要求。针对当前教学资源建设中的问题，自上而下地加强资源建设的规划，是提高优质教育教学资源建设效益的关键。

我国职业教育数字化教学资源尚未形成良好的建设机制，而建设机制是解决如何建设数字化教学资源的关键问题。在教学资源建设中存在的一些具体问题，如系统建设方面，结构杂乱，查找费时；资源利用效率低下，与教材脱节，资源不够广泛，内容缺乏；资源共享性差、跨平台麻烦，对用户的开放性较差，等等，均与建设机制有着密不可分的关系。

数字化教学资源的建设主体是建设机制的承载者，在建设机制的框架内开展资源的开发工作。职业教育数字化教学资源的建设主体是具有层次性的，包括教育部、地方教育行政部门、企业、学校和个人。主体之间的相互协调是建设机制的良好体现。当前，我国尚未形成良好的职业教育数字化教学资源建设机制。尽管我国已在各个层面建设和开发了许多数字化教学资源，但从数字化教学资源建设的总体情况看，已有数字化教学资源存在总量不足且低水平重复建设，无序散存的问题，在教学过程中，教师和学生很难便捷地获得丰富的数字化教学资源。

在数字化教学资源建设过程中，教育部、地方教育行政部门的资源建设工作需要尽可能实现统筹规划和合理分工。从国家、省和院校三级精品课程建设看，其评选过程是逐级推优、逐级淘汰的过程，特别是当精品课程成为院校和个人的一种荣誉，在评选前所开展的工作远大于评选后开展的工作。参评课程能够被评为国家精品课程毕竟只有一部分，为评精品课程而建课程，在一定程度上形成资源的浪费。同时，国家精品课程还存在很大的学科不平衡性。只有更好地统筹协调国家层面和地方层面的资源建设内容，才能更好地服务于全国和地方职业教育发展的要求。

从学校层面看，作为职业教育数字化教学资源建设主体的学校，不仅包括职业院校，也应当包括普通高等院校。由于类型层次的差异，职业教育数字化教学资源建设也未把普通高等院校列入资源建设的主体，而一些实力雄厚的本科院校，拥有自己的数字化教学资源开发队伍，一些制作精良的基础课程，特别是基础性实践教学环节的视频教学资源，可以为职业院校所用。教师个体层面根据教学需要开发数字化教学资源，属于个人行为，难以统筹协调，但个人开发工作的创造性、对数字化教学资源建设的贡献度取决于教师是否可以便捷地获得了充分的数字化教学资源，教师是数字化教学资源最大建设群体，他们开发的资源往往散存在个人手上，为个人的教学服务，未能发挥更大的效益。企业在开展员工培训的过程中也开发和建设了很多数字化教学资源，但企业在我国职业教育数字化教学资源建设中主要作为用户而非建设的主体。

如何协调诸多建设主体的资源开发活动，是解决职业教育数字化教学资源建设机制的关键。这种协调工作的基础是充分的调研，需要对职业教育数字化教学资源建设情况进行全面、充分的了解。因此，良好的职业教育教学资源建设机制要求在国家层面设立组织机构，在全国对已形成的优质教学资源，在可能的范围进行调研，将这些优质资源纳入资源库，开展资源建设的协调和重要资源的开发工作，避免低水平重复建设。

（四）探索和完善数字教育资源共享机制

资源的共享问题是职业教育数字化教学资源建设的瓶颈。在缺乏共享机制的情况下，各职业院校专业教师根据教学要求自发或有组织地开发PPT课件、视频等教学资源的低水平重复建设不可避免。职业教育教学内容与通识教育教学内容相比，其标准性较强，个性化弱，因此，对教师而言，教学资源的共享性更强。对学生而言，尽管网络已非常普及，数字化教育教学资源比较丰富，但由于没有良好的教学资源集成和网络学习平台，学生利用网络学习的状况并不令人满意。

政府在探索和完善数字教育资源共享机制方面的职责是根据规划引导投入，明确政府、个人、学校和企业的责任、权利和义务，吸引多方参与和支持资源的开发和应用推广。对促进教育公平和终身教育发展具有重要意义的教育教学资源。由政府购买，以市场机制促进资源的共建共享，支持使用者按需购买资源与服务，鼓励企业和其他社会力量开发数字教育资源、提供资源服务。

作者在走访清华大学电教中心、中央电大等组织机构时发现，清华大学制作的资源在校内基本能实现共享，但还很难用于校际间的共享。共享的主要瓶颈是知识产权问题，清华大学所制作的教学资源质量很高，投入较大，因此有很强的知识产权保护意识。在交流中了解到，对于不涉及学科前沿的、共享性强的专业基础课程实践教学视频，在有一定经济补偿的情况下，清华大学愿意进行共享。由中央电大主持开发的

国家数字化学习资源中心，采用向共享院校征集共享基金的办法，参与院校既是资源提供者，也是资源使用者。一方面向参与院校收取 10 万元/年的基金费，另一方面把获得的经济收益返还给资源提供者。试图以此建立资源共享机制，但是，从目前该平台资源的使用情况看，对多数职业院校而言，该平台汇集的资源是否能较好地促进教学，10 万元/年的基金费用能否给学校带来应有的收益，并不确定，因而，这一模式的可持续性有待观察。明确共享者的权利和义务是实现资源共享的必要条件，国家数字化学习资源中心主要以教学单位作为共享者明确其权利和义务。从美国、澳大利亚、英国等国家范围的数字化教学资源平台来看，资源的建设资金主要来自政府或基金，共享方式主要是免费、成员共享或提供者收费。百度文库的资源共享方式也是职业教育数字化资源可供借鉴的一种方式，可以结合免费、版权所有人收费相结合的方式实现资源的网上共享。

资源的共享还涉及资源的组织。资源的组织框架、搜索的延伸功能对个体教育者和受教育者而言具有重要的意义。针对预设的学习目标，海量资源等于没有资源，为学习者提供的课程预设性学习资源必须是有效的、优质的资源。这就要求首先对已有的数字化教学资源进行合理集成、建设资源和学习平台。根据教学规律，从服务教师的教、学生的学、企业的员工培训的角度，围绕教学目标对资源进行集成、提出开发方案和建议，更好地服务教学工作。对学校职业教育而言，专业是职业院校开展教学工作的基本单位，获取职业资格证书则是对专业技术学习成效的评价形式之一，因此，高职数字化教学资源可以专业为单位，在区域内甚至全国范围内建设专业教学资源库，实现专业教学资源的共享。共享平台的建设，适宜按照专业大类进行分类，以更好地避免资源的重复建设。

无论是全国性、区域性还是行业性职业教育数字化资源建设工作，都必须在现有资源建设的基础上，进一步理顺建设机制和共享机制，使各层次资源建设主体更好地发挥各自的作用，形成资源建设长效机制。同时，把资源的利用问题作为关注的重点之一，引导广大职教师生充分利用数字化教学资源，促进学生的数字化学习，提高教育教学成效。

（五）完善教育信息化标准体系

从教学资源库建设的角度看，教育信息化标准体系既包括教育信息化国家标准和行业标准体系，也包括教学资源本身的标准。只有在统一的标准下，才能实现资源共建共享和软硬件系统互联互通。标准规范是提供优质数字教育资源信息服务，形成国家、地方、教育机构、师生、企业和其他社会力量共建共享优质数字教育资源的基本环境要求。在进行资源建设之前，需要推广和普及标准，在资源建设完成之后，需要以标准对资源进行审查和评价。只有这样，才能减少资源的低水平重复开发，实现资源最大范围的开放共享。

区域性教学资源库建设标准一方面要基于通用的教育信息化标准，另一方面，也要根据实际需求，开发和完善适用的标准体系，推进我国教育信息化标准化工作。

（六）高度重视数字化教学资源"用"的问题

数字化教学资源能够得到充分利用，能够有效提高教学质量，是建设职业教育数字化教学资源库的根本目的。促进数字化学习的普及是建设数字化资源的根本意义所在，数字化学习的广泛性是数字化教学资源实现其价值的基础。

影响数字化学习的因素多样而复杂。在硬件条件方面，职业教育机构的信息化水平如宽带网络接入、无线网络覆盖率、数字化技能教室、仿真实训室等数字化环境、场所以及学生的个人电脑拥有率等制约着数字化学习的普及。没有硬件条件，数字化教学资源的应用就无从谈起。职业教育数字资源本身的数量与质量是否满足教育教学要求，虚拟实训软件数量和应用满意度及专业覆盖面，直接制约着教学资源的利用率。

教师的教学过程对学生的数字化学习起着决定性的作用。首先，教师对数字化资源、特别是网络教育资源的利用情况并不乐观。以影响力很大的国家精品课程为例，潘爱珍（2011）、周光礼（2010）等人的研究表明国家精品课程的访问率很低，闲置现象严重。国家数字化学习资源中心中所列3902门高职高专课程中，点击量在100次以上的仅127门。在实际教学工作中，职业院校教师已经较为普遍地使用多媒体课件辅助教学，利用网络搜集教学资源，部分教师根据教学需要自制数字资源，但对网络教学资源的利用在总体上显著不足。教师作为学习活动的引导者，在引导学生利用网络教学资源方面更是缺乏。经过多年的建设，高职院校多数专业的核心课程均建有各级精品课程，从本课题组对高职院校二年级学生利用网络资源情况的调查看，73%以上的学生未利用网络资源进行过课程学习。他们的反映是老师没有这方面的要求，也没有告诉他们有些什么样的网站。这一调查结果与周光礼调查所得出的9.1%的学生经常浏览精品课

程网站，51.4%的学生只是偶尔浏览还有一定的差距。

数字化教学资源建设的前提是数字化学习的需要。资源平台的建设者、职业院校和职业院校教师承担着营造数字化学习环境，培育学生数字化学习的意愿和能力，掌握数字化学习方式的任务。数字化学习的需要是教师引导的结果，而教师对数字化资源的利用、对学生的引导又需要资源平台建设者的引导，需要学校的提倡和鼓励。丁兴富等人对北京市精品课程网上资源运行情况的专题调研表明，只有45.58%的普通教师和28.17%的普通学生知道并访问过北京市精品课程资源网站。主要的知晓渠道是学校的公告和网站链接、同事或朋友告知、搜索引擎等。数字化教学资源的推广力度不足，是其利用率低下的原因之一。学校在提高教师的数字化教学资源利用方面比较重视，而在为学生利用数字化资源提供便利条件方面，所付出的努力有限。当前，仍有很多高职院校从便于管理的角度，不开放大一新生宿舍的网络接口，但是学生对网络的不良使用并没有杜绝，学校附近网吧生意兴隆。堵不如疏，职业院校教师要引导学生利用网络数字化教育资源。每一位职业院校教育工作者在课内、课外，随时随地都可以对学生适当应用网络教育资源进行引导。最重要的，莫过于每一位任课教师都对学生提出利用网络进行数字化学习的任务要求。

第四节 专业教学资源库目标

一、共享优质教学资源

高等职业教育专业教学资源库建设是在教育部主导下开展的工作，是国家示范性高等职业院校建设项目的组成和延续。

创建共享型专业教学资源库是国家示范性高等职业院校建设的重要任务之一。2006年教育部、财政部颁发的《关于实施国家示范性高等职业院校建设计划加快高等职业教育改革与发展的意见》（教高[2006]14号）提出的具体目标包括：围绕国家重点支持发展的产业领域，研制并推广共享型教学资源库，为学生自主学习提供优质服务；运用现代信息手段，搭建公共服务平台，为共享优质教学资源提供技术支撑。

在建设内容中进一步明确"创建共享型专业教学资源库。对需求量大、覆盖面广的专业，中央财政安排经费支持研制共享型专业教学资源库，主要内容包括专业教学目标与标准、精品课程体系、教学内容、实验实训、教学指导、学习评价等要素，以规范专业教学基本要求，共享优质教学资源；针对职业岗位要求，强化就业能力培养，为实施'双证书'制度构建专业认证体系；开放教学资源环境，满足学生自主学习的需要，为培养高技能人才和构建终身学习体系搭建公共平台"。

二、规范专业教学基本要求

从教育部文件来看，建设专业教学资源库的主要目的是"规范专业教学基本要求"。作为国家示范性高等职业院校建设项目的组成部分，专业教学资源库是实现国家示范性高职院校示范辐射作用的载体之一。至于"针对职业岗位要求，强化就业能力培养，为实施"双证书"制度构建专业认证体系；开放教学资源环境，满足学生自主学习需要，为培养高技能人才和构建终身学习体系搭建公共平台"等方面的要求，主要是高职教育应有的职业性特色要求，以及对硬件环境和平台建设的基础性要求。

第五章 职业教育专业教学资源库的技术分析

第一节 专业教学资源库的属性

一、专业教学资源库的级别

专业教学资源库按照结构关系可以从低级到高级分成不同的级别：基本级资源、扩展级资源和应用级资源。

基本级资源是指：媒体素材、题库、试卷、专业领域内的技术资料、企业信息等。

扩展及资源是指：教学计划、课程标准、实践教学、课程考核、学生考评、职业标准等。

应用级资源是指：专业建设、课程体系、教学团队、社会服务、校企合作、资格证书、订单班、职业生涯规划等。

基本级资源、扩展及资源和应用级资源是由内到外、由基本到应用的逐级提升过程。外部资源是以内部资源为基础的，内部是以外部作为依据的。

二、专业教学资源库的共享性

首先，共享性专业教学资源库能推进师范院校建设成果的进一步共享。师范性院校的软硬件都达到了很高的水平，办学理念、办学规模、办学实力和办学质量达到一流的水平，但是如何将这些优势资源扩散到全国1000多所高职院校，这是专业教学资源库建设重点要考虑的。专业教学资源库有极大的资源共享，能促使全国高职院校的平等发展、积极参与、互利互惠、专业教学资源库是解决示范性院校建设成果共享的好途径。专业教学资源库还建立了高职院校与企业社会共享平台。专业教学资源库的共享性从技术规范上和制度上开通了一条开放办学的渠道。高职院校可以利用专业教学资源库平台方便参与企业培训和在线学习，企业可以方便地得到技术支持和人才支持。

三、专业教学资源库的开放性

开放式的教育是将现有的教学资源开放出来，供学习者自由参考、学习。它有两层意思，一是学习资源的开发；二是学习者行为开发。开放教学是相对于封闭教育而言的。开放教学的本质是人人享有终身接受教学的权利，不仅意味着对教育对象的开放，更重要的是教育观念、教育资源和教育过程的开放。开放教育可以在远程教学、也可以在面授教学的条件下进行，但相对于面授教育，远程教育更适宜于实现开放教育。现代远程教育和开放教育的结合，就是我们所说的现代远程和开放教育。国家专业教学资源库就是尽快建设成为具有鲜明的开放性学习平台，加大国民职业教育的受益面，包括在校的和校外的一切学习者。

开放式教育及其理念是培养学习者的自主学习能力的前提。大家知道，在网络环境下可以构筑以学习为中心，强以学习者为主体的教学结构（模式）。在这种模式下教学从单一的教学信息的传授者变为设计者、组织者、管理者、咨询者、专家等多种角色。教师的主要活动也由课堂讲授变为教学答疑、作业管理、主持讨论、考试管理、搜集课程资源、个别诊断与辅导等一系列的网上教学活动。教师帮助学习者诊断学习需求，通过网络组织学生参与各种活动，指导学生搜集、选择和利用信息资源。与此相适应，学生成为教学主体，学生从信息被动的接受者转变为意义的主动建构着，从理论上讲，在上述教学模式下，学生可以自主地掌握学习的进度、节奏，基础是学习的内容（依据学生各自不同的学习需求），教学过程是学生在教师的帮助下发现问题、界定问题，在教师帮促下自动地搜集信息、选择信息、利用信息解决问题的过程。

第二节 专业教学资源库的体系结构

一、专业教学资源库系统性管理

（一）专业教学资源库系统性管理原则

1. 系统的开放性原则

2. 系统的保密性原则

3. 系统的可靠性和稳定性原则

4. 系统的前瞻性原则

5. 系统的安全性原则

6. 系统的标准化原则

（二）专业教学资源库系统性管理类别

网上教学不仅仅是将教学材料在网上发布，而更多的是学生与教师之间、学生与学生之间的充分沟通与交流，由于远程教学教师与学生之间在空间上的分离，这种沟通与交流就显得尤为重要，另外，传统教学过程中一些保证教学质量的关键环节，如作业、考试、图书馆、笔记记录等，都应该能够在网上得到很好的支持。所有的沟通与交流以及关键教学环节的支持，都需要一些专用的工具来支持，而现有Internet技术并没有提供这些工具，因此需要进行工具开发。此外网上交互式的程序设计，是一般非计算机专业教师所难以做到的，因此迫切需要一套网上的教学支持平台，为教师在网上实施教学提供全面的工具支持，屏蔽程序设计的复杂性，使得教师能够集中精力于教学，也使得网上教学从简单的教学信息发布变成一个充满交互与交流的虚拟学习社区。

一个完整地网络教学平台应该由四个系统组成：网上教学支持系统、网上教务管理系统、网上课程开发工具和网上教学资源管理系统四个子系统。

网络教学支持平台是建立在通用的Internet基础之上的，专门为基于双向多媒体通信网络的远程教学而提供全面服务的软件系统，在丰富的学科资源的基础之上，学科教师根据教学要求与教学计划，并根据自己的教学特色，开发网络教学课件，借助于网络教学的一些支持工具，开展双向的远程教学，教学管理系统可以保障这种教学更加高效，也更加规范化。

1. 网络教学系统

网络教学系统是一整套提供远程教学服务的系统软件，它以网络课件为核心，在教学管理系统的支持下，合理有效地利用学科教学资源，为实施全方位的现代远程教学提供服务，它将网络课件与学校的远程教学服务进行了有机的集成。网络教学系统不仅是先进计算机科学和技术水平的体现，更重要的是要符合现代化教育的一般规律，能够为远程教育提供一个真正高效的现代化教育手段。

2. 网络授课系统

在互联网络上，要传输大数据量的视音频数据，必须采用流式技术，传统的文档是先下载完毕再查看，这对于多媒体信息并不适合。因为数据量大，用户在查看之前可能需要等待太长的时间。而流式技术则是这样的一种技术，客户先下载文件的某一部分，解压缩该部分，并在文件的其它部分到来之前开始播放该部分的内容。在回放之前将会建立一个数据缓冲区。在前面下载的文件片段被播放的同时，将下载多媒体文件的后续部分。

基于网络授课系统可以让用户点播教师授课的视频课件，也可以在网上实时看到教师的实况转播，在远程教育中有着巨大的应用前景。

（1）课件点播系统

课件点播系统其实就是一个适于教学的 VOD（Video On Demand）视频点播系统，它与普通的 VOD 的区别是：课件点播不仅需要播放语音和视频，而且还需要同步播放教师授课的板书，大多是基于 PowerPoint 或 HTML 的讲稿。主要功能简要列表如下：

授课实况的数字化：教师授课的视频信息事先数字化，并转换为流媒体的兼容格式存储在服务器中。同时教师授课时使用的 PowerPoint 或 HTML 的讲稿也在服务器端存贮。

视频和授课讲稿的同步播放：当用户在客户端点播相应的课程时，教师的授课视频将和 PowerPoint 或 HTML 的讲稿同步播放。用户可以暂停到某一个 PowerPoint 或 HTML 的讲稿观看当时的授课实况，也可以暂停到某一段授课实况来观看相应的 PowerPoint 或 HTML 的讲稿。

电子教鞭：在播放视频和讲稿过程中，可以有各种类型的电子教鞭，教鞭运动由播放的视频时间控制，与视频同步，用以指示教学重点。

（2）网络广播同步授课

不同于点播，流媒体广播的同步授课并不事先存储视频而后播放，它在将视频数

字化后不存储而直接广播到一组客户端播放。因此，它是实时和同步的。

支持多个教室的视频同时广播：多个视频流可以同时向不同的教室广播。用户可以在这些教室中进行切换，观看不同授课实况。

支持服务器端的广播数据备份：在流媒体服务器中能够将数字化后的流视频数据备份存贮以便为日后的点播服务。

3. 自我测评系统

测评系统包括试题库、测验试卷的生成工具、测试过程控制系统和测试结果分析工具、作业布置与批阅工具。试题库的主要功能是将某门课程的试题资源按照一定的教育测量理论加以组织，为测试试卷的生成与作业的布置提供试题素材，并为学生考试成绩的评价提供学科结构的支持。测验试卷的生成工具就是要根据测试的目的，自动从试题库中抽出试题，组成符合教师考试意图的试卷，根据考试的目的不同，可以有智能组卷、相对评价组卷、绝对评价组卷等三种成卷方式，另外，还可以在同一要求下，生成不同的A、B卷，以防作弊。测试过程控制系统主要完成对网上测试过程的控制，如远程实时监控，在需要时锁定系统，不允许学生进行与测试无关的浏览，控制测试时间，到时自动交卷等。测试结果分析工具一般是根据每道题中的知识点和学生的答题情况，对一些教育测量指标作统计与分析，根据这些测量指标所具体指示的意义，调整教学过程中和活动，并对具体学生给出诊断，对下一步学习提出建议。另外还要以根据考试测验的统计数据，运用教育评估理论分析题目的质量，如区分度、难度等。作业布置与批阅工具可以在试题库系统的基础中，自动形成作业，并在网络上发布、收集和批阅。

4. 自动答疑系统

自动答疑是一个适应性的知识库系统，它分自动答疑与人工答疑两大部份。在教学设计阶段，教师将本学科最常见的疑难问题按一定的组织方式，存放到领域知识库中，当学生在遇到疑难问题时，通过网络远程提交问题的描述，系统将根据学生提交的问题描述，对领域知识库进行智能搜索（主要采用的技术有中文词语的自动切分、全文检索、语义网络匹配、关键词索引等），按照检索内容相关程度的高低，将对该问题的解答呈现给学生。当在知识库中没有检索到对该问题的解答时，系统将通知学生，并采取两种方法进行后续处理：1）自动将问题通过电子邮件的方式发送到主持这门课程的学科教师，当教师对该问题进行回答后，系统将自动将解答发送到学生的电子信箱；2）将问题公布在答疑布告牌上，征求解答，有人对其解答后，系统将通过电子邮件通知该学生。之后，系统将对该问题的解答归纳到领域知识库中，以便其他学生遇到类似问题时，能给予自动应答。系统的完备性与智能性，将随着知识库的不断扩充，而不断得以扩大。自动答疑还提供在线答疑功能，学生登录到答疑室，便可以将问题发送到答疑室的公共白板上，主持教师或其他学生可对学生作出适当的解答，并将解答发送到公共白板等多媒体的支持。

5. 互动系统

师生之间的交流是教学活动中的一个十分重要的环节。通过交流，学生可以获得疑问的解答，教师也可以了解学生的当前学习状况。在远程教学活动中建立一个有效的交流环境能够使得分布在异地的师生方便地交流，从而能够有效地提高远程教学活动的质量。

为了有效地支持分布在异地的师生间交流，远程交流工具应该包括同步/异步讨论园地、课程电子邮箱、协同工作工具等基于文本的交流工具，另外还应通过桌面视音频会议系统来提供包括图形、语音、视频、电子白板等多媒体的支持。

6. 学习管理系统

不管系统具备多么高的智能性，计算机并不能替代人类教师，计算机可以把人类从简单的重复性的智力劳动中解放出来，但教学过程中的高级诊断、管理、推理必须由人类教师来完成，可以说，缺乏人类教师参与的学习系统，不是一个完善的学习系统，在基于Internet的教学系统中，人类教师的参与仍然非常重要，它可以弥补计算机系统智能的不足。学习管理应具备的功能有：针对性的辅导、疑难解答、协作监控、实施智能化、个性化的远程学习环境、成绩管理、学习进度管理、学生工作区、课堂笔记本管理等等。

二、专业教学资源库资源检索类型

（一）资源检索类型

1. 基于用户角色式的检索

根据用户的身份角色展示给用户不用浏览界面，这里要区分的是系统管理员、资源审查员和一般用户角色。

2. 渐进式查询

在此方式下，用户只需键入英文或中文更关键词，系统便对数据库中所有索引字

段的内容进行检索。用户可选择在检索出的内容里进行二次渐进式查询。这种查询方式可达到较好的检全率,而且使用起来很方便。

3. 多字段限定的符合查询

限定数据库中若干字段满足一定条件的检索。用户选定多个字段作为查询条件,再根据需要确定它们的逻辑关系("与"还是"或"),这时系统对数据表中多个字段进行符合查询,以满足用户的约束条件。

4. 浏览方式的查询

对不想输入任何检索词的用户,可选择浏览方式直接查看数据库的内容。当用户初次接触资源库时,为了了解资源库的基本内容,可选择浏览这种最为简单的方式。

(二)资源批量录入、审核与发布

批量录入主要通过特定的结构将大量合格的资源一次性存入数据库,不仅包括资源文件本身,还包括改资源的各种属性入库。

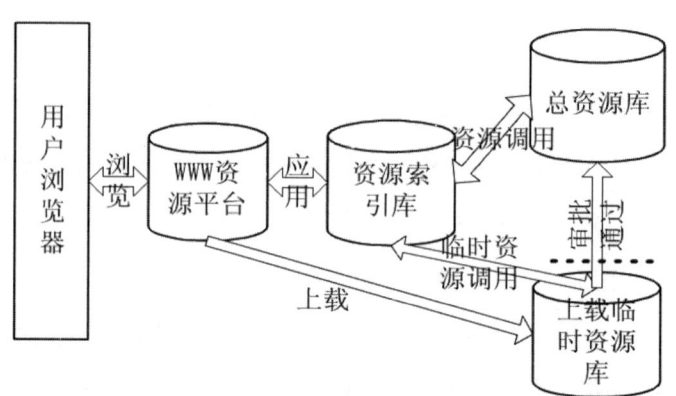

图 4-1 资源的上载和批量录入

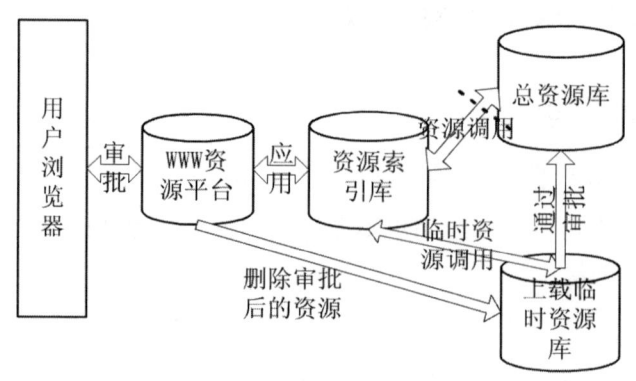

图 4-2 资源的审核与发布

（三）资源浏览

资源管理系统应提供明确的导航系统，以实现用户对资源的自然浏览。用户可以根据导航栏的层层提示，定位到某一个资源文件上。对于每一个资源文件，都具备相关属性的显示功能，如提供该资源的内容简介、关键字、作者信息等。同时具备相关资源显示功能，可按学科类型、作者或关键词的相关程度现实。对于大数据量的多谋体素材资源，可浏览所捕获的关键帧，也可抽取经压缩后的演示版进行在线浏览。

（四）览客户评论录入与下载

获取他人对资源的看法，将有助于用户有针对性的选择和使用资源。系统支持对用户对所使用的资源发表评论，以获取关于该资源使用情况，并根据用户反馈意见，定期调整和更新资源，特别是可以立即清除过期和无效的资源。使用者可以发表评论，并查看他人所撰写的每一个资源评论信息。

用户可以将自己需要的资源从资源库下载到本地计算机硬盘上，对于需要付费的资源，需要先付费确认后才能正确下载；支持多文件压缩下载功能，当用户选择多个资源文件下载时，系统能自动将文件压缩成一个自解压的可执行文件供用户下载；支持断点续传，当出现网络故障时，用户可从上一次成功连接时资源下载的位置继续完成下载；在用户下载资源的过程中，系统提供下载的动态信息。

第三节　专业教学资源库数字化网络教育

一、数字化网络教育资源建设

教学资源建设是教育信息化的重要组成部分。随着计算机和网络技术的发展，数字化教学资源建设的重要性日益突出。教育信息化的进程是由政府推动的各项信息化工程、教育评估中的信息化要求等所形成的自上而下的路线，和学校、教师对信息化手段的需求和应用所形成的自下而上的线路交互作用的过程。其中，由政府主导的自上而下的线路在我国教育信息化过程中起着主导作用，反映了我国教育信息化的总体进程情况，也反映了我国数字化教学资源建设的总体进程和资源的积累情况。

纵观十几年来数字化教学资源建设在我国教育信息化过程中的发展情况，可以分为以下几个时期。

（一）基于远程教育为主体的数字化网络教学建设时期

远程教育是采用计算机网络、卫星电视等现代传媒技术，运用文字教材、音像教材、多媒体课件、网络课程等多种媒体进行教学活动的教育形式。从中央广播电视大学、省级广播电视大学再到地市级、县级广播电视大学分校和工作站，我国形成了较为完备的远程教育体系，是正规学校教育的重要补充。数字化教学资源是开展远程教育的基础，在教育信息化政策中，对数字化教学资源建设工作的支持首先是对远程教育教学资源建设提出的要求。

1998年12月颁发的《面向21世纪教育振兴行动计划》提出要实施"现代远程教育工程"，形成开放式教育网络，构建终身学习体系；"开发高质量教育软件，重点建设全国远程教育资源库和若干个教育软件开发生产基地"；"教育部对全国现代远程教育工作实行归口管理，负责组织制定全国'现代远程教育发展规划'并组织实施。为推动现代远程教育的发展，按国际惯例对现代远程教育网络运行费用实行优惠"；"依托现代远程教育网络开设高质量的网络课程，组织全国一流水平的师资进行讲授，实现跨时空的教育资源共享"。

2000年，教育部"关于支持若干所高等学校建设网络教育学院开展现代远程教育试点工作的几点意见"（教高厅[2000]10号）提出，"为落实《面向21世纪教育振兴行动计划》，推动现代远程教育工程的进展，积极发展高等教育，教育部决定支持若干所高等学校建设网络教育学院，开展现代远程教育试点工作"；"网络教育学院的主要任务包括：开展学历教育，开展非学历教育，探索网络教学模式，探索网络教学法工作的管理机制，网上资源建设者"。

上述两个文件提出了远程教育教学资源建设要求，但尚未提出对其他教育形式的教学资源建设的要求。远程教育作为正规学校教育的重要补充，开展以高等教育为基础的学历教育和各种非学历教育。自1982年首批高等学历教育毕业生到2007年，累计高等学历教育毕业生559万人。从2010年的统计数字显示，远程学历教育在我国学历教育中仍占据相当的比例。同时，远程教育业开展岗位培训、证书教育和继续教育工作，从1990年至2007年，累计结业生1857万人次。

由于数字化教学资源是开展远程教育的重要基础，远程教育系统在政府的支持下最早开展系统的数字化教学资源建设工作，经过多年的探索，在理论方面有深入的研究，在实践方面积累了大量经验，并有一支专门的教学资源开发队伍和资源建设模式。远程教育与职业技术教育是不同分类体系下的教育类型，它们有重叠的共同的任务，即开展学历教育和岗位培训工作，因而，其教学资源建设工作可以为职业教育借鉴、应用。远程教育教学资源建设工作也得到了普通学校教育的大力支持。在我国较早实施的远程教育资源建设项目——新世纪网络课程的建设工作中，有些课程即由普通院校进行建设，如《交通规划原理》由北方交通大学承建，《实用数控技术》由无锡职业技术学院承建。在网络高度普及的今天，远程教育资源可以对普通学校教育进行反哺，进行共享。

（二）基于硬件和信息教育为主体的数字化网络教学建设得到重视

2002年6月颁发的《全国教育事业第十个五年计划》提出，要"面向未来的挑战，努力在构建终身教育体系、教育手段现代化和教育信息化、鼓励和支持社会力量办学、发展高等职业技术教育等方面实现重大突破"。并把教育信息化工程列入国家重点建设工程，以信息化带动教育现代化。在教育信息化工程中，首先关注基础设施和硬件建设，重点支持并加快以中国教育科研网和卫星视频系统为基础的现代远程教育网络建设；提高初、中等学校的计算机配备水平，要求到2005年，全部高等学校、高中阶段学校和部分初中、小学均能联接国际互联网。普及九年义务教育的地区，每所中小学都应设立计算机教室，全国农村绝大多数中小学能够收看教育电视节目。

"十五"期间的教育信息化工程高度重视信息教育和现代信息技术在教学中的应用，积极推动各级各类学校普及计算机及网络知识教育，加强各层次计算机软件人才的培养和培训。在教育资源建设方面，建成一批网络学校，完善高等学校的计算机网络建设，加快数字图书馆等公共服务体系建设，进一步改善高等教育的信息环境。

2004年颁发的《2003-2007年教育振兴行动计划》明确提出网络学习与其他学习形式相互沟通的要求。在实施"教育信息化建设工程"部分，明确提出"加快教育信息化基础设施、教育信息资源建设和人才培养"。第一次明确提出"加大涵盖各级各类教育的信息资源开发，形成多层次、多功能、交互式的国家教育资源服务体系。大力加强信息技术应用型人才培养，着力改革信息化人才培养模式，扩大培养规模，提

高培养质量"。要求"全面提高现代信息技术在教育系统的应用水平。加强信息技术教育,普及信息技术在各级各类学校教学过程中的应用,为全面提高教学和科研水平提供技术支持。建立网络学习与其他学习形式相互沟通的体制,推动高等学校数字化校园建设,推动网络学院的发展。开展高等学校科研基地的信息化建设,研究开发学校数字化实验与虚拟实验系统,创建网上共享实验环境。建立高等学校在校生管理信息网络服务体系。"

从以上文件可以看出,20世纪末到21世纪最初几年,政策重点在网络基础设施的建设,网络教学资源建设集中于现代远程教育系统。至21世纪初,教育信息化工作经历了以硬件建设为主到开始重视教学资源建设的转变,这种转变是信息技术发展的必然要求。

(三)优质教育开发与应用是数字化网络教育的重要工作

1. 开辟了教育信息化工作的新时期

以计算机和网络技术的发展为背景,教育部于2010年5月颁发的《国家中长期教育改革和发展规划纲要(2010–2020年)》开辟了教育信息化工作的新时期。为全面贯彻落实《国家中长期教育改革和发展规划纲要(2010–2020年)》提出的"加快教育信息化进程"要求,教育部出台了一系列的文件、规划,将教育信息化工作推向深入,在此过程中,教学资源建设成为教育信息化工作的重点。

《国家中长期教育改革和发展规划纲要(2010–2020年)》中指出"加快教育信息化进程",信息技术对教育发展具有革命性影响,必须予以高度重视。明确提出"把教育信息化纳入国家信息化发展整体战略,超前部署教育信息网络。到2020年,基本建成覆盖城乡各级各类学校的数字化教育服务体系,促进教育内容、教学手段和方法现代化。充分利用优质资源和先进技术,创新运行机制和管理模式,整合现有资源,构建先进、高效、实用的数字化教育基础设施。加快终端设施普及,推进数字化校园建设,实现多种方式接入互联网。重点加强农村学校信息基础建设,缩小城乡数字化差距。加快中国教育和科研计算机网、中国教育卫星宽带传输网升级换代。制定教育信息化基本标准,促进信息系统互联互通"。

《国家中长期教育改革和发展规划纲要(2010–2020年)》同时要求"加强优质教育资源的开发和利用"。"加强网络教学资源库建设。引进国际优质数字化教学资源。

开发网络学习课程。建立数字图书馆和虚拟实验室。建立开放灵活的教育资源公共服务平台，促进优质教育资源普及共享。创新网络教学模式，开展高质量高水平远程学历教育。继续推进农村中小学远程教育，使农村和边远地区师生能够享受优质教育资源"。

在《国家中长期教育改革和发展规划纲要（2010–2020年）》第二十一章重大项目改革试点"国家教育信息化工程"中，"建设有效共享的覆盖各级各类教育的国家数字化教学资源库和公共服务平台"是该项工程三方面的内容之一。

2. 开展数字化网络教育试点工作

2012年1月，教育部发出"关于开展教育信息化试点工作的通知"（教技函[2012]4号），旨在通过教育信息化试点工作，探索教育信息化环境建设、优质教育资源共建共享与应用、教育管理信息化等方面的发展路径和方法，逐步形成教育信息化在促进教育公平、提高教育质量，建设学习型社会，推动教育教学改革等方面的有效模式和体制机制，总结和推广成功经验，全面提升教育信息化发展水平。

试点工作提出的统筹部署，分类指导；需求导向，注重应用；协同创新，特色发展；辐射带动，全面推进等原则对区域性专业教育教学资源库建设工作具有重要的参考作用。

该文件要求分批启动和部署试点工作，用4年左右时间，总体完成100个左右区域综合试点；中小学学校试点，1000所左右；职业院校试点，500所左右；本科院校试点，100所左右；专项试点，60个左右，每省不超过2个。

区域综合试点主要以县（市）或地（市）为单位，根据区域经济社会和教育发展实际，重点围绕教育信息化促进本地区教育公平（如经济欠发达地区教育信息化发展途径探索；优质资源共建共享途径；留守儿童教育与管理；进城务工人员子女教育与管理；区域公共服务体系构建与应用；校本培训与网络研修促进教师专业发展；区域间信息化协作提高教育质量……）、各类教育协调发展（如基础教育与职业教育资源共享机制、社会教育资源建设与服务、人才培养与当地人才需求协调发展……）、经费保障（如教育信息化可持续发展经费保障政策、经费投入渠道与方式……）、专业队伍建设、管理信息系统应用、教育信息化评价标准体系建立与应用等方面进行试点。

职业院校（高职和中职）试点要求根据当地经济社会、教育发展水平、学校实际和职业教育特点，围绕提高学生实际操作能力和实践能力，重点在信息技术优化教育教学过程（如特色数字化校园建设，信息技术在实习、实训、管理中的应用，远程职

业教育和培训……）、优质资源共建共享（如虚拟仿真实训资源开发与应用、职业学校资源共享机制……）、教育教学模式和管理创新（如应用数字化资源开展项目教学、案例教学、技能竞赛和技能鉴定的模式，信息技术培训、考核和认证机制探索，信息化在职业学校学籍与教学管理中的应用……）、服务社会（如校企联合开展远程职业教育和培训的模式，职业院校服务社会的模式……）等方面开展试点。

3. 全面部署教学资源建设工作

2012年3月，教育部颁发了《教育信息化十年发展规划（2011-2020年）》（以下简称《规划》），在国家层面，对教学资源建设工作进行了全面的部署。规划提出，我国力争到2020年超前部署覆盖城乡各级各类学校和教育机构的教育信息网络，实现校校通宽带，人人可接入。《规划》对缩小基础教育数字鸿沟、加快职业教育信息化建设、推动信息技术与高等教育深度融合、构建继续教育公共服务平台等教育信息化涉及的深层次问题作了详细阐释。在《规划》提出的发展目标中，除了实现宽带网络的全面覆盖外，还有基本建成人人可享有优质教育资源的信息化学习环境，基本形成学习型社会的信息化支撑服务体系，教育管理信息化水平显著提高，信息技术与教育融合发展的水平显著提升等。

《规划》提出推进教育信息化应该坚持以下工作方针，对建设区域性职业教育教学资源库同样具有重要的指导作用：

（1）面向未来，育人为本。面向建设人力资源强国的目标要求，面向未来国力竞争和创新人才成长的需要，努力为每一名学生和学习者提供个性化学习、终身学习的信息化环境和服务。

（2）应用驱动，共建共享。以人才培养、教育改革和发展需求为导向，开发应用优质数字教育资源，构建信息化学习和教学环境，建立政府引导、多方参与、共建共享的开放合作机制。

（3）统筹规划，分类推进。根据各级各类教育的特点和不同地区经济社会发展水平，统筹做好教育信息化的整体规划和顶层设计，明确发展重点，坚持分类指导，鼓励形成特色。

（4）深度融合，引领创新。探索现代信息技术与教育的全面深度融合，以信息化引领教育理念和教育模式的创新，充分发挥教育信息化在教育改革和发展中的支撑与引领作用。同时，《规划》用大量篇幅对教学资源建设进行规划，形成对未来十年的教学资源建设工作全面部署。"加快职业教育信息化建设，支撑高素质技能型人才培养"主要对职业教育信息化的作用和发展水平提出了要求，该章内容的实现是建设和应用数字化教学资源的基础。第七章"构建继续教育公共服务平台，完善终身教育体系"以推进继续教育数字资源建设与共享首要任务，可以对职业教育教学资源建设形成有益的补充。第九章"建设信息化公共支撑环境，提升公共服务能力和水平"提出信息化公共支撑环境包括教育信息网络、国家教育云服务平台、优质数字教育资源与共建共享环境、教育信息化标准体系、教育信息化公共安全保障体系等，是全国教育机构和相关人员开展各级各类教育信息化应用的公共支撑。

《规划》中"优质数字教育资源建设与共享行动"是第三部分行动计划提出的首要行动。该行动计划提出的建设国家数字教育资源公共服务平台、建设各级各类优质数字教育资源、建立数字教育资源共建共享机制三方面工作，抓住了优质教育资源建设与共享工作的重点。行动计划的第十三章学校信息化能力建设与提升行动；第十四章国家教育管理信息系统建设行动；第十五章教育信息化可持续发展能力建设行动和第十六章教育信息化基础能力建设行动，特别是第十三章、第十五章和第十六章，从根本上看，为优质教学资源的共享提供了基础和保障。

《规划》是指导今后一段时期数字化教学资源、教学资源库建设的重要文件，为建设区域性职业教育教学资源库指明了方向。

4. 全面部署职业教育教学资源建设工作

2012年5月，在《教育信息化十年发展规划（2011-2020年）》之后，教育部颁发了《关于加快推进职业教育信息化发展的意见》（教职成[2012]5号），切实推进职业教育广泛、深入和有效应用信息技术，不断提升职业教育电子政务能力、数字校园水平和人才信息素养，全面加强信息技术支撑职业教育改革发展的能力，以先进教育技术改造传统教育教学，以信息化促进职业教育现代化。在数字化教学资源建设方面，该意见提出，到2015年。"建成国家职业教育数字化信息资源库，不断完善各级职业教育网络学习平台；建成国家职业能力培养虚拟仿真实践教学公共环境，为在校学生、企业职工及社会学习者提供优质实践教学资源"。在加快开发职业教育数字化优质信息资源方面，提出开发包括网络课程、虚拟仿真实训平台、工作过程模拟软件、通用主题素材库（包括行业标准库、实训项目库、教学案例库、考核试题库、技能竞赛库等）、名师名课音像以及专业群落网站等多种形式的职业教育数字化信息资源。建成教学资源平台、

电子阅览室、数字图书馆等综合资源平台。加快建立健全职业教育资源开发机制、认证体系和共享模式。加快建设国家职业教育数字化信息资源库。支持建设国家职业教育数字化资源开发基地。建立健全职业院校、行业企业、研究机构之间的资源共建共享机制。依托示范性职业院校和大型企业，建设一批国家示范性职业能力培养虚拟仿真实训中心。

一、数字化网络教育资源建设的现状

在国家层面上，我国数字化教学资源建设自 2003 年以来，开展了多方面的探索。其中，影响较为广泛的重要举措包括以下几个方面。

（一）国家精品课程资源建设

2003 年以来，我国在高等学校中启动国家精品课程遴选与建设工作，并评审了第一批国家精品课程。为了更加广泛地分享精品课程建设理念、方法和资源，2008 年经教育部批准设立国家精品课程资源中心，建设国家精品课程资源网，整合优化精品课程资源并形成国内最大规模的课程资源库，推动以国家精品课程为代表的高等教育优质资源的传播和共享。国家精品课程资源网提供信息发布、课程展示、课程检索、课程评价等功能，为广大教师和学生进行网络教学提供了有力的支持。国家精品课程资源中心 2011 年 6 月 16 日发布的 [2011] 第五期工作简报统计，国家精品课程资源网收录的国家级精品课程 3835 门，其中本科 2583 门、高职高专 1043 门，发布的教学资源总数量达到 1256400 种。

国家精品课程资源网收录的高职高专精品课程，不仅有全部国家级精品课程，也收录了许多省级和校级精品课程，课程门数总计达到 5843 门，几乎包括了高职高职指导性专业目录（2004）中所有的专业大类和二级类专业，从课程门数看，有不少课程已有多门各级精品课程。

在国家精品课程的带动下，我国形成了国家、省级和校级的三级精品课程体系，许多省、校级精品课程并未在该网展示。精品课程建设确实为高职教育提供了一批优质的数字化教学资源。从 2003 年首批 56 门国家精品课程列入该网站，网站收录课程逐年递增，到 2008 年收录达到 2002 门，2009 年收录 1618 门，2010 年收录 736 门，2011 年则仅收录 2 门课程。由此数据可见，随着教育部的国家精品课程建设工作的结束，精品课程的规模将不再扩大。

2007年启动的高等职业教育专业教学资源库建设中，国家精品课程建设团队发挥了非常重要的作用。在今后的职业教育教学资源库建设工作中，一方面，高职精品课程为资源库建设奠定了一定的资源基础，这些资源是首先选择的对象；另一方面，精品课程负责人及其建设团队作为职业教育方面的专家，可以参与资源开发工作，提高资源的适用性。

（二）国家数字化网络学习资源中心

"国家数字化学习资源中心"建设项目自2007年启动，是"高等学校本科教学质量与教学改革工程"中公共系统建设项目之一，主要建设内容包括：研究网络教育数字化学习资源共享机制、标准、技术与平台，整合国家和高等学校等已投入建设的网络教育精品课程及相关学习资源，并使用相关支持工具（如分布存储及统一管理、注册及搜索发现、目录服务、审查及更新、知识产权保护及安全、在线交易与共享服务等），建设相关系统和网络教育数字化学习资源公共服务平台，推进优质资源网上开放与共享。该项目于2008年3月通过了由教育部、财政部立项，由中央广播电视大学、清华大学、北京大学、北京交通大学等6个单位组成联合项目组。在"国家数字化学习资源中心"职业教育与成人教育方面，教育部职业教育与成人教育司于2011年5月启动"网络教育数字化学习资源中心"建设项目，确定46所高职学校、29所中职学校作为首批职业学校分中心。

虽然是"高等学校本科教学质量与教学改革工程"项目之一，但是，作为国家层面的数字化学习资源中心，从其分类看，资源内容涵盖非常广泛和全面，包括学历教育、非学历教育和专题教育等资源。学历教育涵盖了研究生、普通本科、高职高专、电大本专科、网络本专科到中职教育等各个层次，学习资源按照专业目录进行分类，非学历教育资源按照不同行业、资格认证、技工培训等进行分类。资源主要来源于院校，仍以精品课程为主。部分资源开发者为企业，如北京世纪超星信息技术发展有限责任公司等。

（三）中国大学视频公开课

为贯彻落实胡锦涛在庆祝清华大学建校100周年大会上的重要讲话精神和教育规划纲要，利用现代信息技术手段，加强优质教育资源开发和普及共享，进一步提高高

等教育质量,服务学习型社会建设,教育部在2011年10月启动了国家开放课程建设工作。国家精品开放课程包括精品资源共享课与精品视频公开课。作为教育部"十二五"期间"本科教学工程"的重要组成部分,中国大学视频公开课是"国家精品开放课程建设与共享项目"通过"爱课程"网和其合作网站中国网络电视台、"网易"同步向社会公众免费开放。"中国大学视频公开课"由科学、文化素质教育网络视频课程与学术讲座组成,以高校学生为主要服务对象,同时面向社会公众免费开放。

精品资源共享课以量大面广的公共基础课、专业基础课和专业核心课为重点,以课程资源系统、丰富和适合网络传播为基本要求,经国家、省、校三级建设,对原精品课程升级改造,形成普通本科教育、高等职业教育、网络教育多层次、多类型的优质课程教学资源共建共享体系,为高校师生和社会学习者提供优质课程教学资源。2012年5月,教育部下发了《教育部办公厅关于印发(精品资源共享课建设工作实施办法)的通知》(教高厅[2012]2号),正式启动了精品资源共享课的建设工作,"十二五"期间教育部计划建成5 000门国家级精品资源共享课。

精品视频公开课是以高校学生为服务主体,同时面向社会公众免费开放的科学、文化素质教育网络视频课程与学术讲座。精品视频公开课着力推动高等教育开放,弘扬社会主义核心价值体系,弘扬主流文化、宣传科学理论,广泛传播人类文明优秀成果和现代科学技术前沿知识,提升高校学生及社会大众的科学文化素养,服务社会主义先进文化建设,增强我国文化软实力和中华文化国际影响力。

(四)区域性网络学习平台

我国部分省市已建设了区域性网络学习平台。其中,上海教育资源库、湖南的湖湘学习广场具有较大影响。

1. 上海教育资源库

上海教育资源库由上海市教委主办,上海远程教育集团承建。该资源库依靠上海市电教馆、上海市各区县教育信息管理部门等的支持,根据开放、标准、共建、共享、互联、协作的原则,采用"资源+平台+服务"的模式,通过专家认证,采用共建、评选、购买、共享等策略,整合各类优质教育资源,收集国内外、各区县、各学校独特的精品资源,建设多层次、智能化的开放式教育平台。在运行机制上,采用专业化、市场化的共赢策略。通过上海教育资源网,将上海市已有的一些教育专业网站,如上海"职成教育在线"、上海市基础教育信息网"、"上海市教师教育网"等进行整合。对各网站中普遍适用的功能进行归并和整合，纳入网站的公共平台，各区县拥有的其他资源也照此方法按有偿或共享原则进行整合。

目前，上海教育资源库总访问量达到3 000多万人次，注册人数接近204万，资源容量达14.25TB，是我国应用较好的资源库。其资源推广模式，对建设区域性职业教育教学资源库具有很好的借鉴作用。

2. 湖湘学习广场

2008年，湖南省广播电视大学就推进湖南终身教育体系建设进行了广泛调研，深入论证，提出了湖南省终身教育学习平台——湖湘学习广场技术方案作为湖南省的终身教育项目工程，2011年12月，项目完成。该终身教育服务平台体系结构由教育资源库、学习平台、学习者档案管理等部分组成。

教育资源库的主要功能是完成教育资源的收集、编辑和存储等，并根据学习平台的需求，及时调出资源。内容上包括学历教育和非学历教育的，技能培训和健康娱乐的。学历教育包括中小学教育和普通高等教育、成人教育、高中等职业教育等在内的大中专教育；非学历教育包括学前教育、就业前的职业教育、在职的继续教育、老年大学或为社区服务的社区教育、农村教育、特殊人群教育等。种类上包括公益服务与有偿服务的。年龄层次上则覆盖婴幼儿到老年人，满足不同群体各取所需。

学习平台的主要功能是根据不同的学习对象，选择不同的方式实现资源的传输。通过广播电视、互联网和移动通信网的优化组合，形成一个无所不在的"天罗地网"。满足全省各层面不同群体对终身教育的需求，实现单向和交互相结合、实时和非实时相结合、多种形式的视音频、数据和文字资源的配送。

学习者档案管理对各类学习人群，包括集体用户（电大分校、教学站、社区）、家庭用户（电视、计算机）、手机用户（手机、MP4）等进行有效的管理和学习支持服务。

目前，湖湘学习广场注册人数达141000多人，系统资源总数达53800多课时。湖湘学习广场运营方式采用公益与付费方式相结合，其中公益部分是不收费的，主要是为各职能部门宣传方针政策等；付费部分主要是职业技能培训和学历教育。

第六章 职业教育专业教学资源库建设及其案例分析

> 高等职业教育专业教学资源库是我国投资最大、专业教学资源最为系统的职业教育数字化教学资源库。高等职业教育专业教学资源库是以中央财政为主支持建设的、由高等教育出版社提供平台支持和运营管理的教学资源库，将汇集《国家高等职业教育发展规划（2011-2015年）》提出建设的50个左右代表国家水平、具有高等职业教育特色的标志性、共享型专业教学资源库。

第一节 职业教育资源库建设概况

一、职业教育资源库建设的原则

高等职业教育专业教学资源库根据"政府主导、学校主体、社会参与、面向应用、分类推进"原则进行建设。作为公共利益的代表，政府已充分认识到教育信息化的重要作用，高度重视数字教育资源建设，并开始承担起主要责任。教职成函[2011]7号文对资源库建设进一步提出明确要求，该文件下发至北京、天津、河北、上海、江苏、浙江、福建、广东、宁夏等省、自治区、直辖市教育厅（教委）等地方教育主管部门，体现出对中央和地方共建的倡导。同时文件面向各项目主持单位提出：项目主持单位必须会同联合建设单位完善项目建设方案。在项目申报过程中，项目主持单位和包括其他高职院校和企业在内的联合申报单位的确定，也进一步加强了专业教学资源库的共建力量。

《国家高等职业教育发展规划（2011-2015年）》明确提出："以现代信息技术为支撑，选择与国家产业规划及经济社会发展联系紧密、布点量大的专业，建设50个左右代表国家水平、具有高等职业教育特色的标志性、共享型专业教学资源库，解决高等职业院校专业共性需求，实现优质资源共享，带动全国高等职业院校专业教学模式和教学方法改革，整体提升高等职业教育人才培养质量和社会服务能力。"这一要求体现了"面向应用、分类推进"的原则。

开发、建设和应用数字化教学资源是专业教学资源库项目的首要任务。2012年3月颁布的《教育信息化十年发展规划（2011–2020年）》和5月份颁发的《教育部关于加快推进职业教育信息化发展的意见》（教职成[2012]5号），进一步明确了职业教育数字化教学资源建设的主要内容，提出要采取优质数字教育资源建设与共享行动，加快开发职业教育数字化优质信息资源。在资源库建设过程中，教育部提出专业教学资源库建设工作按照"共建共享、边建边用"的原则进行，要求各项目开展至少3个月的应用推广；要求资源库开发者建立起科学有效的专业教学资源库建设、应用与运行管理机制。在对教学资源库进行立项建设的阶段，要求教学资源库项目牵头单位"边建边用"，使用的范围可能仅限于项目参加院校，因为推广的时机尚未成熟，资源的系统性尚未形成。在教学资源库建设项目完成以后，则要侧重资源的推广和应用，真正实现资源"共享"。

二、职业教育资源库建设的特点

（一）具有鲜明的公益性

高等职业教育专业教学资源库是我国当前一个大型的、可供全国职业院校师生和社会学习者免费使用的教学资源库。以中央财政为主的经费投入机制在根本上保证了资源库的公益性。教育部有关文件提出的资源库建设原则和具体要求，进一步明确了国家高等职业教育专业教学资源库的公益性。

（二）具有良好的系统性

各国家高等职业教育专业教学资源库建设项目的实施均基于经过严格论证的专业人才培养方案和课程体系。在教学资源库建设经费中，有25%用于课程开发，从而保证了教学资源库专业课程的系统性。在专业人才培养方案和课程标准的框架下，资源库可以从专业建设层面、课程建设和教学实施等层面系统地开发相关教学资源，不仅能为高职院校广大教师和学生提供教学资料，同时，也能够指导学校的专业建设和课

程建设工作。各专业教学资源库不仅在线为每一门专业课程提供丰富的数字化教学资料，同时也开发了系列纸质教材，为整个专业教学工作提供了极大的便利。

系统的专业教学资源也为广大青年教师的成长提供了学习资料。青年教师可以通过优秀教师的讲稿、单元授课录像、教学组织指导录像等网络教学资源学习先进的教学理念、教学经验和技巧。

（三）具有良好的先进性

各专业教学资源库建设基于先进的教学理念，参与建设的高职院校特别是项目主持单位的专业教学团队已在专业教学改革方面取得了丰硕的成果。作为国家示范性高职院校建设项目的组成部分，通过教育部组织高职院校建设专业教学资源库，可以充分展示和推广示范建设的成果。同时，资源库建设资金充裕，在建的28个专业教学资源库库均投入近1250万元，保证了教学资源库能够开发与行业发展先进生产技术相匹配的教学资源。各专业教学资源库都开发了一定数量的虚拟实训资源，精选源自企业现场的生产案例、能工巧匠的工作规范录像，不仅能够有效提高教学效果，而且有效地弥补了实践教学资源的不足，如五轴联动虚拟数控机床、高档汽车的虚拟发动机等数字化教学资源的研制，体现了教学资源库的先进性。

（四）具有良好适用性

高等职业教育专业教学资源库建设团队成员来自牵头建设专业资源库的各国家示范院校建设单位、行业内其他高职院、行业企业。项目充分发挥了在我国教学改革领先的专业教学团队的作用。专业教学资源库建设项目主持单位均为该专业教学改革走在全国同类专业前列的高职院校，在全国范围内联合其他高水平专业建设团队、行业内知名专家共同开发建设，同时，各专业教学资源库均聘请了在行业内具有重大影响力的专家指导资源库的建设工作，很好地保障了教学资源的适用性。

以数控技术专业教学资源库建设团队为例，项目牵头单位为国家首批示范性高等职业院校无锡职业技术学院，该校数控技术专业教育教学改革一直走在全国前列，为国家级教学团队。数控技术专业教学资源库联合开发团队包括23家单位，其中有8所高职院校、1家出版社、12家行业企业和2个行业协会。

高等教育出版社在高等职业教育专业教学资源库建设中处于较为特殊的地位。高等教育出版社作为目前已完成和在建的28个专业教学资源库的首要的企业合作伙伴，除了高铁、畜牧兽医、药物制剂技术等少数几个专业外，均作为首要的联合申报单位或联合申报单位之一。高等教育出版社是教育部直属的大型综合性出版社，是国内最大的教育出版社，在 2008 年国际出版机构排名中列第 39 位，是唯一入围全球出版企业 50 强的中国出版机构。高等教育出版社制定了数字化管理标准、内容结构化标准（HEPDTD）和元数据标准，拥有一支掌握一定数字技术的课程教学资源策划、研发、加工制作队伍，以及多支其他技术和服务队伍。在高职专业教学资源库建设中主要承担使整个教学资源得以集中管理，为资源共享和个性化定制提供服务的责任。

三、职业教育资源库建设的要求

在资源库建设过程中，要注重建立科学有效的专业教学资源库建设、应用与运行管理机制，实现资源库内容的持续更新，确保每年更新比例不低于 10%。要求各项目主持单位制定和完善相应的保障措施，切实履行《高等职业教育专业教学资源库项目申报书》所承诺的各项目标、相关政策及资金支持责任，认真开展项目建设工作。

教职成函 [2011]7 号文对项目内容的具体要求分为以下几方面：

(1) 专业教学资源库要体现以学习者为中心的理念，能够满足学习者多样化需求。

(2) 资源库应做到内容丰富，资源表现形式多样，有效整合行业企业生产一线优质资源，具有持续更新机制，确保每年更新比例不低于 10%。

(3) 资源库平台要具备学习过程管理功能，学习者能够依托平台实现相互交流。

(4) 专业教学资源库建设必须确保建设内容无知识产权争议。

(5) 建设成果归国家所有，参与单位和参与人享有署名权。

(6) 项目验收后的持续更新部分知识产权归参与单位和参与人所有。

四、职业教育资源库建设的发展及经费投入

（一）职业教育资源库建设的发展

2007 年 11 月，国家示范性高等职业院校建设工作协作委员会为落实"创建共享型专业教学资源库"的国家示范性高等职业院校建设任务，在北京香山饭店召开了"示范性高职院校课程开发与教学资源建设研讨会"，会议决定，以教育教学改革成效显著的示范性建设专业为载体，启动了共享型教学资源库建设工作，确定了首批建设的

数控技术等6个专业和召集院校，分别为：数控技术，由无锡职业技术学院召集；汽车运用与维修，由邢台职业技术学院召集；模具设计与制造，由成都航空职业技术学院召集；应用电子技术，由湖南铁道职业技术学院；计算机软件技术和计算机网络技术，由深圳职业技术学院召集。

在2007年以来专业教学资源库建设的基础上，教育部2010年发文确定在数控技术等11个专业开展高等职业教育专业教学资源库。2011年确定在园林技术等17个专业开展高等职业教育专业教学资源库。2011年颁发的《国家高等职业教育发展规划（2011-2015年）》中，教育部明确提出"开发共享型教学资源库，整体提升专业人才培养质量。以现代信息技术为支撑，选择与国家产业规划及经济社会发展联系紧密、布点量大的专业，建设50个左右代表国家水平、具有高等职业教育待色的标志性、共享型专业教学资源库。

28个专业教学资源库建设项目中，除"数字校园学习平台"未针对具体专业，为网络学习平台开发项目，其他27个专业教学资源库涉及13个专业大类，其中，制造大类和财经大类各建设了4个专业教学资源库，交通运输大类、生化和药品大类和电子信息大类各建设了3个专业教学资源库。

专业教学资源库的分布，体现了我国社会经济的结构状况。今后22个专业教学资源库建设项目的遴选，必然将根据我国社会经济发展对人才总量的要求来布局。27个专业教学资源库在各专业大类中的分布如表6-1所示。

表6-1 27个专业教学资源库在各专业大类中的分部一览表

专业大类	专业代码	专业名称
农林牧渔大类	510202	园林技术
	510301	畜牧兽医
交通运输大类	520108	道路桥梁工程技术
	520201	高速铁道技术
	520405	轮机工程技术
生化与药品大类	530101	生物技术及应用
	530201	应用化工技术
	530305	药物制剂技术
资源开发与测绘大类	540601	工程测量技术
土建大类	560301	建筑工程技术
制造大类	580103	数控技术
	580106	模具设计与制造
	580302	数控设备应用与维护
	580405	汽车技术服务于营销
电子信息大类	590102	计算机网络技术
	590108	软件技术
	590202	应用电子技术
轻纺食品大类	610403	印刷图文信息处理

	620103	金融管理与实务
财经大类	620203	会计
	620405	电子商务
	620505	物流管理
医药卫生大类	630201	护理
	630404	眼视光技术
旅游大类	640106	酒店管理
艺术设计传媒大类	670101	艺术设计
公安大类	680201	特警

截至 2013 年 3 月底，已有数控技术、汽车检测与维修技术、道路桥梁维修技术等 12 个专业教学资源库通过验收，资源总数达 98699 条，课程总数达 630 门，用户总数达 72610 位。在建的其他 16 个专业教学资源库将陆续入库。

（二）职业教育资源库建设的经费投入

1. 经费投入主要来源

高等职业教育专业教学资源库是当前我国投入最大的数字化教学资源建设项目。2010 年以来由中央财政支持建设的 28 个高等职业教育专业教学资源库的建设总经费为 34803 万元，平均每个专业教学资源库投入经费达 1200 万余元。其中央财投入 19935 万元，占建设项目总经费的 58%；地方财政投入 5 467 万元，占 16%；企业投入 3786 万元，占 10%；学校投入 5615 万元，占 16%，如图 6-1 所示。

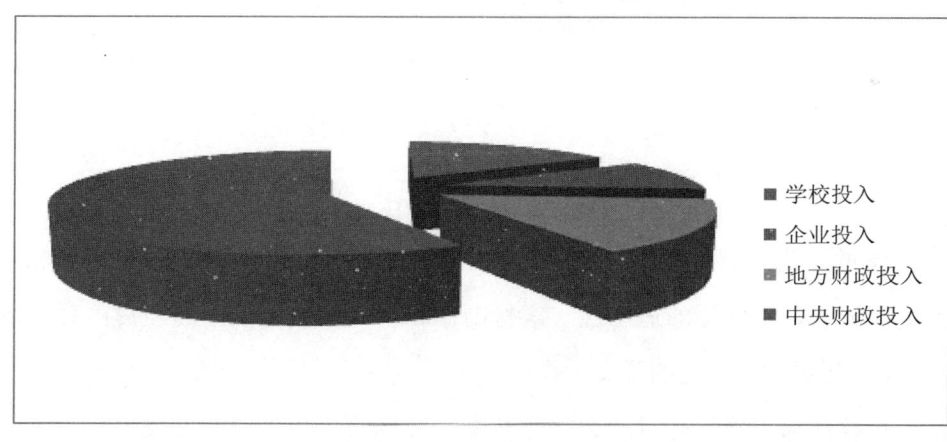

图 6-1 经费投入比例

从经费投入情况看，地方财政和企业投入在高等职业教育专业教学资源库建设经费中舞占比例偏低，地方政府对高等职业教育专业教学资源库建设项目的重视程度不够。企业和学校投入在各专业教学资源建设项目中所占比例差异很大。

2. 经费使用安排

《关于开展 2010 年度项目申报工作的通知》（教高司函 [2010]129 号）明确了专

业教学资源库建设经费的来源。2010年、2011年立项的高等职业教育专业教学资源库，中央财政为建设经费的主要提供者。央财投入占建设项目总经费的58%；地方财政投入占16%；企业投入占10%；学校投入占16%。在经费预算和使用方面，教育部文件要求项目完成单位根据中央财政确定支持的预算控制数，调整项目经费预算安排，并对经费在各项工作和各种资源的制作做出了具体要求按照《教育部财政部关于印发"国家示范性高等职业院校建设计划管理暂行办法"的通知》（教高[2007]12号）的有关要求，做到专款专用，其中，30%的经费用于素材制作，25%用于课程开发，25%用于企业案例，另有20%用于专家咨询、特殊工具软件购置、调研论证和应用推广等方面，如图6-2所示。

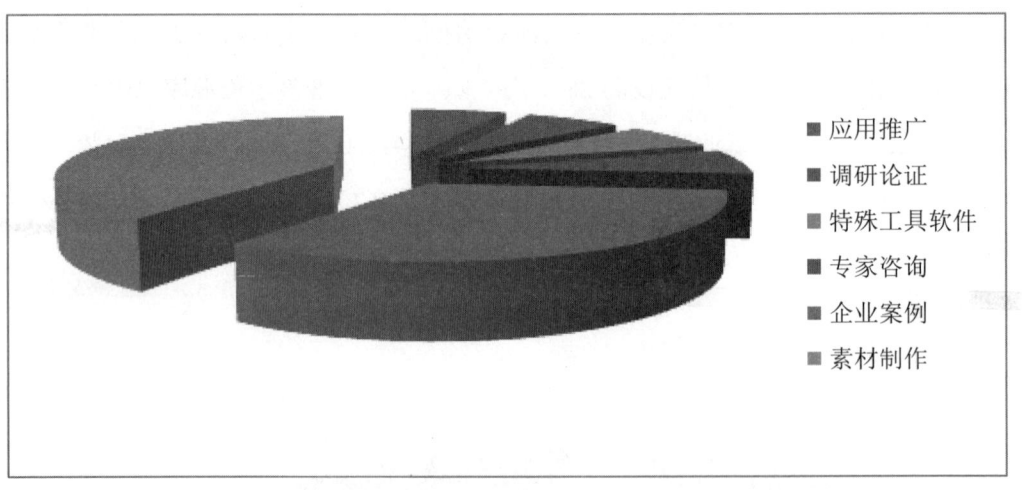

图6-2　经费使用比例

将25%的经费用于课程开发，使专业教学资源库承担起专业教学标准研制的任务，从根本上保证了教学资源的适用性。素材制作和企业案例所使用的经费占总经费额的55%，保证了优质教学资源的开发工作。

作为在教育部主导下开展的数字化教学资源建设项目，"建设成果归国家所有，参与单位和参与人享有署名权"。在这一约束下，地方财政、企业和学校投入属于无偿性投入，是以这些部门或单位自觉和自愿承担社会责任为基础的。大多数专业教学资源库建设均有地方财政、企业和高职院校投入经费，也有少部分教学资源库完全依靠中央财政的投入进行建设。建设成果归国家所有体现了项目的公益性，但从长期来看，作为公益性项目，资源库建设效益的发挥，不仅需要广泛的宣传和推广，还需要适当引入市场机制对建设者和应用者形成激励。

三、提高职业教育资源库建设成果的建议

（一）完善专业教学资源库建设机制

高等职业教育专业教学资源库以立项方式进行建设，这一方式能够确保资源建设达到预定目标。《关于开展 2010 年度项目申报工作的通知》（教高司函[2010]129 号）向国家示范高职建设院校提出，高等职业教育专业教学资源库"按照自愿申报、专家评审、行政复议、审批立项的程序进行"，资源库建设的主要方式是由国家示范离职建设院校为主体的教育部招标项目。项目承接单位在重点专业建设方面已取得了相当多的成果，在国家示范性高等职业院校建设工作协作委员会的支持下开展了大量的前期工作。

立项建设可以形成明确的建设目标，便于监控和管理。"目标导向"有助于建设任务的明确和建设成果的评价。在资源库建设申报书中，应明确课程资源要建设以下内容：根据人才培养目标要求，按 ××× 工作过程要求，对课程体系重构，系统开发了《×××》、《×××》等多少门基于工作过程的核心课程。编写了课程标准、工作过程导向的教学设计、教学条件、教学方法、考核方案等教学标准文件，实现了教学内容与工作内容的一致性。规划建设课程标准 N 项、学习指南 N 项、教学设计 N 项、考核方案 N 项、教学任务单 N 个、案例 N 个、教学课件 N 件，习题 N 道。在素材资源方面，专业素材的媒体类型普遍包括文本资源、图片资源、音视频资源、动画资源、虚拟资源等。各专业教学资源库普遍提出开发 N 门核心课程的素材资源，共有文本 N 篇、图片 N 千幅、视频资源 N 小时、动画 N 百个、虚拟现实技术表现的集成性素材 N 项。同时建设 N 个工作任务，制作完成 N 项虚拟资源建设。

立项建设形成了以高职院校为主的资源建设主体间的关系模式。《关于开展 2010 年度项目申报工作的通知》（教高司函[2010]129 号）提出："专业教学资源库建设项目由国家示范高职建设院校牵头组建开发团队，吸引行业企业参与，整合社会资源，在集成该专业全国优质课程建设成果的基础上，采用整体顶层设计、先进技术支撑、开放式管理、网络运行的方式进行建设。"教育部明确了专业教学资源库建设的主体之间的关系。即政府着眼于公共利益的社会效益，知识产权拥有者希望带来经济效益，承建院校注重基于学校声誉的社会效益，参与企业均为本行业企业，主要作用在于指导。

通过立项方式建设专业教学资源库也存在不足之处。以国家示范性高职院校为牵

头单位建设专业教学资源库，缺乏充分的竞争，也难以展开充分的竞争。项目牵头单位在教学理念、教改成果方面的优势均十分显著，且申报院校高度重视资源库建设工作，希望通过资源库建设项目扩大学校的影响力，在项目申报过程中，基本上是舍我其谁。从立项情况看，招标、竞争的方式在具体某一专业教学资源库建设中未有充分体现。

从已建成教学资源库来看，教学资源在量的方面数字非常可观，但是，使用者的数量距各专业教学资源库设定的目标人群数还相距很远。由职业院校教师开发教学资源，也有很大的局限性。受到教育技术水平等方面因素的限制，教师制作的教学资源资源往往不够精细和美观，有效性有待提高。项目承担者和资源开发者统一的角色，使教师可能会有为完成项目任务而开发资源的动机，因而，制作的资源并不适用。一张照片就可以解决的问题，却要用制图软件做成图片，没有必要。如游标卡尺等这种常用的工具，完全可以用图片配文字说明的形式清晰地展示给学生，如果是特写的、有配音说明的视频，则可以取得很好的效果，在课堂教学中再结合实物的应用，则是最佳的教学方法。

以立项形式开展资源建设，难免会出现为完成项目而开发资源的现象，尽管这一现象是个别情况，但毕竟有碍于资源建设效益的提高。如上文所述摘自某专业教学资源库申报书，在教学资源建设的具体目标上，各专业教学资源库大同小异，N所代表的数字极为具体，只是各专业的数字略有不同而已。能够将N所代表的数字如此具体地列出，是对项目进行目标管理、目标导向的要求，但N这一数字的由来，或许只是大概的估算，因为经过了严格论证的、以必须、够用为度的资源难以以整百、整千的数目出现，而具体的、可用的资源在开发的过程中，也可能会有调整或整合。这些数字目的在于体现资源之丰富，体现了项目的要求，但未必体现用户的要求，个别资源可能仅仅是为了申报书上的数字而建，用户的使用率极低。建设效益问题显然已经受到教育部的关注，2012年开始建设的精品资源共享课程，已经采用根据用户应用情况进行评价的方式，今后的专业教学资源库建设工作，必须高度关注"面向应用"原则的落实。

（二）完善专业教学资源库运行管理机制

资源的"建"是阶段性的任务，而运行和管理是长期的任务，对资源的"用"起决定作用的是运行管理机制。就运行管理机制而言，各专业教学资源库项目可以探索不同的运行和管理机制，但对使用者来说，以学校为单位的使用者为了能够使用数个专业教学资源库的资源，而要适应多种不同的运行和管理机制显然是不合理的。教育部有关文件主要对项目建设任务进行了要求，而对运行管理主体和运行管理的要求未加明确。从高等职业教育专业教学资源库建设的实际情况看，以国家示范高职院校为主的建设主体以完成"项目"的方式开展专业教学资源库建设，在资源库建设完毕后交由高教出版社管理运作的机制，使资源库建设机制和运作机制不能有机结合。

项目的开展是阶段性的任务，在项目开展过程中，作为牵头单位的国家示范高职建设院校可以投入大量的人力、物力和财力支持项目的开展，但以教学工作为主要任务的高职院校及其参与资源库开发的教师，难以对资源库投入持续的人力、物力和财力。作为阶段性任务，往往完成一个项目后，经费使用完毕就结束，而产生效益的后续的应用和推广工作，不可能要求项目组负责到底。从已结题的3个专业教学资源库的结题报告看，建设目标的达成率达到95%以上，资金执行情况也达到80%以上，后续的工作仅留少量资金用于更新资源和推广资源。由于缺乏良好的运行机制，在推广更新方面将面临较为严峻的问题。

（三）扩大教学资源库收益面

高等职业教育专业教学资源库项目申报书中有预期效果一栏，中央财政支持的28个专业教学资源库均在该栏目中列出了各项目的预期效益。汇总这些信息，我们发现，各项目组对预期效益的表述主要分为三大方面：一是项目建设过程中可能产生的效果，如提高参建教师专业建设能力，增强校际合作、校企合作，这方面的效果是由高职院校作为资源库承建者所决定的；二是数字化教学资源对教学方式可能带来的影响，反映了学习方式的转变是数字化教学资源应用的基础；三是可能的受益人群，如教师、学生和企业在岗人员。作为国家级专业教学资源库，服务全国该专业师生和从业人员，理论效益是非常大的。

高职院校对信息技术的应用水平目前仍处在较低的水平上。高职共享型专业教学资源库平台"全国高职高等职业教育数字化学习中心"，截止2013年3月底，12个专业教学资源库用户总数10达726，这一数字与12个专业全国师生总数相比，所占比例很低。已验收的教学资源库在应用者中获得了较好的评价。教育信息化建设项目效益的发挥本身具有递进性和迟效性的问题，同时，在专业教学资源库效益的发挥方面，

推广和运营机制是首要需解决的问题，因此，在当下评价专业教学资源库的建设效益为时尚早。专业教学资源库效益的发挥，是通过建设机制、推广和运营机制的不断完善向理想效益水平不断努力的过程。因此，必须高度重视资源库的推广工作，提高资源库的服务能力。在中国高职高专教育网上，高等职业教育专业教学资源库专栏日均访问量在500人次左右。这一数据同专业教学资源库共享平台要达到的10万人同时在线，日访问量达100万的平台容量相去甚远。美国佛罗里达州迈阿密学区由政府投资建设的门户网站，面向340多所公立学校，34万多学生和教育雇员5 000多人。该门户网访问量为每天6万人次，每周约100万人次。而可以应用已验收和正在建设中的28个专业教学资源库的全国高职院校师生人数，远高于迈阿密学区公立学校的师生。相比之下，作为高等教育的高职院校与承担基础教育和中等教育的公立学校本应有更好的条件、更为主动的意愿利用网络开展教学和学习。

制约专业教学资源建设成本和应用效益的因素非常复杂，在立项之初和未充分推广和应用的情况下，对其效益的预期出自建设者的主管评价；从项目建设的可行性来看，已经建设的专业教学资源库项目已有较为充分的证明。在节约建设资金，提高资源库建设效益方面，高职专业教学资源库可以在很多方面加以改进。必须明确专门的机构和人员负责资源库运行和管理工作，实时为广大用户提供服务。必须明确运行和管理的主体是谁，是各专业教学资源库项目主持单位，还是参与到每一个专业教学资源库建设中并给予经费支持的高等教育出版社。如果每一个主体都有义务承担某一任务的情况下，这一任务的主体反而是不确定的，这就为运行管理机制的构建带来了一定的困难。在明确管理主体的同时，还需要持续稳定的资源库的运营和服务经费来源。

第二节 案例分析：职业教育电气自动化技术专业教学资源库建设

一、教学资源库申报

近几年来，教育部出台了一系列相关国家教学资源库申报文件，围绕资源库建设中的一些要求做了不同程度的改进，特别是具有专业性指导作用的《职业教育专业教学资源库建设工作指南》，对本年度申报资源库建设项目具有航向标的作用。教学资源库申报的基本要求是"国家急需，全国一流"，具备两个条件之一即可申报。对国家急需来讲，就是满足国家经济建设中对职业教育迫切需求相对应的专业，例如2014年验收的文化传承、工业机器人等相关专业，虽然有些专业在全国范围内布点数量并不多，但在文化传业领域具有重要意义或者代表着未来发展方向的一种潮流，这些特质也将是资源库项目立项的重要依据。相对"量大面广"来讲，国家级资源库主要面向专业布点多、学生数量大，在职业教育领域有一定影响专业来讲是一个选取方向，资源库的建成能够为更广大师生及社会学习者提供服务。

（一）职业教育教学资源库建设基础

2014年《职业教育专业资源库建设指南》中指出，资源库建设方案体现高水平的专业建设与课程体系改革成果；已建资源不少于2000条，资源类型多样、分布合理，文本类和图形（图像）类资源数量占比不超过50%；结构化课程建设初具规模，教学设计、教学实施、教学评价等功能完备；建设内容包含测评系统，能够支持资源库课程教学模块的自学检测。将资源库建设成为资源仓库，包含各种媒体类型的优质资源并不是目的，目的在于提高教学质量。因此，资源的应用成为一个重要的问题。教学上的应用离不开课程，资源库的建设一定是以课程为骨架的，在2016年度的申报指南中提出，已建成的专业核心课程不少于6门，资源类型多样、分布合理，文本类和图形（图像）类资源数量占比小于50%；课程建设初具规模，教学设计、教学实施、过程记录、教学评价、自主学习等功能完备；建设内容包含测评系统，能够支持资源库课程教学模块的自学检测；资源质量有保障，经抽查合格资源比例不得低于95%。所有这些要求为资源库建设项目的申报提出了基本的基础要求。

2014年我院在申报《职业教育电气自动化技术专业教学资源库》项目时，分四个方面阐述了建设基础。

1. 主持单位实力雄厚，电气自动化技术专业建设居领先水平

主持单位是国家示范性高职院校、全国职业教育先进单位，学院占地面积2048亩，在校生26000余人，教职工1375人，其中正高级职称50人，副高级职称325人，博士和在读博士35人，硕士和在读硕士651人，双师素质教师达90%以上。在教学、科研等领域都取得了一系列成果，办学综合实力居全国高职院校前列。

电气自动化技术专业教学资源库所依托的电气自动化技术专业是国家示范校重点建设专业、省级品牌专业。该专业拥有1个中央财政支持的职业教育实训基地，国家级精品课程3门、国家级精品资源共享课3门，国家教学成果二等奖1项，"十二五"规划立项建设教材9部，国家职业教育专业教学资源库子项目4个；教指委精品课程8门、省级精品课程28门；完成市级以上研究课题70余项，其中与企业开发横向项目80余项，具有国内领先水平的科研成果10余项。

该专业在校生4086人，在全国各类大赛中获奖励23项。连续5年学生就业率达98%以上，社会满意度达97%以上。该专业不断创新人才培养模式，学生的就业竞争力和发展潜力显著提升。

2. 主持单位资源建设领先，国家、省、院三级资源建设初具规模

淄博职业学院高度重视教学资源建设，国家级、省级、院级三级资源体系已经初具规模。学院9门国家级精品课程已全部升级为国家资源共享课，居山东省高职院校前列；已完成应用电子技术等11个国家职业教育专业教学资源库子项目，15门课程被评为教指委精品课程。省级资源建设成效显著，拥有省级精品课程73门，居全省领先水平。2009年国家首批教学资源库建设启动，学院同时启动了院级教学资源库建设项目，设立1000万元专项资金予以支持。目前，学院已建成院级资源库7个，另有在建资源库9个。电气自动化技术专业率先建成院级示范性专业教学资源库，2011年5月上线运行，2012年7月通过结项验收。2013年学院投入资金300万元，建设电气自动化技术专业教学资源库。目前学院国家级、省级、院级三级教学资源已经初成体系，并投入实际教学应用。

校本教学资源库建设走在前列。学院校本资源库已建成资源近67800条（不含教师个人空间的私有资源），资源总量达6000G，视频10000分钟以上，动画18300余条。其中电气自动化技术专业已建成教学素材资源近22000余条、动画2552条，视频1191条。资源丰富易用、适用，保证了对用户的吸引力；资源粒度的适应性保证了课程搭建的灵活性。电气自动化技术专业已利用资源库搭建结构化课程5门，开设网络选修课8门（其中为对口支援铜川职业技术学院和乌兰察布职业学院各开放2门）。

特色资源建设成效突出。为提高资源库项目自主研发能力，学院于2009年启动了虚拟仿真教学软件建设项目，每年投入资金50万元，累计评审自主研发系列虚拟仿真软件42个。尤其针对实训中部分专业的三高（高成本、高危险、高污染）、三难（难

再现、难看见、难操作）实训项目进行软件开发，有力地促进了实训教学。这些项目在全国多媒体课件大赛、全国职业院校信息化教学大赛中获一等奖 7 个，二等奖 14 个。

积极服务智慧城市和学习型社会建设。学院与山东省人社厅、山东星科智能科技股份有限公司合作，根据国家相关标准，开发了"山东省职业技能鉴定资源库"。该资源库集职业标准、数字资源、学习支持、鉴定考证为一体，现已开发 10 个工种，开发完成后将用于山东省全省的职业资格网上鉴定；积极参与淄博市高新区智慧城市建设项目，建设淄博市六大产业数据库，为在校师生、行业企业职工、社会学习者提供在线学习、企业培训、新产品推广、新技术应用等服务。

3. 电气自动化专业教学资源库初步建成，成效显著

（1）具备了较完善的平台功能

教学资源库建设积极借鉴和融入"积件"、"慕课"等思想，参照教育部和国外一些远程教育技术规范和标准，构建了资源存储检索系统、教学交互支撑系统（课程组织、自动答疑统计、作业提交批改、课程论坛等）、智能测评系统、教学跟踪评价系统等模块。资源存储检索系统从标准规范、功能设计、系统架构、资源存储技术和系统实现的技术路线着手，不仅提供基本的支持服务功能和丰富的教学资源，而且预留多种扩展功能接口，便于功能扩展和二次开发。在系统的功能化设计过程中还着重考虑了职业教育资源建设特点、资源整合、标准处理、资源支持服务功能、资源建设质量控制等方面的问题。资源存储检索系统功能 (图 6-3)。

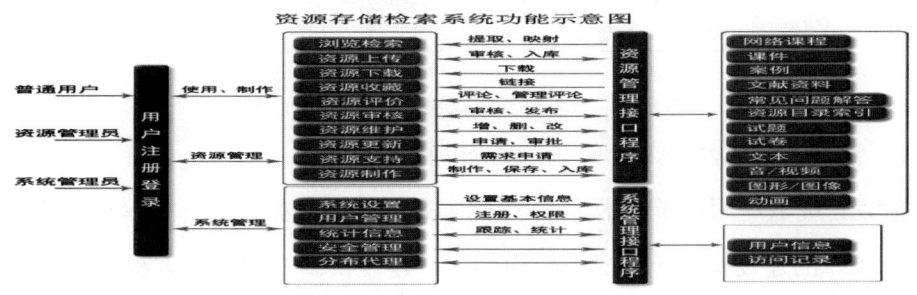

图 6-3　资源存储检索系统功能示意图

教学交互支撑系统是教学资源库应用的重要基础，设计人员充分考虑了例如时空分离、需要学生管理和控制学习过程等基于资源库的网络教学和课堂教学的差别，系统设计了教师备课系统、作业处理系统、智能答疑系统等20多个功能模块，并辅以智能测评系统和教学跟踪评价系统，实现了学习的过程评价和结果评价相结合。其功能构架(图6-4)。

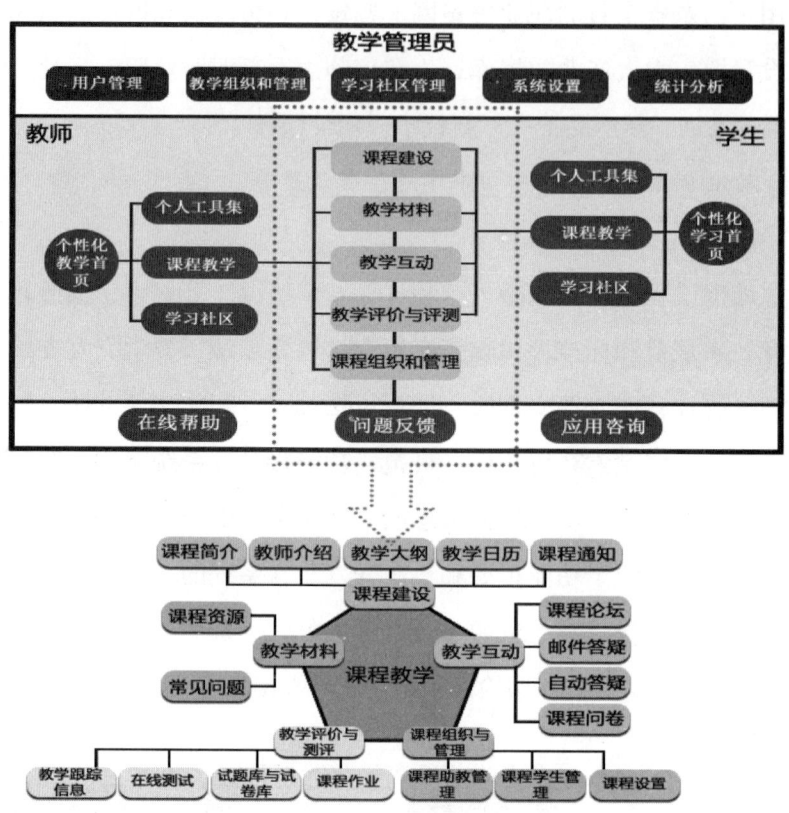

图6-4 教学交互支撑系统功能构架示意图

（2）建立了较完善的资源库建设运行机制

学院现已完成应用电子技术等11个国家职业教育专业教学资源库子项目，经过专业教学资源库的建设实践，形成了较为完善的建设机制，积累了丰富的实战经验，为专业教学资源库的建设奠定了坚实的基础。

学院先后出台了《电气自动化技术专业教学资源库建设管理办法》等制度，使"活"资源、"活"应用更加接地气，确保了资源的持续更新和不断完善，并逐步形成了长效机制。例如，山东省职业技能鉴定资源库的建设不仅能够为社会提供职业资格鉴定服务，确保资源库拥有持续更新的资金来源，而且能够促进资源建设与行业产业紧密连接，保证了资源的适应性。这种良性机制确保了资源库建设能够不断自我完善。

学院建立了资源库建设项目调度机制，由院长任组长，下设综合协调组、专业与课程建设组、标准规范建设组、资源库平台建设组、资金管理组。每周对资源库建设中遇到的难题进行协调，每月对工作进度进行检查。实践证明，这种模式不仅有力推动了工作开展，而且培养锻炼了团队，丰富了资源库建设的管理经验。

针对"3+2"高职本科教育，2014年学院与山东理工大学、临沂大学合作，建立了网络学习的学分互认机制，项目主持单位的学生可以在"3"年高职期间，利用资源库学习"2"年本科的部分课程，考试合格后可获得本科学分。学分互认机制的建立，为联盟学分互认机制的建立进行了有益的探索。

（3）组建了资源共建共享联盟

淄博职业学院牵头，2012年2月成立了专业教学资源库共享联盟，16家高职院校，12家企业参与。召开了成立大会，研讨并通过了联盟章程，联盟为合作单位搭建起合作交流平台，促进了信息的交流和沟通。经过两年的工作，我院的资源库得到了各成员单位的认可和应用，联盟在教学资源共建、共享和应用推进方面取得了一定的实效，形成了较为完善的资源共建共享的知识产权保障机制、资源持续更新应用的动态监测机制和激励监督机制等；资源的深度利用，引领了人才培养模式、教学模式、课程体系、教学内容和教学方法等的改革，提高了教育教学质量，提升了资源库服务社会的能力。

（4）取得了显著的应用效果

线上运行良好，用户活跃度高，校本教学资源库教学应用效果突出。

建成的教学资源库成为教学的重要辅助工具，获得师生的一致好评。学院教学资源库注册用户数已达到76831人（包括近六年的毕业生），访问量近4000万（39475350）人次，周平均访问量10万人次，网络培训行业企业人员累计5000余人次。

资源库在教学预习、辅导答疑、复习测试等教学环节中得到了广泛的应用。网络课程总访问量近2000万次，其中教师授课访问近8万次，布置作业近4万次，学生提交完成作业273万余次，课程论坛答疑15万余次，常见问题库积累常见问题及解答近5千条；有力地促进了信息技术与教育教学的深度融合，推动了以"混合式教学"、"翻转课堂"为代表的信息技术条件下的教育教学改革。

（4）拥有院士领衔的一流项目建设团队

成立项目建设指导小组，组建一流的项目建设团队（图6-5）。为确保资源库项目建设顺利进行，淄博职业学院牵头成立了项目建设指导小组，聘请自动控制和系统仿真领域专家王子才院士担任首席顾问，教育专家马树超、姜大源、陈解放、杨应崧等8人，行业企业名家王继等5人为指导小组成员。

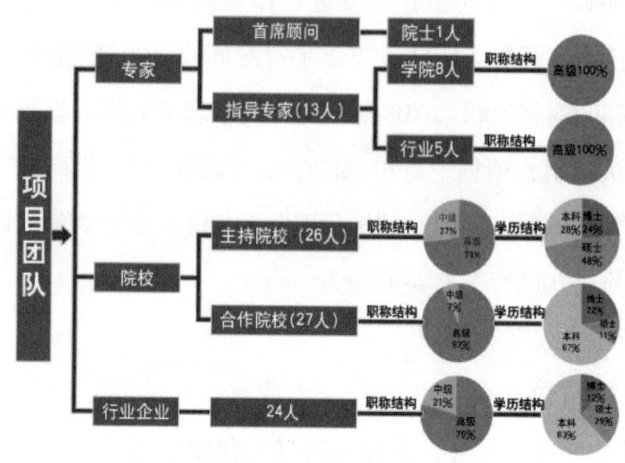

图6-5 项目团队结构图

项目团队由19所高职院校参与，分布11个省市。其中，国家示范性高职院校11所，国家骨干院校4所，省级示范校（特色名校）3所，台湾高校1所。项目团队主持的国家教学资源库项目5个。合作院校电气自动化技术专业有国家级实训基地2个，国家级教学团队4个，国家级教学名师8名，国家级精品课程29门，省级实训基地6个，省级教学团队13个，省级教学名师21名，省级精品课程78门。合作院校区域分布合理，办学水平高，专业优势互补，具有丰富的课程开发和教学资源建设经验。

项目团队参与企业主要由西门子（中国）有限公司、三菱电机自动化（中国）有限公司等14家知名企业组成，分别来源于自动化技术应用重点领域和不同地域，具有较强的行业代表性。这些企业技术力量雄厚，代表行业先进水平，掌握行业的最新发展趋势，具有丰富的基于用户需求的培训与教学资源。参与企业非常注重教学资源库的共建共享，派出企业内经验丰富的专家、技术人员加入资源库建设团队。这些优势有利于把先进的生产实践资源引入资源库建设，为资源库建设和应用提供实质性的持续支持。

（二）教学资源库的设计

1. 建设目标

（1）总体目标

选取自动化技术在化工、冶金、建材、智能装备制造、电力五个行业的典型应用，整合院校、自动化系统生产与应用企业、专家等多方资源，系统化设计"碎片化资源层、结构化课程层、规范化专业层、集成化的行业企业信息层"四层结构，实现辅教辅学、技能鉴定、服务社会需求的三大应用。建设"五行业、四层次、三应用"的专业教学资源库，为全国相同或相近专业的教学改革与实施、共享资源及资源库运行机制提供范例。推动专业教学改革，带动教育理念、教学方法和学习方法的变革，进而提升人才培养质量。实现教学资源库的社会服务功能，为社会学习者提供资源和服务，增强职业教育社会服务能力，为形成灵活开放的终身教育体系、促进学习型社会建设提供条件和保障。

完善校校、校企共建共享联盟及成员单位之间协作机制，建立并推广基于资源库使用的学习、培训机制，完善学分、技能鉴定等学习成果认证，实现学习成果积累和转换。资源库框架结构（图6-6）。

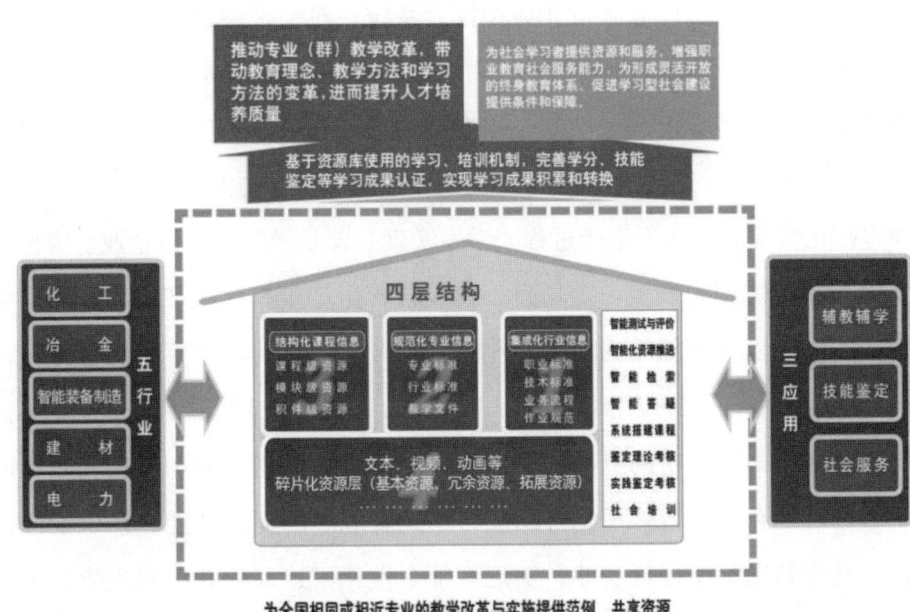

图6-6 "五行业、四层次、三应用"资源库框架结构图

（2）具体目标

①建设"四层次"的教学资源库整体架构

根据电气自动化技术应用的多元化特点，选取自动化技术在化工、冶金、建材、智能装备制造、电力五个行业的典型应用，涵盖以逻辑控制为主的电气控制系统、以模拟量控制为主的过程控制系统、以智能控制为主的机器人控制系统、以计算机管理为主导的先进网络控制系统在工业领域的应用。

建设集成化行业企业信息层。以五大行业人才需求为代表，辐射工业产业，汇聚产业与行业信息、岗位职业信息、标准与规范信息、新产品新技术信息，包括职业标准、技术标准、业务流程、作业规范等内容，构建集成化的行业企业信息层；为行业企业用户招募人才提供支持，为政府用户制定行业政策提供素材，为院校专业建设提供依据，为学生及社会学习者提供就业支持。

建设规范化专业层。以满足行业发展需求为目标，制定普适性人才培养方案和不同行业领域、不同经济区域的电气自动化应用专业人才培养方案，包括教学文件、企业案例、企业网站链接等内容，构建规范化专业层；支持具有不同应用领域、区域背景、产业环境、教学环境的个性化人才培养，为自动化系统安装、设备调试、系统管理与维护、维修与保养等岗位群人才培养提供服务。

建设结构化课程层。以五大行业典型控制系统、典型控制过程、典型控制数据为对象，以结构化设计为手段，构建素材、积件、模块和课程的不同层次，包含教学内容、在线制作平台、用户需求挖掘等功能，构建结构化课程层；实现针对不同使用者的资源检索、学习方案推送、在线学习、讨论互动、监测评价等功能。

建设碎片化资源层。基于生产过程、学生实训、课堂教学、虚拟企业、虚拟场景、虚拟设备以及虚拟实验实训实习等项目，建设包含生产工具、生产对象、生产场景、工作原理、工作过程、内部结构、数字化教材、教学课件、习题库、试题库等教学内容碎片化资源层；结合平台应用，实现资源存储、资源评价、资源关联、资源再生。

强化针对用户不同身份的资源检索，实现学习方案推送；利用学苑社区功能，建设在线学习、讨论互动、智能评测等功能，达到资源库的完善功能。系统设计资源与应用平台，充分利用学苑社区功能，实现教师个性化搭建课程并组织教学，支持学生自主学习与测评，完善线上线下学习过程的管理与服务，支持个性化学习，实现"辅教辅学"功能。拓展资源库资源建设，开放资源库与实训设施、考核装备的智能化接口，提供高效的技能鉴定服务，实现职业技能鉴定的智能化考核，满足企业员工继续教育、资格考试、技能提升的需求，使资源库立足于职业教育，实现服务社会功能。

②建设标准规范、质量优良的教学资源

引进和开发13门课程、制作8000分钟以上的视频资源、建设3个大型虚拟仿真交互式教学软件、200个微课、1000个动画，收集整理加工5000条企业生产案例素材，汇集30个以上的国家标准、职业标准、行业企业标准，建设6万条碎片化资源。建立资源持续更新的机制，资源的年度更新率超过15%。

③完善资源库建设、共享和服务机制

依托资源共建共享联盟，完善联盟单位协作机制，推进资源库建设和共享服务。充分运用需求导向、应用激励的策略，把资源库的使用融入参与学校专业教学的全过程，逐步建立基于资源库的校际学分互认机制，基于资源库使用的学习、培训等学习成果认证、积累和转换机制，引导教与学方式的变革，提高人才培养质量。

建立资源建设过程管理机制，制定科学合理的建设流程，对建设过程进行实时监督检查。严格执行高教社发布的"国家职业教育专业教学资源建设标准"和前三批资源库执行的标准（包括元数据标准、素材资源技术规格标准等），确保资源质量；建立资源入库三级审核体系（专业带头人、专家、系统管理员），健全资源使用效益的监控、分析、评价、反馈机制，促进资源的更新和改进。建立知识产权保护机制，确保资源建设相关群体权益，实现资源的可持续发展。

实现教学资源库的社会服务功能，鼓励合作企业使用资源库进行员工继续教育和培训，为企业员工的自我提升提供有效支撑，满足"终身性、全民性、泛在性、灵活性"的学习型社会要求。

2. 建设思路

针对自动化相关专业面向的行业产业呈现多元化的特点，以团队建设为基础，以平台、资源建设为重点，建立协调运行机制，打造电气自动技术专业教学资源库。边建边用，跟踪评价，持续更新，促进人才培养模式改革，提高人才培养质量，为创造学习型社会提供支撑。具体建设思路如下：

（1）多方借力，打造一流团队

聘请以王子才院士为首席顾问，马树超、姜大源、陈解放、武马群、董刚、张兴会、杨应崧、赵丽生、曹克文、杨欣斌等知名教育专家以及行业协会、企事业单位的专家组成的项目指导小组，准确把握专业发展方向，运用先进的职业教育理论，紧贴行业发展趋势，为资源库建设提供有力指导。

组建资源库建设的管理团队，成立以主持单位校长杨百梅为项目负责人，统筹联盟单位院（校）长、企业单位的厂长（经理），组建由一把手组成的、强有力的管理团队，指挥协调各联盟成员单位共建共享。下设项目办公室（以下简称办公室），主持单位副院长姜义林为项目办公室主任，具体负责组织协调、进程管理等工作。

以"国家特支计划"人才、国家教学名师曾照香教授（二级）为首，会同合作单位项目负责人共同组建教学资源库项目开发团队，具体负责教学资源库建设与共享，利用资源库推进教育教学改革。

（2）系统设计，搭建一流平台

以网络教学系统为基础，增加智能测评、在线课件制作、个性化资源推送等系统功能；完善线上线下学习过程的服务与管理，满足"辅教辅学"的功能需求。

开放资源库系统接口，以物联网为依托，系统构建职业鉴定理论考核系统和职业鉴定实操考核系统，提供学习、训练、考核三种功能和在线、离线两种实训模式，借助智能考核装置，将理论教学内容、形式与实训过程相结合，实现职业技能鉴定的理论、实践考核。

设计资源库信息发布功能，利用行业企业信息，为职业院校专业建设、课程建设、学生就业等提供服务；为企业的宣传、招聘、培训、职业资格考核等项目提供服务；集成平台功能优势，为创建学习型社会提供支持。

（3）广开渠道，汇聚一流资源

按照资源库系统构架，采用自建、共建、引进等多种方式，汇集涵盖行业企业应用、教学设计、教学内容、教学实施、教学评价等海量一流资源。依托平台系统设计四层结构，实施资源与素材的管理、提供智能化学习引擎，实现资源的共建、共享、共用，具有与校本资源中心、设备供应商资源中心、行业企业资源中心分布式共享接口，满足资源持续更新的需求（图6-7）。

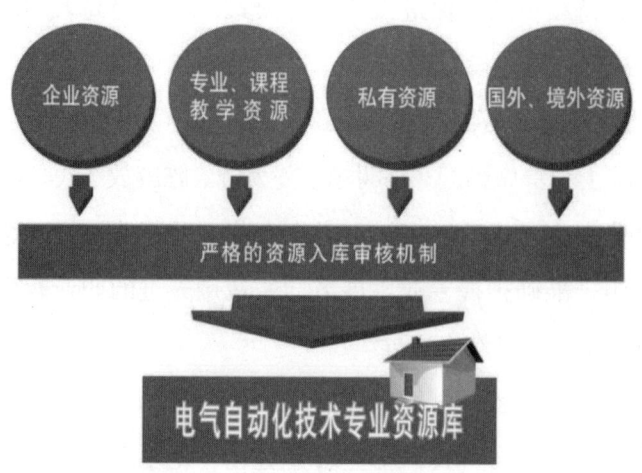

图6-7　多方构建教学资源

①汇集企业资源

项目建设团队通过与联盟内的企业合作，选取典型生产过程控制系统、典型工作任务、典型控制过程及典型控制设备应用，制作动画、文本、图片、音视频等多种媒体形式的教学资源；与电气自动化设备生产商、电气自动化系统集成商等企业合作，选取典型系统集成技术、典型产品应用技术，制作控制思想类、典型例程类、设备类、元件类、典型电路及控制类等多种形式的媒体资源。

②制作专业、课程教学资源

资源库建设充分利用现代教育技术，打造具有专业特色的课程体系，实现课程内容的自主定制和系统推荐的有效结合，满足不同用户的学习需求。利用网络信息技术，以生产过程、典型任务或者单元章节为单位建设课程模块，析构课程模块、分解技能点或者知识点形成课程积件，课程积件分别由多种媒体形式的碎片化资源构成。分层次构建基本资源，实现优质教学资源集成、共享，为教师教学、学生和社会学习者的自主学习提供服务。

③转化私有资源

采用奖励机制，激励专家、工程师、教师等群体将私有资源转化为公共资源，促进资源的持续更新和完善，以此推动教学资源的持续更新和完善。

④引进境外资源

引进境外教学资源，将其作为资源库的有效补充，实现资源库的兼容并包，保持资源内容的丰富与形式的多样，使资源库建设能够与国际发展趋势保持同步。

⑤建立严格的资源入库审核体系

建立资源入库的三级审核体系，由专业带头人、专家、系统管理员分别对资源的格式、规范、教育性、科学性、技术性、艺术性等进行审查，确保入库资源的高质量。

（4）创新机制，提供一流服务

在一流智能化平台的基础上，创新资源库的建设、应用和更新机制，为资源库用户提供一流的服务。

①建立联盟协作机制，扩大优质教学资源的受众群体

贯彻边建边用、共建共享的方针，通过建用结合促进资源库功能扩展和资源质量的不断提升；充分发挥联盟功能，扩大资源库的受众群体，在联盟内建立学分互认、跨校选课、优质课程推荐、优秀教师推荐等机制，不仅实现数字化教学资源的共享，而且实现优秀师资的校际共享，促进教师之间的交流与合作；建立资源更新的激励机

制,,实现资源更新的良性循环;实施优秀师资的奖励机制,提高优秀师资的工作动力。将资源库打造成优质资源共享的中心、优秀师资汇聚的中心,从而为各类用户的个性化学习提供一流服务。

②完善辅教辅学的应用机制,促进教学改革

建立和完善资源库应用于教学全过程的考评与激励机制,鼓励教师使用资源库进行备课和实施课堂教学,带动学生全面使用教学资源库进行线上教学互动、自主学习,线下实践、巩固、提高,以促进教学改革;利用平台对师生网上教学与学习情况进行全过程的监控与考评,以确保教学质量。

③建立资源的泛在性建设机制,满足学习型社会需求

发挥联盟职能,壮大联盟队伍,强化资源库建设的边建边用、共建共享。通过与山东省人社厅、山东星科智能科技股份有限公司等合作,采用MOOCS理念推送学习资源,完善基于岗位职业资格考核的资源库学习与考核系统,实施过程性评价和结果性评价相结合的方式,拓展资源库在学生、社会学习者群体中的使用面。

④建立评价机制,确保资源库应用效果

建立以教学资源作者为对象的绩效评价机制,重点围绕提供资源的数量、提供资源审核达标率、提供资源被点击人次、提供资源被下载人次、资源改进提升及时性和用户满意度6个维度开发绩效评价指标,并建立每年一次的绩效评价制度。

建立以联盟成员为对象的绩效评价机制,重点围绕提供资源数量、提供资源审核达标率、提供资源被点击人次、提供资源被下载人次、本单位点击资源库人次、本单位下载资源库人次、本单位资源改进提升及时性、用户满意度8个维度开发绩效评价指标体系,并建立每年一次的绩效评价制度。以此推动教学资源库的更新和应用,鼓励教师首先使用,带动学生全面使用,促进教学改革,提高教与学的质量。

3. 教学资源库的建设内容

遵循"碎片化资源,结构化课程、系统化设计"的思路,系统设计并构建碎片化资源、积件、模块、课程等不同层次的教学资源。按照资源冗余要求,建设基于行业应用的前沿技术及新成果等拓展资源体系,增强资源建设的普适性;建设数量和类型上要大大超出课程建设的资源需求范围,以方便教师灵活搭建课程和学生自主拓展学习。

(1)构建"专业平台+行业应用"的资源体系

以自动化技术在化工、冶金、建材、智能装备制造、电力等行业中的应用为落脚点,

构建"行业应用"资源。选取典型控制系统及控制过程，建设典型资源。

专业对接岗位群，打造"专业平台"。依据专业设置与产业需求、课程内容与职业标准、教学过程与生产过程对接的要求，积极推进学历证书和职业资格证书"双证书"制度，做到学以致用。以培养学生自动化系统安装与调试、系统管理与维护、维修与保养等能力为目标，理清专业资源的逻辑关系，融合职业资格证书技能资源，打造专业资源。

按照"系统设计、资源建设、开放应用、持续更新"的建设思路，实施"学校、行业企业、专家"合作战略，系统集成自动化设备供应商资源、自动化系统集成商资源、行业企业的自动化系统应用资源、专家资源、院校相关的专业资源，构建"专业平台＋行业应用"的资源体系（图6-8）。

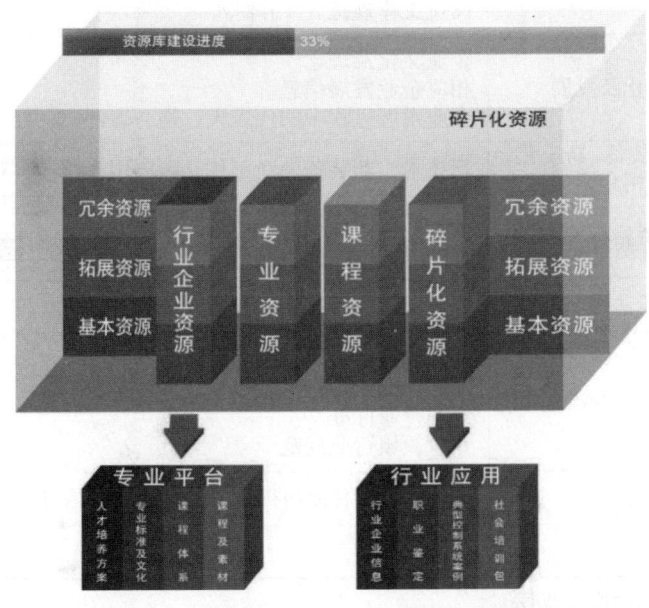

图6-8 "专业平台＋行业应用"的资源体系

（2）建设分层的资源

按照社会需求分析、行业企业信息分析、专业建设分析、课程与辅助资源开发、教学组织与实施等措施汇集资源，以分解的碎片化资源为基础，按照教育部发布的国家教育信息化技术规范，根据资源文件属性、教学属性、用户属性等对资源进行有效管理，面向用户需求对资源进行四层次的整合组织。

①建设集成化行业企业信息层

产业和行业信息的建设有助于高等职业院校培养符合产业需求、行业要求的技术

技能型人才，也有助于电气自动化技术专业细化人才培养目标、准确制定人才培养方案。通过积极对接电气自动化行业和企业的发展需要，深入研究产业与行业的构成、核心内涵和发展特色，进一步明确专业建设的目标、方法和途径。具体建设内容（表 6-2）。

表 6-2 行业企业信息建设内容

序号	项目主要内容	建设内容描述	数量
1	行业信息	行业领域的动态、政策、发展概况、人才需求情况 专业技术领域相关网站链接	200
2	企业信息	专业领域知名企业、合作企业、学生就业企业的基本信息 企业人才需求信息 知名企业家信息 知名企业网站链接 合作企业与专业相关的案例	300
3	职业岗位信息	知名企业的主要职业岗位信息 主要职业岗位的典型工作任务描述 岗位工作规范、工作标准	200
4	企业文化及发展	企业文化及理念 相应企业发展信息 企业发展过程中的代表人、物、事件	100
5	新技术、新装备、新工艺、新应用介绍	新技术、新装备、新工艺、新应用介绍	500
6	职业资格标准	各种职业岗位对应的国家职业标准 各种职业岗位的行业、企业标准	10
7	政策法规	产业、行业发展相关政策法规	20
8	相关技术标准	国际标准 国家标准 部颁行业标准 专业领域行业规范	50
9	其他	其他与行业、产业相关的信息	200
	合计		1580

（3）建设规范化专业层

①专业建设信息资源

遵循职业竞争力导向的专业开发流程，为职业院校专业开发本土化的人才培养方案提供通用方法、工具、规范、标准和样例，使用户可按照本专业资源库提供的建设方案进行人才培养方案的开发和教学条件的配置，建设内容主要包括调研标准化表格、人才培养目标、规格、专业课程体系设计规范、课程开发规范及教学条件建设标准等普适性资源，以适应不同区域的职业院校开展职业岗位分析、人才培养方案制定等个性化需求。具体建设内容（表 6-3）。

表 6-3　专业建设信息建设内容

序号	项目	主要建设内容	数量
1	社会需求调研	社会对人才需求情况，主要就业岗位及次要岗位，典型工作任务的统计分析	12
2	相关学校专业调研	相关学校专业建设情况调研，就业面向、培养目标、规格、课程等调研	48
3	职业岗位分析	岗位能力分析材料	12
4	专业培养目标及规格	专业培养目标与规格	10
5	指导性人才培养方案	专业人才培养方案	1
6	专业标准	教学团队配置标准 实验实训实习设备设施配置标准 校内外实训基地建设标准	12
7	毕业生评价方案	编制毕业生综合评价方案，建立规范的毕业生评价模式	12
8	专家论证报告	对专业人才培养方案和毕业生评价方案的论证报告	1
	合计		108

②专业文化资源

专业文化建设内容主要通过提炼电气自动化技术专业的相应专业理念（表6-4），提高师生的职业道德，强化学生对职业人及专职业规范的认知。

表 6-4　专业文化建设内容

序号	项目	主要建设内容	数量
1	职业理念与专业发展	所指向的职业或职业岗位群的职业理念资料专业发展简史	25
2	职业道德的培养	职业道德培养的相关材料，主题班会或素质拓展培训，职业道德教育，学生团队、社团活动资料等	100
3	职业规范的认识与强化	职业规范、岗位职责、工作守则、工作程序、工作标准、职业情境、职业技能鉴定、职业角色体验、顶岗实习等材料	100
	合计		225

③名师专家信息资源

名师专家信息主要收集电气自动化技术专业领域相关的专家、教学名师信息、主要成果、一线教育专家的视频教学讲座等资源（表6-5）。

表 6-5　名师专家信息资源

序号	项目	主要建设内容	数量
1	专家信息	专家的有关信息 专家的研究动态 论文、专著 学术报告视频 其他资源	15

2	教学名师	名师的有关信息 名师的研究动态 论文、专著、教材 授课视频 其他资源	10
3	其他典型人物	典型人物的有关信息 典型人物的研究动态 其他资源	20
	合计		45

④竞赛信息资源

竞赛信息主要通过对政府、专业机构、行业协会、典型企业举办的各类专业竞赛项目信息的收集（表6-6），为师生提供竞赛信息，达到以赛促教、以赛促学，提高学生综合运用专业知识解决实践问题的能力。

表 6-6　竞赛信息资源

序号	项目	主要建设内容	数量
1	竞赛项目	相关竞赛项目通知、内容、规程等信息	50
2	赛前培训	赛前培训各项信息	100
3	赛事集锦	竞赛过程、竞赛感想及体会等资料	150
	合计		300

⑤创业就业信息资源

创业就业信息主要收集与整理就业信息、就业指导、高质量就业和典型创业案例等内容，为学生的就业提供指导和帮助。具体建设内容（表6-7）。

表 6-7　创业就业信息资源

序号	项目	主要建设内容	数量
1	创业就业信息发布	专业就业率资料、专业就业信息资料	500
2	创业就业指导	就业指导性政策文件、就业指导顶层设计、案例等	100
3	创业就业案例	年度质量报告、典型案例、就业与创业心得体会	36
	合计		636

（3）建设结构化课程层

课程资源为学习者、教学者等相关人群提供以课程为主线的学习资源，是专业资源库建设的核心。

①企业案例资源

根据化工、冶金、建材、智能装备制造、电力等行业的应用特点，提取不同行业中有代表性的典型控制系统不少于5项，根据工艺生产的控制要求，分析系统控制方案，撰写分析系统功能文档，绘制控制结构拓扑、控制流程图，制作控制工艺流程动画；依据控制系统设备功能划分为检测类、控制类、执行类三大设备类型，充分利用设备厂商提供的控制系统设备技术文档及常用维护维修手册，指导课程体系及课程内容的建设（表6-8）。

表 6-8 典型控制系统建设内容

序号	典型控制系统	建设内容描述
1	XXXX控制系统	工艺生产过程、工艺控制要求、工艺操作手册等资料
		工艺流程图、测点清单、PID图和设备控制说明、DCS DCS（或PLC）监控数据表、紧急停车和联锁逻辑图、I/O清单等图表资料
		相关标准规范、总体设计方案、硬件设计方案、典型程序
		硬件设备（现场检测仪表、执行机构、控制机型、中控室的操作员站、工程师站、人机接口、打印机、通讯设备等）的配置说明、选型说明、使用说明书等资料
		系统配置图及硬件设备清单电气接线图；电源分配和接地系统图、回路图和硬件内部配线图、输入/输出I/O分配表
		硬件设备外形尺寸图、端子柜及辅助操作台布置图
		软件说明书（包括系统软件、通讯软件、诊断软件）、组态指导文件和全套软件组态文件、应用软件操作说明
		安装调试、运行维护、系统二次开发所需的图纸、资料
		DCS（或PLC）用户使用手册、系统功能文档、控制设备技术文档、控制设备维护手册
		控制工艺流程仿真动画
		组态培训资料等

②课程体系

专业课程资源建设思路体现"企业岗位（群）—专业建设，典型任务—课程体系"的有机对接与深度融合，引入行业企业典型生产过程控制系统，分解控制流程，融入相关课程，建设专业课程体系（图6-9）。

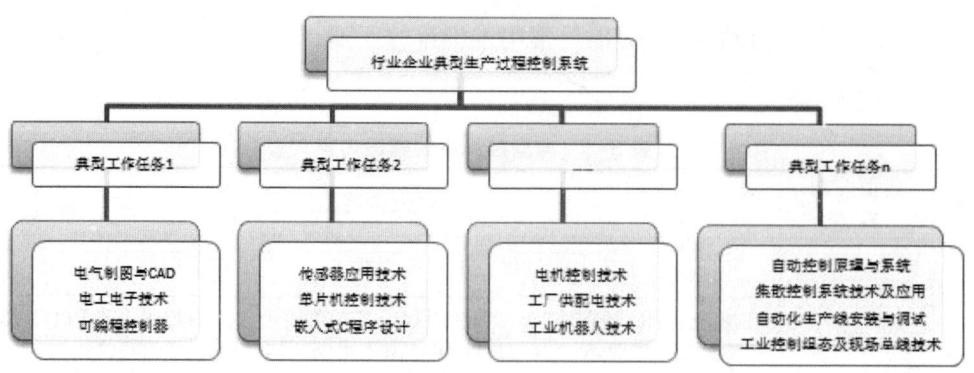

图 6-9 专业课程体系

③课程建设

分层建设结构化课程资源,依据工作过程(工作任务)或者单元章节,构建课程模块;依据模块中包含的知识点、技能点,分解模块内容,构建积件;以文本、图片、动画、音视频、虚拟仿真等多种媒体形式,呈现积件包含的知识、技能内容,构建海量素材资源。(图 6-10)为《电机控制技术》课程的设计、建设过程。

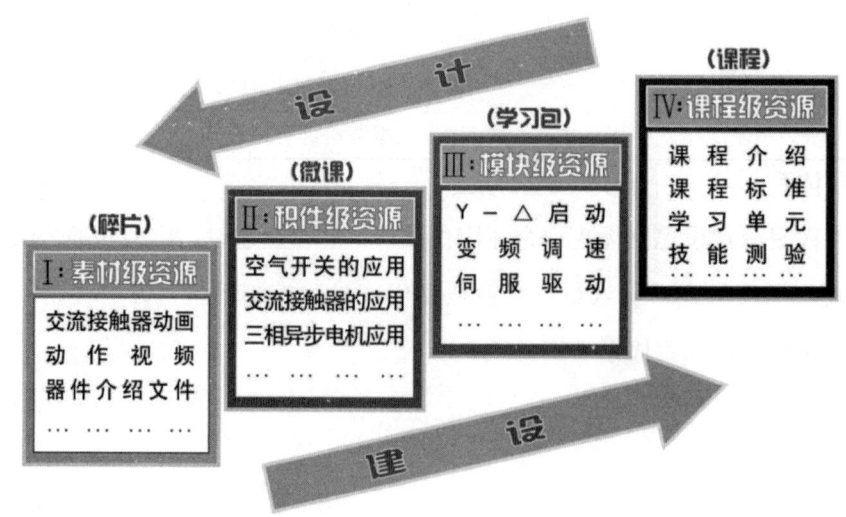

图 6-10 《电机控制技术》课程建设

结构化课程资源建设(表 6-9)。

表 6-9 课程资源

序号	课程	课程层资源	资源数量（条）
1	电气制图与CAD	1. 课程 1.1 课程标准 1.2 电子教材 1.3 说课录像 1.4 实训指导书 1.5 典型资源（企业案例、技术资料等）	5
		2. 模块 2.1 轴零件图绘制与识图 2.2 继电器—接触器控制电路的绘制 ……	10
		3. 积件 2.1.1 常用绘图工具及命令 2.1.2 图形对象的常用操作 2.2.1 电气图规范 2.2.2 电气图形符号 ……	60
2	电工电子技术	1. 课程 1.1 课程标准 1.2 电子教材 1.3 说课录像 1.4 实训指导书 1.5 典型资源（企业案例、技术资料等）	5
		2. 模块 2.1 电路的基本定律 2.2 基本放大电路 ……	10
		2. 积件： 2.1.1 基尔霍夫定律、支路电流 2.1.2 叠加定理与戴维南定理 2.2.1 基本放大电路的组成、工作原理、性能指标 2.2.2 共射放大电路 2.2.3 差动放大电路 ……	60
3	可编程控制器	1. 课程 1.1 课程标准 1.2 电子教材 1.3 说课录像 1.4 实训指导书 1.5 典型资源（企业案例、技术资料等）	5
		2. 模块 1.1 三相交流电动机控制 1.2 恒压供水控制 ……	10
		3. 积件 2.1.1 输入、输出软元件 2.1.2 主控指令、定时器的运用 2.2.1 逻辑控制 2.2.2 模拟控制 2.2.3 算法控制	60

序号	课程	课程层资源	资源数量（条）
4	传感器应用技术	1. 课程 1.1 课程标准 1.2 电子教材 1.3 说课录像 1.4 实训指导书 1.5 典型资源（企业案例、技术资料等）	5
		2. 模块 2.1 温度传感器 2.2 压力传感器 ……	10
		3. 积件 2.1.1 热电偶传感器原理、性能特点、应用 2.1.2 热电阻传感器原理、性能特点、应用 2.1.3 热敏电阻传感器原理、性能特点、应用 2.2.1 电容式传感器的功能、原理、工作特点及应用 2.2.2 磁电式传感器的工作原理、基本特性及应用 ……	60
5	单片机控制技术	1. 课程 1.1 课程标准 1.2 电子教材 1.3 说课录像 1.4 实训指导书 1.5 典型资源（企业案例、技术资料等）	5
		2. 模块 2.1 信号灯控制系统的设计与制作 2.2 抢答器的设计与制作 ……	10
		3. 积件 2.1.1 AT89C51 结构与应用 2.1.2 AT89C51 并行 I/O 接口电路 2.2.1 寻址方式 2.2.2 算术运算类指令 2.2.3 数据传送类指令 ……	60
6	嵌入式C程序设计	1. 课程 1.1 课程标准 1.2 电子教材 1.3 说课录像 1.4 实训指导书 1.5 典型资源（企业案例、技术资料等）	5
		2. 模块 2.1 顺序结构程序设计 2.2 选择结构程序设计 ……	10
		3. 积件 2.1.1 运算符与表达式 2.1.2 数据输入输出 2.2.1 关系和逻辑运算符和表达式 2.2.2 if 语句、switch 语句 2.2.3 do—while 语句 ……	60

序号	课程	课程层资源	资源数量（条）
7	电机控制技术	1. 课程 1.1 课程标准 1.2 电子教材 1.3 说课录像 1.4 实训指导书 1.5 典型资源（企业案例、技术资料等）	5
		2. 模块 2.1 直流电动机控制技术 2.2 交流电动机控制技术 ……	10
		3. 积件 2.1.1 直流电机的基本工作原理、结构 2.1.2 直流电机的启动与制动 2.2.1 交流电机的基本工作原理、结构 2.2.2 交流电动机的启动与制动 2.2.3 交流电动机的正反转控制 ……	60
8	工厂供配电技术	1. 课程 1.1 课程标准 1.2 电子教材 1.3 说课录像 1.4 实训指导书 1.5 典型资源（企业案例、技术资料等）	5
		2. 模块 2.1 高压控制柜的运行与维护 2.2 电力变压器的运行与维护 ……	10
		3. 积件 2.1.1 变配电所主接线图 2.1.2 高压线路二次回路原理电路图和安装接线图 2.2.1 电力变压器的类型、联结组别、结构及型号 2.2.2 电力变压器的容量和过负荷能力，并列运行条件 2.2.3 电力变压器的各种继电保护的接线、原理和整定计算 ……	60
9	工业机器人技术	1. 课程 1.1 课程标准 1.2 电子教材 1.3 说课录像 1.4 实训指导书 1.5 典型资源（企业案例、技术资料等）	5
		2. 模块 2.1 工业机器人结构 2.2 工业机器人的环境感觉技术 ……	10
		3. 积件 2.1.1 工业机器人结构 2.1.2 工业机器人常用机构设计 2.2.1 机器人视觉系统硬件组成 2.2.2 机器人传感器的基础知识及常用传感器类型 ……	60

序号	课程	课程层资源	资源数量（条）
10	自动控制原理与系统	1. 课程 1.1 课程标准 1.2 电子教材 1.3 说课录像 1.4 实训指导书 1.5 典型资源（企业案例、技术资料等）	5
		2. 模块 2.1. 控制系统的数学模型 2.2 线性系统的时域分析 ……	10
		3. 积件 2.1.1 线性系统的输入—输出传递函数 2.1.2 典型环节的数学模型 2.2.1 线性定常系统的时域响应 2.2.2 控制系统时域响应的性能指标 2.2.3 二阶系统的暂态响应 ……	60
11	集散控制系统技术及应用	1. 课程 1.1 课程标准 1.2 电子教材 1.3 说课录像 1.4 实训指导书 1.5 典型资源（企业案例、技术资料等）	5
		2. 模块 2.1 计算机控制系统概述 2.2 TDC-3000 和 TPS/PKS 集散控制系统 ……	10
		3. 积件 2.1.1 计算机控制系统的基本组成 2.1.2 计算机控制系统的工作原理 2.2.1 TPS 系统的过程控制装置的基本组成、硬件结构 2.2.2 TPS 系统的集中操作管理装置的组成、硬件结构 2.2.3 TPS 系统的基本组态 ……	60

序号	课程	课程层资源	资源数量（条）
12	自动化生产线安装与调试	1. 课程 1.1 课程标准 1.2 电子教材 1.3 说课录像 1.4 实训指导书 1.5 典型资源（企业案例、技术资料等）	5
		2. 模块 2.1. 物料分拣系统安装、调试 2.2 交流调速 ……	10
		3. 积件 2.1.1 物料分拣系统的功能、组成 2.1.2 气动控制回路 2.1.3 传感器的安装、调试 2.2.1 变频器结构、工作原理 2.2.2 变频器调速系统设计与线路连接 ……	60
13	工业控制组态及现场总线技术	1. 课程 1.1 课程标准 1.2 电子教材 1.3 说课录像 1.4 实训指导书 1.5 典型资源（企业案例、技术资料等）	5
		2. 模块 2.1 二次供水电气控制系统的设计与调试 2.2. 天车清洗系统的软件设计与调试 ……	10
		3. 积件 2.1.1 通用版 MCGS 组态软件使用方法 2.1.2 人机界面的制作方法 2.2.1 嵌入 MCGS 组态软件使用方法 2.2.2 触摸屏监控界面的制作 ……	60
合计			975

依据职业竞争力导向的人才培养模式专业与课程开发流程，构建 13 门模板课程，系统设计结构化课程内容。每门课程均需制作完整资料，至少应包含（表 6-10）的内容，满足教学需求。

表 6-10 课程资源详细建设内容列表

课程名称	课程内容	主要内容	建设内容描述	备注
XXXX	教学内容	电子教材	针对课程内容编写工学结合特色的电子教材	电子教材
		模块教学方案	课程中每个模块教学方案	电子教案
		电子课件	针对课程教学开发的电子课件	多媒体课件
		说课视频	针对课程的说课视频	视频
		教学视频（微课）	课程授课过程中的教学录像	视频
		虚拟实训	开发课程对应的虚拟实训	虚拟实训
		实训指导书	课程实训中运用的实训指导书	
		参考文献	课程学习过程中可参照的文献资料	
		典型资源	课程涉及的企业案例、技术资料等	
	教学设计	整体设计	对课程从整体上进行设计	课程标准
		模块设计	按模块进行教学设计	
		情境设计	课程教学情景设计（分析学习者和学习环境，选取合适的教学内容，选择资源，确定教学目标，组织教学，并对教学效果进行评价反馈。）	
		评价反馈设计	对设计内容进行评价，收集反馈信息，进行整改。	
	教学实施	教学方法	课程教学过程中针对性的教学方法	
		教学手段	课程授课过程中主要用到的教学手段	
		教学环境	教学环境及要求说明	
		技能竞赛	课程涉及的知识内容对应的技能竞赛情况	
		学习模式	课程主要的学习模式说明	
		实训实习	课程实训内容、实习内容的设计	
		考核方式	考核方式说明、设计为该考核方式的理由	
	课程评价	习题库系统	主要进行各类题目设计	教学系统
		试题库系统	主要进行完整套题的设计	教学系统
		作业系统	主要进行课程作业设计	教学系统
		教学评价	教学评价设计（包含评价内容、评价方式、评价主体和评价反馈等）	
		认证考试	课程认证考试	

（4）建设碎片化资源层

碎片化资源层主要包括基本资源、拓展资源和冗余资源三部分。以覆盖专业所有基本知识点和岗位基本技能点为需求，基于生产过程、学生实训、课堂教学、虚拟企业、虚拟场景、虚拟设备以及虚拟实验实训实习等项目，建设包含生产工具、生产对象、生产场景、工作原理、工作过程、内部结构、数字化教材、教学课件、习题库、试题库等碎片化基本资源（表6-11）。

表6-11 课程体系基本资源构建表

	建设课程	课程描述	碎片化资源数量（条）
1	电气制图与CAD	本课程包括电气制图、机械制图等模块，主要学习一般工程图样和简图的识读方法、绘图的基本知识和要求，掌握AutoCAD的基本操作技能。	1000
2	电工电子技术	本课程主要讲授电路的基本知识，使学生掌握电路及电子技术方面的基础理论和实践知识，培养学生读图、绘图及识别各种元器件的能力，使学生能够安装调试维护电器设备、正确使用各种电器仪表，具有配线、查线、判断及处理常见故障的能力，使学生掌握基本放大电路方面的基础理论和实际知识。掌握脉冲与数字电路基本单元的形式、工作原理、特点和分析方法，晶闸管三相桥式全控整流电路、保护电路、单相并联谐振逆变电路的工作原理。使学生能够分析简单的电路，并能设计常用的电路。	1500
3	可编程控制器	本课程以西门子s7系列PLC为例，主要讲授可编程序控制器的组成、原理、编程环境及主机中的程序与指令、编程方法、逻辑指令、数据运算指令等，从工程应用出发讲解梯形图程序的常用设计方法，PLC系统设计与调试方法，PLC在实际应用中应注意的问题。突出PLC在开关量、模拟量控制系统中的应用，同时还突出PLC网络通信、组态等技术，并强化生产性实训教学，课程教学以工作任务为载体，通过完成工作任务，培养学生的PLC技术应用能力。	1500
4	传感器应用技术	本课程主要学习常用的自动检测技术，使学生掌握传感器的基本概念、特性、常用的温度传感器、压力传感器、流量传感器、物位及厚度传感器、位移与速度传感器，掌握传感器的抗干扰技术，理解自动检测技术中测量数据的处理方法。	1000
5	单片机控制技术	本课程主要学习单片机原理与应用的基本知识，获得单片机应用系统设计的基本理论与基本技能，掌握单片机应用系统各主要环节的设计、调试方法及开发步骤。培养学生基于单片机应用系统分析问题、解决问题的综合能力。为学生学习后续课程及毕业后从事与单片机控制技术相关工作岗位打下坚实基础。	1000
6	嵌入式C程序设计	本课程通过介绍嵌入式C语言中的数据类型、运算、语句结构及其程序设计的基本方法，使学生掌握一门高级程序设计语言，了解程序设计的基本概念与方法，进而学会利用C语言学会解决毕业后的平时工作中遇到的一般应用问题。	1000

建设课程		课程描述	碎片化资源数量（条）
7	电机控制技术	本课程主要学习直流电机的基本工作原理、结构、运行原理、换向、磁场等基本知识；理解电磁转矩和电枢电动势的概念，掌握电力拖动系统的运动方程式、生产机械的负载转矩特性，电动机的起动、反转、制动、调速的方法。掌握变压器的基本工作原理和结构，了解变压器的运行特性、三相变压器和其他用途的变压器基本知识。讲授转速负反馈单闭环直流调速系统；转速、电流双闭环直流调速系统；直流调速系统的工程设计方法；使学生能根据生产设备所提出的技术指标组成，选择控制系统结构的思路和方法，能胜任对电气传动控制系统的使用、维护和管理的工作。	1500
8	工厂供配电技术	本课程主要讲述工厂供电系统电力负荷的计算，供电系统方案的确定，电力变压器和相关开关设备，短路电流计算方法与电器设备的选择与校验，系统的保护，供电系统电能质量的原因及电器照明的有关知识，变电所综合自动化、智能式电能表和环网供电单元等内容。学生能够掌握高低压配电、供电相关知识，具备供配电电气设备预想维护维修和运行操作能力。	1000
9	工业机器人技术	本课程通过学习机器人的发展概况，结构，运动学及动力学，控制，环境感觉技术，编程语言及工业机器人系统等内容，以"三菱装配机器人"案例，系统地讲述工业机器人各大组成部分及其应用，培养学生对机器人控制、传感等的应用能力。	1000
10	自动控制原理与系统	本课程主要学习控制系统的基本概念、自动控制系统的组成及工作过程，熟悉典型环节的动态特性、传递函数及方块图变换，掌握自动控制的过渡过程及控制质量指标、基本控制规律、控制系统的时域、频域、根轨迹等经典分析方法，会评价自动控制系统质量。	1000
11	集散控制系统技术及应用	本课程主要学习常用集散控制系统的构成原理、特点、基本控制算法、数据通信协议以及工程设计基础，现场总线控制系统的技术、标准及应用的基本方法和实例。通过本课程的学习，使学生掌握集散控制系统的基本应用及操作组态的基本方法。	1000
12	自动化生产线安装与调试	本课程设置了PLC控制气动机械手、物体定位、交流调速、物料分拣系统安装、调试、人机界面及组态技术在自动化生产线中的使用等训练项目。围绕设备的安装与调试、电路与气路连接、程序编写与运行等机电一体化设备组装与调试等方面，掌握专业知识、提升专业技能。	1000
13	工业控制组态及现场总线技术	本课程主要讲述了现场总线仪表的硬件构成、工作原理、通信协议、功能模块、安装布线、系统设计、组态操作和工程应学习现场总线控制系统的技术、标准及应用的基本方法和实例，并使学生掌握现场总线控制的特点及原理与应用。学习控制网络的基本知识，会构建控制网络。	1000
合计			14500

以资源的丰富多样为原则，建设结构化课程所需的冗余资源，在资源数量和内容上远远超出基本资源需求，构建冗余资源，建设内容（表6-12）。

表 6-12 冗余资源内容

序号	主要内容	建设内容描述	数量
1	文本素材	收集与制作专业相关的文本素材,包括教学资料、学习心得、案例分析等	4000
2	图片素材	收集与制作专业相关的图片素材,包括教学用图片、学习用图片、拓展类图片等	5000
3	音视频素材	收集与制作专业相关的音视频素材,包括教学用音视频、学习用音视频、新技术新方法推荐类视频等	500
4	动画素材	收集与制作专业相关的动画素材,包括教学用动画、学习用动画等	1000
5	习题素材	收集与制作专业相关的习题素材,包括课程相关习题、综合运用习题、实操类习题等	3000
6	试题素材	收集与制作专业相关的试题素材,包括课程相关试题、证书类试题、拓展类试题等	3000
7	PPT	收集与制作专业相关的PPT素材,包括教学用PPT、学习用PPT、新技术新方法推荐类PPT等	1000
8	工具软件	开发专业相关的工具软件,包括教学用工具软件、学习用工具软件等	2
9	企业案例素材	收集与制作专业相关的企业案例素材,包括教学资料、学习心得、案例分析等	5000
10	其他	其他相关教学素材及学习素材	8000
		合计	30502

根据产业发展要求和不同用户的个性化需求,有针对性地开发拓展资源。拓展资源建设体现行业发展的前沿技术和最新成果,增强资源建设的普适性,建设内容(表6-13)。

表 6-13 拓展资源建设内容

序号	项目	主要建设内容	适用对象	数量
1	师资培训	学习能力培训资料 专业技术能力培训资料 项目开发能力培训资料 学生管理能力培训资料	专任教师及教学辅助人员	500
2	新技术培训	专业对应产业中出现的新技术培训 专业中涉及到的新技术培训	职业院校师生、社会从业人员	5000
3	企业培训	典型企业开展的培训资料 合作企业开展的企业文化、企业工作流程培训	职业院校师生、社会从业人员	5000
4	专业证书类培训	专业涉及到的专业证书培训,内容包括:CAD高级应用工程师(制图)认证、维修电工(中、高级)认证、可编程序控制设计师认证、化工仪表维修工(中、高级)认证等多项专业和企业认证培训	职业院校师生、社会从业人员	300
5	职业技能竞赛	学生在校期间从平时学习中产生的优质学习资源、参加创新活动中形成的优质资源、参加全国、省、市等大赛形成的优质资源等	职业院校师生	500
		合计		11300

资源建设充分发挥信息技术表现资源的优势，综合考虑不同类别用户的需求，并且形式规格遵循"国家职业教育专业教学资源建设标准"，前三批资源库执行的标准，包括元数据标准、素材资源技术规格标准等。注重各种类型资源的深度开发，提高除文本、图形类以外的其它资源比例，努力实现资源呈现的生动化、形象化、多样化。按照资源的内容和性质，科学地标注资源属性，加强资源的智能组合功能。系统设计资源平台的应用功能，强化平台的资源存储、资源评价、资源关联以及资源再生功能；同时实现针对不同用户的资源检索、学习方案推送、在线学习、讨论互动、监测评价等功能。

4. 设立面向用户的个性化服务门户

电气自动化技术专业应用门户的设计针对教师用户、学生用户、社会学习者用户和管理员用户，以"智能化、个性化、易用化"为特色，突出强调用户体验，（表6-14）。

表6-14 资源库个性化门户功能

用户	功能模块	资源来源	资源组织与呈现	备注
教师	教师空间 教与学的交流空间	行业企业信息层规范化专业层结构化课程层碎片化资源层技能鉴定	行业企业信息层资源一览表 专业信息一览表 按课程名称分类的课程层资源、模块资源、积件资源、碎片化资源 技能鉴定练习题库列表 课件制作系统	
学生	学生空间 教与学的交流空间	行业企业信息层规范化专业层结构化课程层技能鉴定	行业企业信息层资源一览表 专业信息一览表 按课程名称分类的课程层资源、模块资源、积件资源 技能鉴定练习题库列表	
社会学习者	社会学习者空间 教与学的交流空间	技能鉴定 新技术培训 企业培训 专业证书类培训授权的课程资源	技能鉴定练习题库列表 根据产品控制对象设计培训课程 根据设备制造各个典型岗位设计培训课程 根据自动化设备使用要点设计培训课程	
管理员	管理员空间 教与学的交流空间	行业企业信息层规范化专业层结构化课程层碎片化资源层技能鉴定 新技术培训 企业培训 专业证书类培训授权的课程资源	后台管理资源及各功能模块	

（1）教师空间

教师空间为教师用户提供了强大的在线备课与施教环境，充分的互动模块极大地拓宽了课程教学空间。教师空间主要包括教师首页、课程教学、课程展示和精品课程等功能模块。教师首页包括：通知公告、教学信息、课程列表、日程安排、教学邮箱、个人资源、教学博客、教师信息、开课任课申请、修改密码、应用咨询；课程教学包括：课程选择、教学大纲、教学日历、课程介绍、教学材料、课程通知、答疑讨论（课程论坛、常见问题、自动答疑、邮件答疑）、教师信息、课程问卷、教学邮箱、教学笔记、个人资源、研究型教学、课程作业、试题试卷库、在线测试、课程管理。

（2）学生空间

为学生用户提供强大的个性化学习和研究性学习环境。学生空间主要包括：学生首页、课程教学、课程展示和精品课程等功能模块。学生首页包括通知公告、教学信息、课程列表、日程安排、教学邮箱、教学博客、学生信息、申请选课、修改密码、应用咨询；课程教学包括：课程选择、课程介绍、教学大纲、教学日历、教师信息、教学材料、课程通知、答疑讨论（课程论坛、常见问题、自动答疑、邮件答疑）、课程问卷、教学邮箱、学习笔记、研究型教学、课程作业、试题试卷库和在线测试。

（3）社会学习者空间

社会学习者空间为社会学习者提供职业能力提升学习、专题培训和获取职业资格的提供学习环境。社会学习者空间包括首页、职业资格培训模块、技能鉴定流程、培训机构介绍、培训机构课程、培训信息、工程师论坛、职业心得、工程师博客、学习笔记、试题试卷库、在线技能鉴定等内容。

（4）教与学的交流空间

教师与教师之间，教师与学生之间，学生与学生之间，社会学习者与教师、学生之间，工程师与教师、学生之间均可通过相应模块功能进行学术讨论与解答。

讨论与答疑支持师生进行网上互动式教学活动，是师生开展网络辅助教学服务的支撑平台，如发布提问、发布课件、发布工程案例、发布工程解决方案、答疑讨论、问卷调查、统计分析等等。平台能够永久保留各项网上教学痕迹和统计信息，从而拓展教学空间，增进师生交流，拓宽师生的视野。

（5）管理员空间

管理员空间提供系统管理员、版主与信息管理员服务。系统管理员的功能包含系统维护、系统安全、系统信息合法性检验、平台系统功能更新、资源更新、公告发布、资源评价统计，并负责选举资源库资源板块版主。

依据资源库内资源存储与应用情况，基于自动化控制系统不同的应用方式，系统划分资源库资源及功能，构建基于用户应用的板块。每个板块的运营由版主负责，主要职能包括：资源合法性审查、资源学术性审查、资源教育性审查、资源艺术性审查、资源发布、资源应用的情况统计、资源的运营。

信息管理员分为企业信息管理员和院校信息管理员两类。企业信息管理员功能是采集企业信息、人才需求信息、职业岗位信息、行业背景及产业政策信息、新产品线技术信息、培训专题资源、工程师论坛等；院校信息管理员采集专业调研、专业建设的最新成果信息、专业人才培养方案信息、专业技能竞赛信息、专业名师及行业名家信息、优秀教师信息等。

（6）专业文献共享空间

逐步在联盟内开放相关专业图书、期刊文献等资源，设立读者账户，为学习者提供电子借阅等服务；并提供专业相关的行业动态、各种国内外学术会议的导航，方便教师、学生、社会学习者了解新技术、新产品动态，待条件成熟时，推广使用。

5. 开发智能化资源应用平台

通过网络信息技术实现优质教学资源共享，实施多平台战略，以高等教育出版社"数字化学习资源中心"为主，同时采用清华在线、职教新风平台，实施资源分布部署，实现多平台并行；扩充平台功能，开发完善功能模块，以满足用户的不同习惯和不同需求，实现资源多平台共享。

（1）辅教辅学

①已建成网络教学系统

网络教学基本系统已经在院级教学资源库系统中建成，由九大子系统组成，即教学主页、课程与教师信息、教学内容组织管理、教学交流、教学评价、教学组织管理、跟踪与统计分析、公共论坛调查问卷、系统管理功能等。在功能上支持课程的长期滚动建设以及教学资源的积累与共享，支持课程设计与教学过程实施，实现自主学习与评价展示相结合。

在辅教方面，教师可利用网络教学系统进行网上备课（教学资源的组织）、对学生学习过程进行跟踪评价、网上答疑、网上布置作业与网上测评；在辅学方面，学生可学习教师组织的教学资源，也可从资源库中自主选择学习内容，可进行网上提问，网上完成作业，进行学习质量测试等。系统的架构（图6-11）。

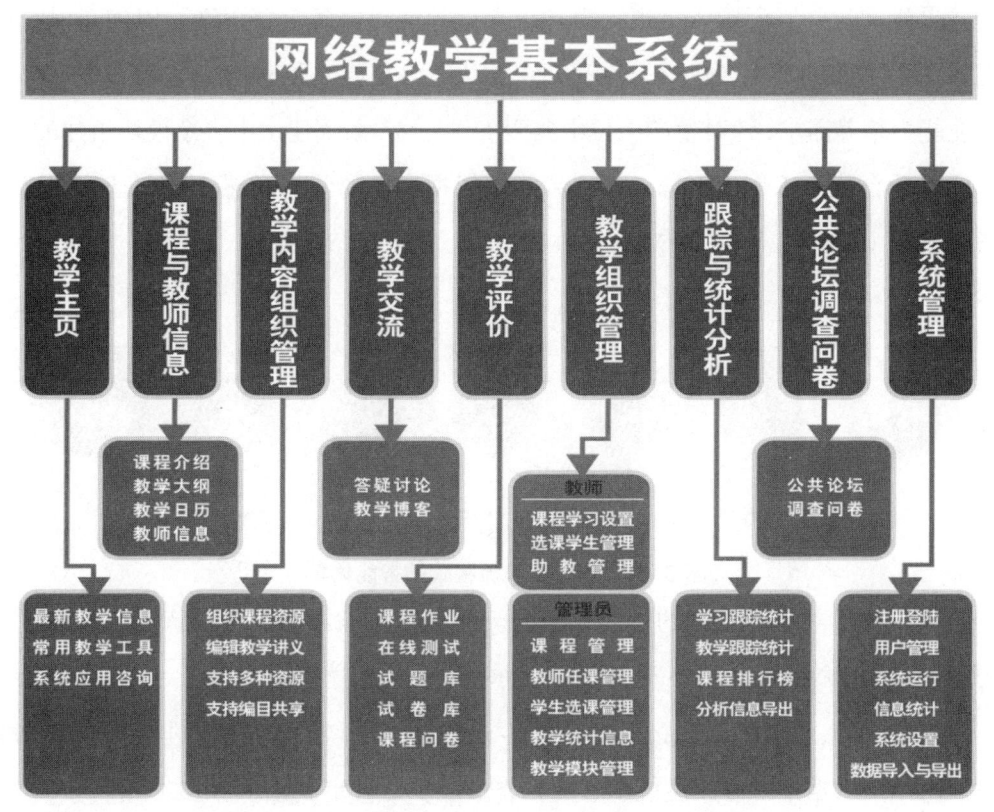

图 6-11 网络教学结构图

②基于网络教学系统的功能完善

在已有的网络教学基本系统的基础上，充分利用数据挖掘技术，构建智能化的资源库平台，其智能化主要体现在以下几个方面：

A.智能系统测评，实现智能化测试与评价

根据用户分类和学习内容的数据分析，将学习者分为 5 个等级，通过海量试题，智能组卷和自动阅卷等功能，自动定义学习者的级别。

B.支持自主学习、个性化学习，实现智能化资源推送服务

基于自评等级，依据不同类型的用户需求，按照其学习内容、学习习惯的差异设计了后台的数据收集、分析系统，能够根据分析结果智能检索所需的碎片化资源、基于资源关联的积件资源、模块资源、甚至是课程资源，提供个性化的资源推送服务。

在学习方式上可以采用基于工作流模式的智能化学习、基于自我学习规律挖掘的智能化学习、定制化学习和聚类式学习等。

基于工作流模式的智能化学习。依据存储、关联的基本资源和拓展资源等碎片化

资源，再生"积件"资源，呈现完整知识点、技能点；多个"积件"依据知识、技能的逻辑关系（如一个生产过程，一套知识构成），搭建功能相对完整的知识模块；依据职业能力培养需求，针对生产岗位中典型工作任务，系统建设由多个模块组建的课程。

通过后台建立工作流引擎，学习者能够根据自己的学习意愿、现有基础创建自己的学习链路（图6-12）。

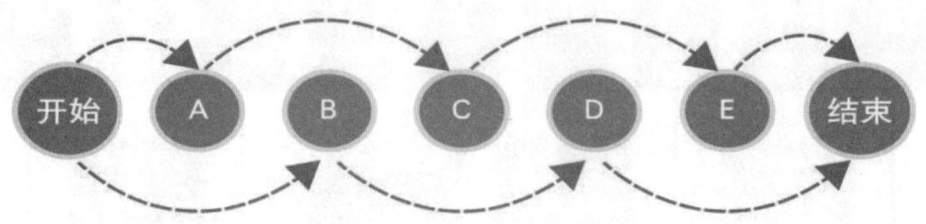

图6-12　基于工作流模式的智能化学习

基于自我学习规律挖掘的智能化学习。通过分析学习者的学习特点（兴趣范畴、学习进度、难度梯度等），自动生成学习方案，主动推送学习内容。

定制化学习。由学习者提出自己的学习目的、学习领域、学习进度等个性化学习方案，由系统根据学习方案生成学习内容，形成学习者定制化学习方式。

聚类式学习。聚类式学习方式主要针对有一定基础的学习者，根据学习者所关注的关键词系统将与之相关的内容自动聚集到该关键词周围，学习者根据自己的情况选择学习（图6-13）。

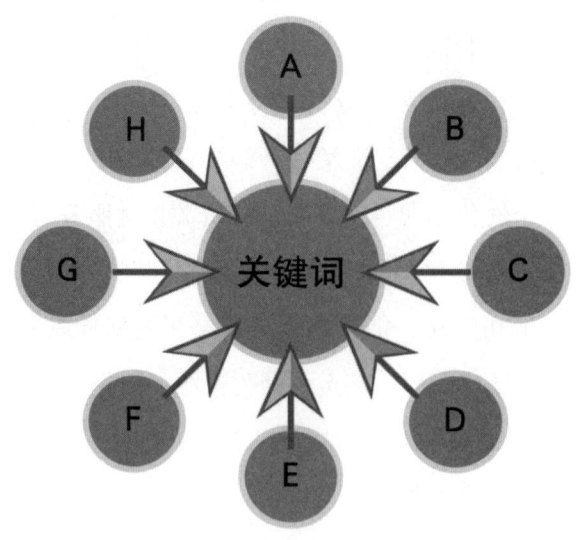

图6-13　聚类学习示意图

C. 基于问题关键字的智能答疑系统，实现答疑方式的多样性和智能化

建立常见问题库，通过对问题的整理、归类、分析，通过系统的智能化设计，实现智能化自动答疑。

智能答疑系统的典型用户有三类，一是使用系统请求解答自己疑问的学习者用户；二是答疑系统所涉及领域的教师、专家用户；三是系统工程师。三者的作用各不相同的。学习者用户是系统服务的目标，他们使用系统获取答案，并对系统给出的答案进行评价，使系统的工作质量得到提高。教师、专家用户的作用非常关键，他们要负责系统初始的领域知识库的构建，并负责解答系统暂时不能解答的问题。系统工程师熟悉计算机技术，他们与教师、专家用户一道，开发并维护系统。根据智能答疑系统的设计目标和特点以及三种典型用户的分析，可以得到(图 6-14) 的系统模型：

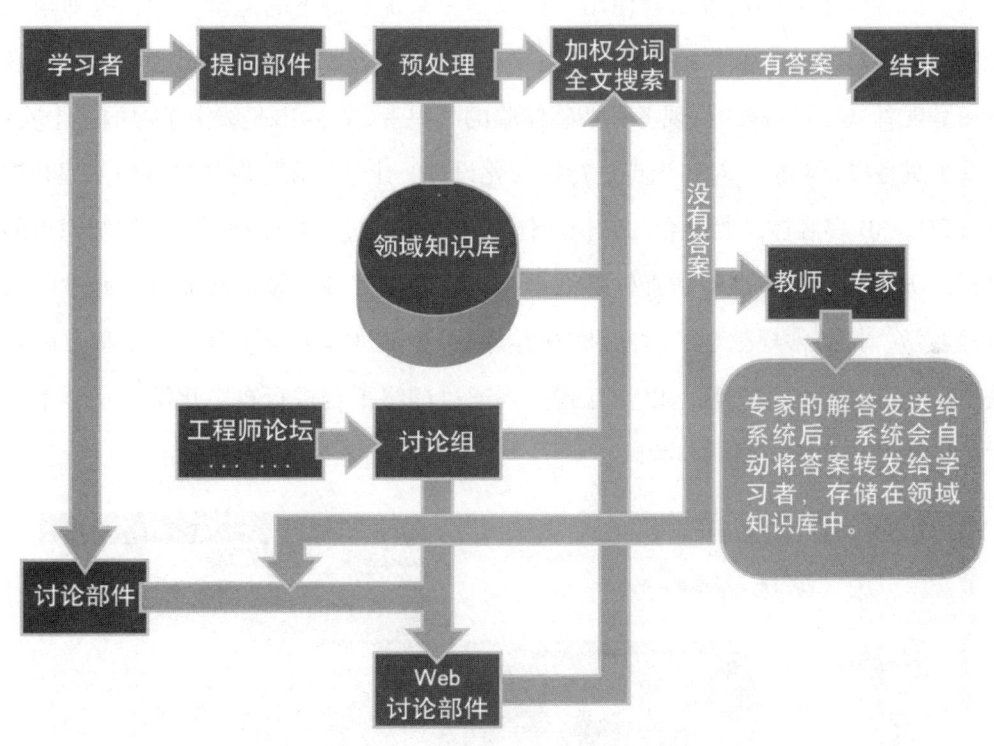

图 6-14 智能答疑系统的模型

D. 分层使用教学资源，系统搭建课程模块并组织教学

系统搭建课程模块主要采用在线课件制作系统实现。在平台和资源库的共同支撑下，教师只需选择合适的素材资源，使用线上教学课件制作系统，结合自己的教学思想，制做精品课件。将在线制作平台建设成为一个利用互联网技术，将文字、图片、动画、

视频进行有序融合，让师生有效互动的制作平台增加了软件的趣味性及实用性。

规范资源存储与资源关联。资源库按照专业大纲进行分类建设和整理，细分至最小模块，并由文本、图片、动画、视频等多媒体类型素材组成。教师可以利用系统搭建课程积件、模块，并上传和完善素材库，实现资源再生、丰富资源库的目的；系统具有审核功能，确保上传资源的可用性；利用平台可以快速生成教学课件，简单易学，不需任何FLASH等开发基础；支持下载功能，允许教师将生成的课件下载，支持分享功能，允许教师通过分享进行交流，提高师资队伍的整体水平。

E. 完善线上线下学习过程的服务与管理

系统建设理念基于"动手式学习"，而非传统的阅读式或者倾听式，具有高度激发性、互动、生动形象的特点。同时，系统还具备"理实一体化"特点，既支持纯在线教学，又可与实验等线下教学内容结合使用。在线学习系统支持下的课堂教学，教师角色发生变化，将成为学生在线学习的伙伴和引导者、教学情境的创设者、教学资源的开发、再造和呈现者、思维过程的再现者和情感体验的共鸣者。图6-15是线上学习的一个实例。

系统具备以下功能：对知识点进行模块化设计，让学生在做题的过程中掌握知识；建立与2D、3D多媒体动画结合的知识库体系，学生通过多媒体动画，了解知识点的重点过程，巩固知识；与虚拟仿真软件结合，实现教学实训考核；教师可以通过网络平台进程教学，打破常规教学的时间和空间限制；教师可以为学生分别制定学习内容并可监控学生的整个学习过程；以交互式方式通过网络平台进行自主化学习；学生可以进行在线学习、训练、测试和考试。

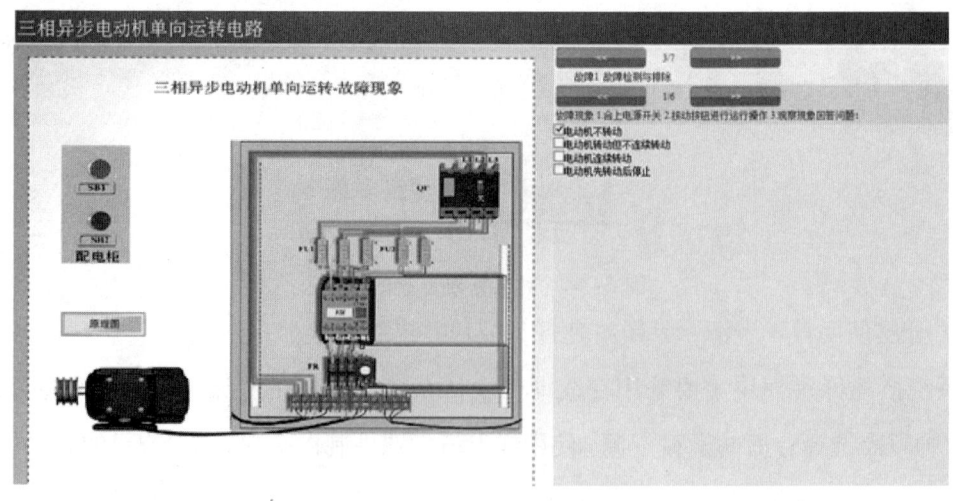

图6-15　线上学习实例

F.基于教师空间内私有资源使用效率的分析,实现私有资源向公共资源的转化,促进资源的持续更新和完善。系统能够分析教师空间中私有资源的使用情况,达到一定使用效率指标的资源能够自动提交资源管理员审核,纳入公共资源管理范畴,以此推动教学资源的持续更新和完善。

（2）职业技能鉴定

开放资源库系统接口,系统构建职业鉴定理论考核系统和职业鉴定实操考核系统。将理论教学内容和形式与实训过程相结合,具有学习、训练、考核三种功能和在线、离线两种实训模式。除现场实训外,学习者还可利用碎片时间,通过 PC 机、ipad、智能手机终端进行自主学习和实训。

①职业鉴定理论考核系统

针对学校各类考试、认证鉴定考核等需求,依托资源库海量题库资源开发 C/S 架构的通用网络考试系统,可满足上千人的同时在线考试。考试系统能够容纳大量的专业知识题库,通过后台设置功能,试题容量不少于 2000 题,用户可以根据自身需要设定考试功能,满足区域选拔的所有需要。

A.采用不可逆的加密技术,对题库和考生信息、考试信息、考试成绩等进行加密。

B.支持题库分级管理,无限级分类,可创建和删除;支持从题库、知识点、难度、题型等不同参数中设置出题策略,支持考试有效时间安排、考试倒计时参数设定等功能。

C.支持考试成绩保密、答卷保密、防舞弊等安全设定。

D.支持 ABC 卷功能,试卷内试题的快速浏览,可以输出试卷到 WORD,生成标准的试卷和答卷。

E.通过网站录入或 EXCEL 模板创建试题,并批量快速导入到题库中,提供错误自动识别功能;试题可以综合查询并批量导出到 EXCEL 文件中。

F.信息管理功能,可批量导入考生信息,也可以手动输入。

G.题目管理功能,添加题目,可以批量自动导入添加,也可以手动添加。

H.题目类型支持单选题、多选题,支持图片题、视频题、动画题、实训题等。

I.添加试卷,可设置试卷的难度等级、题套数量,可按照知识点设置考试题目数量、题型、分数等参数。

J.修改试卷,换题、删题、加题、试卷预览、打印输出。

K.试卷审核,支持试卷内题目的查询和统计功能。

L. 创建考试，包括考试有效日期、考试时间、考试人员、考场、试卷、题干是否随机、选项是否随机；修改考试，包括考试有效日期、考试时间、考试人员、考场、试卷、题干是否随机、选项是否随机；考试查询，能够查询哪些考生已考过、哪些未考、考试成绩怎样等。

M. 执行考试，考生登录、输入准考证号；考生信息确认；考试列表显示该考生未进行的考试；选择考试，显示考试说明，考试时间、考试规则等考试须知；答题是通过鼠标点击选项进行的。

N. 可进行成绩发布，单个考生或批量考生成绩查询，可按照考生、班级、时间段、成绩、考试等进行查询。可以按照考试、考生和考题分别进行考试统计。

②职业鉴定实操考核系统

开发基于各种智能考核装置的考核题库，针对每工种试题不少于1000题，制定评分标准库，录入成绩评定系统，并持续改进更新；构建基于职业技能鉴定实践考试的题库系统，充分利用平台的接口功能，实现资源库与智能考试装置的对接。

配备智能化考核装置、智能化教学设备并连接到智能控制中心，智能控制中心通过WIFI无线路由连接到认证中心服务器，进而实现平台与数字化在线训练平台、电气自动化技术专业认证考试平台进行互联。学习者通过在真实设备上进行拆装、测量、排故、维护等技能操作，并同步在实训台控制中心客户端上进行答题，资源库平台依据控制中心采集的数据对实操过程、答题的准确度自动判卷，并实时公布成绩，有效解决了实操考核过程中主观因素造成的误差。同时也能够实现考官对考试者实操过程、实训进度及操作结果的远程监控和追踪。

（3）服务社会

落实信息化和工业化融合，围绕六大传统产业信息化改造、推动产业转型升级、加大信息技术在研发设计、生产制造、销售服务等环节的融合渗透等方面汇聚先进资源，为提高传统产业的自动化、智能化、集成化和企业管理现代化水平，提供人力资源培训和企业解决方案的技术资源。

①社会服务平台建设

社会服务平台包括综合管理、培训管理、学习管理、训练管理、考核管理、公共信息管理、"两化"动态七大模块。

综合管理系统实现用户从报名、报名模板化信息录入、打印听课证、打印考试证、打印结业证书以及学员信息查询、培训记录查询、考核记录查询等各项信息查询、统计、分析功能，可实现所需各类报表的导入、导出和在线打印等功能。

教学管理系统包括素材库、教学资料库、在线课件制作工具、视频课程快速录制系统等支撑培训教学的工具平台。同时还包括课程设计、课程管理、学员分组（分班）管理、学习计划管理、课程表、学习进度管理、在线答疑、学习资料管理、学分管理模块。

学习管理系统包括学习课程、学习视频、学习资料库、模拟测试、行业资料库、课程表、课程笔记等学习功能和工具，平台同时具备学习进度管理等管理功能，保障学习的有效进行。

虚拟仿真训练平台集各个实操考核科目的仿真训练等功能于一体，采用B/S架构，所有项目按照标准模块制作，具备开放式接口，通过管理平台可以添加删除模块、管理学员、学员分组、分配训练任务、查看学员训练过程记录。学员通过帐号和密码登陆在线训练平台，选择相应模块进行仿真训练，模块自动启动客户端相应软件，并将管理信息传递给客户端应用程序，训练结束后客户端应用程序将实训相关过程信息和操作结果上传到管理平台进行记录。

培训考核管理系统包括题库管理、出题管理、试卷管理、考试安排管理、阅卷管理、评卷管理、成绩管理等模块，通过知识点分类管理题库，对考试试题进行统一管理。对学员的在线网络考试，全面实现考试工作的网络化、自动化、系统化。

公共信息管理系统包括报名培训指南、政策发布、新闻、公告、培训公开信息、培训相关行业新闻资讯等新闻类内容的发布、管理功能，以及站内信、短信通知接口等功能，保障各类培训信息的及时发布。

②企业服务资源建设

企业服务定位于企业集团用户和中小企业，其主要内容包括：

A.公司企业介绍：包括公司的基本情况、现状及发展趋势，让学生和教师了解企业的情况。

B.企业用人招聘信息：支持企业人力资源部实施远程视频面试；也可以依托培训认证库，实施网上在线测评。

C.企业产品推荐：介绍企业的新产品、新技术，让学生和教师了解产业和行业的产品设备发展信息。

D.企业认证：依托培训认证库开展认证培训，支持企业发布培训信息、培训资料，开展在线技能测评、技能认证和就业推介。

E. 两化融合最新动态：与国家级信息化和工业化深度融合示范企业开展校企合作，依托济钢集团有限公司、海信集团有限公司等多家企业，汇聚"两化融合"方面最新动态资源，为资源建设方面前瞻性服务。

③社会培训资源建设

主要分为培训教程、各类标准、产品技术资料、企业解决方案等四大类。

A. 企业培训教程

根据自动化行业企业的特点和人员培训需求，可以分为三大类：自动化控制系统集成企业、自动化设备制造企业、自动化设备使用企业等单位的员工技术培训（表6-15）。

表6-15 自动化系统及设备行业企业培训教程

需求企业类型	课程类型	典型示例	主要形式
自动化系统制造企业	根据产品控制对象设计培训课程	SIMATIC PCS 7 – 基于全集成自动化的DCS系统课程	课件、录像、手册
自动化设备制造企业	根据设备制造各个典型岗位设计培训课程	传感检测培训课程 电动执行设备类课程	课件、录像、手册
自动化设备使用企业	根据自动化设备使用要点设计培训课程	FCS系统、DCS系统、PLC系统、单片机系统维护培训	课件、录像、手册

面向自动化系统应用企业。对员工的主要技术要求是掌握自动控制应用技术，可根据产品控制对象来设计培训课程，满足系统应用工程技术人员的需求。

面向自动化设备制造企业。对员工的主要技术要求是掌握自动化检测、执行设备的各个制造环节的安装调试等技术，可根据设备制造的各个典型环节设计培训课程，这些课程可以满足技术支持、技术应用等相关岗位人员的需求。

面向自动化设备使用企业。对员工的主要技术要求是掌握自动化设备在生产过程中的维护和保养等技术和规范，可根据不同行业的生产特点、控制系统常见维护手段及其故障解决方法等设计培训课程，这些课程可满足数控设备使用企业相关技术人员的需求。

以上三种类型的资源采用技术培训课件、操作录像及技术手册等形式来表现：技术培训课件。主要讲述课程的相关背景技术、功能描述及指令等理论性较强的内容。学员可以通过学习这些课件来掌握与技能相关的一些理论知识。操作录像。主要讲述课程所涉及的一些工具使用、生产过程、软件使用、实操案例演示等操作性强的内容。

学员可以通过这些录像边看边练，达到熟练掌握的效果。技术手册。主要是将课程的重点内容进行汇总，形成简单易携带的手册，供技术人员随身携带。

B. 企业专栏

选取业内具有代表性的西门子、三菱电机等知名企业，以产品为载体，以技术应用为主线，建立自成体系的 10 个企业培训包，在资源库内以专栏的形式呈现，开展系统性培训。培训内容包括控制器、驱动产品、可视化产品、工业机器人、低压配电产品、加工机等产品的应用、系统集成、维护维修等技术。

C. 各类标准

提供设备行业的行业企业技术标准、产品标准、制造工艺流程、作业规范，供学习者查阅和学习；提供行业主要工作岗位的职业能力要求，供学生参考。

D. 企业解决方案

企业生产技术解决方案主要有三类：不同自动化系统针对各类控制类设备的应用解决方案，如西门子 DCS 系统的解决方案；典型自动化设备针对典型故障的维护、维修解决方案；自动化系统及设备针对某一行业生产过程工艺的典型解决方案。

学生实习实训管理方案。网络教学系统能支持企业发布企业顶岗实习招募，与学校合作开展顶岗实习的协同管理（如制定顶岗实习计划、遴选实习项目、开展过程考评和远程在线督导等内容）。企业工程师答疑解惑方案。企业工程师利用用户交互系统解答学校学生和教师提出各类专业相关的问题。

（三）完善建设与共享机制

1. 完善资源入库、评价、持续更新机制

为了提高入库资源的质量，需要对资源提供者提供的资源进行评审，资源评审的流程（图 6-16）。

图 6-16　资源评审流程

（1）建立三级资源入库评审机制

建立由专业带头人、专家、系统管理员组成的三级审核机制。首先由专业带头人对资源提供者提供的资源格式、规范、内容的准确性进行初审；初审通过后，根据内容将资源分发给相关专家，对其科学性、艺术性与适应性进行评审；评审通过后，由系统管理员对资源的编目情况进行审核，审核通过后进入资源库。三级评审机制不仅能保证入库资源的质量，而且还能确保资源易于检索、方便利用。

（2）可持续发展机制

建立资源使用的评价反馈机制。构建资源使用——用户评价——评价结果分析——评价结果反馈——资源更新完善——资源使用的闭环系统，实现评价结果的动态反馈，促进资源质量和适应性的循环提升。建立基于用户需求挖掘的资源更新机制和私有资源向公共资源的转化机制。紧盯用户对资源库的深层次需求和因用户知识结构变化引起的对资源库的需求变化，有针对性地更新教学资源；对教师空间内的私有资源使用效率进行全方位的分析和评价，将达到一定标准的私有资源纳入共享资源库；确保教学资源不断更新，满足教学需求和技术发展的需要。

建立资源库运营机制，增强资源库的"造血"功能，保障资源建设者的权益；利用合作承建山东省职业技能鉴定资源库，为社会提供职业资格鉴定服务，确保了资源库资金来源的持续性与稳定性。保证资源持续更新、改进，每年的资源更新率不低于15%，促进资源建设与行业产业的紧密衔接（图6-17）。

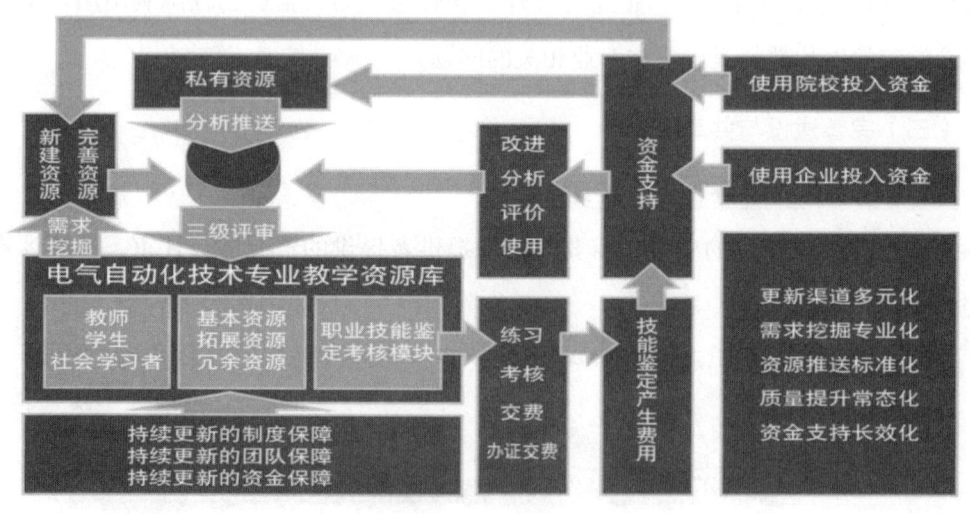

图6-17　资源评价与持续更新机制

2. 创新基于资源库的联盟运行机制

由淄博职业学院牵头成立的专业教学资源库共享联盟，建立运行机制包括知识产权保障机制、共建共享的运行机制、动态监测机制、激励监督机制。创建基于管理运行平台的造血机制是促进资源库建设持续运行和发展的有效保障。

（1）积分管理机制

职业院校相关专业教师、企业工程师等均可以通过共建共享院校成员或以个人名义成为资源库共建共享成员，获得唯一用户名和密码。每个成员参与各层级资源建设均有系统自动按照积分规则给予积分，积分可以兑换下一年成员资格，也可以参与各层级资源建设版主的奖品兑换；成员积分同时也是竞选各层级版主的重要依据，共建共享单位参与资源库建设使用的所有个人积分之和可作为共建共享学校的总积分。

（2）各层级资源版主的竞争推选机制

不同的专业资源库、不同课程资源库分别设置具有管理职责的版主，版主通过平台组建资源库更新、完善的骨干团队，根据技术发展和资源需求，组织开发与更新资源库；分享资源平台共建共享获得的经济收益，并制定分配奖励政策，激励骨干成员对资源库的更新与完善。各层级版主由平台根据个人积分自动形成候选人推荐，由共建共享成员进行投票选举，每年进行一次，保持可持续发展，在造就专业领军人物的同时避免产生库霸。在担任版主期间，其所管理的资源库每个更新均能获得积分，作为下一届版主的推荐依据。

（3）共建共享管理机制

学校以共建共享方式参与资源使用和建设。在建设期内不收取参与学校的费用，资源库的后续建设阶段，根据学校的建设贡献（以学校教师参与建设积分和为依据）排名，前10%的学校为共建校，以较低年费获得下一年资源库使用权；其他学校和新加入学校需按照平台约定的资源使用费用获得下一年使用权，无论共建还是共享学校均作为云资源服务平台的云节点，获得校园网服务器，并在资源更新方面与云服务同步实时更新，学校使用资源由本地服务器支撑，保证资源的运行速度和质量。

（4）威客招标机制

威客平台是保障资源库高水平、有效更新的重要手段。当版主或专家组认为某个层级的资源非常重要，同时现有的骨干团队不能在规定时间内按要求完成任务开发时，可以通过威客平台发布有偿任务需求，遴选优秀方案进行PK，并对成果进行确认并按约定支付费用。威客模式既能通过招标形式解决资源开发问题，又能发掘资源建设人才，提高资源建设的质量。稳定发展建设团队是资源库保持高水平运行的重要保障。

（5）针对资源建设的评优机制

各层级资源均能为学校实施专业教、学、训、考服务，每个资源均记录着创作者的版权信息，通过平台能够统计资源的使用频率和使用人对资源的评价组合制定资源评价标准，可以针对各层级资源进行月评价、季度评价、年评价，各层级版主根据所管理资源的特点，制定各阶段评优资源实施积分奖励及其他奖励策略，并通过平台向成员推荐。

3. 建立资源库应用机制，促进教学改革

通过建立和完善资源库的应用机制，提高资源库的使用率，使资源库真正成为教学的有效支撑，为促进教学改革奠定基础。

通过建立绩效考核机制，推动教学资源库的应用；形成主持单位率先使用，合作院校积极应用，合作企业推广应用的良好局面。鼓励教师首先使用，将资源库全面应用于备课、教学设计、课堂作业设计、课程考核等教学环节，力争使资源库的课堂使用率达到80%以上；引导学生主动使用资源库，使资源库成为课程自主学习、课程答疑、课程练习和成绩评定等学习活动的平台。

资源库的应用是教学改革的重要推动力量。电气自动化专业教学资源库的建成，使学生可以方便地使用优质教育资源，扩展了知识来源渠道，摆脱了单纯地依靠教师教授知识的依赖，增加知识储备。这就为打破单纯知识传授的课堂教学形式奠定基础，这些方面的变化为教学改革提供了有力的支撑，例如，"翻转课堂式"教学模式要求教师和学生在课堂的角色发生变化，教师的职责主要是去理解学生的问题和引导学生去运用知识，教学资源库的使用能够有力地促进教学模式实施变革。

（四）项目进程与分工

1. 建设步骤

本项目将按照筹备、顶层设计、资源建设及完善、推广应用等四个步骤分步推进，具体建设步骤（表6-16）。

表6-16 建设步骤一览表

序号	时间节点	主要工作任务	工作阶段
1	2012.11–2013.12	1. 组建团队，开展区域性经济发展的特色专业、课程建设市场调研 2. 开展专业社会需求调研、进行岗位和能力分析，明确专业定位，形成调研报告 3. 电气自动化技术专业基本素材建设	调研筹备

序号	时间节点	主要工作任务	工作阶段
2	2014.01-2014.04	1. 进行顶层设计，编制《电气自动化技术专业资源库建设指导手册》 2. 对全国各高职院校人才培养数据采集平台中数据进行系统分析 3. 构建资源库建设架构 4. 开发并修订完善专业人才培养方案	顶层设计
3	2014.05-2015.12	1. 完成行业企业信息库建设，对行业企业信息进行采集，收集相关资料 2. 完成课程资源库建设，编制13门课程的课程标准，进行教学设计 3. 完成30门课程相关资源的录制、课件制作等素材级教学资源的开发 4. 完成素材资源库建设，组织采购特殊工具 5. 对行业信息库、专业信息库进行检查验收 6. 对课程资源库建设情况进行中期检查 7. 重点推进素材级资源建设，特别是虚拟资源建设 8. 对课程资源进行验收，全部完成13门课程及相关资源的验收工作 9. 对素材级资源进行中期检查验收 10. 全面完成素材级资源建设任务，进行检查验收 11. 对特殊工具购置和应用情况进行检查验收 12. 组织资源的汇总、审核、上传	资源建设与绩效评价
4	2016.01-2016.06	1. 组织召开研讨交流会，改进完善提升资源库 2. 项目推广应用 3. 全面验收	开放利用与绩效评价
5	2014.05---	1. 不断完善积分管理机制、各层级资源版主竞争推选机制、共建共享管理机制、威客招标机制、资源建设的评优机制等建设运行机制，力争2年后实现资源库的准商业化运作 2. 加强绩效评价，保障资源建设的持续更新	持续更新与绩效评价

2. 项目分工

项目建设办公室负责顶层设计、项目组织管理协调等工作，并负责项目整体建设进度与质量；子项目牵头单位通过招标产生，负责课程、素材、标志性资源等子项目的统筹规划、组织协调，并对子项目建设进度和质量负责。合作单位由子项目参与学校、参与企业、参与行业组成，负责子项目的建设工作、保质保量地完成建设任务。同时，各子项目可根据需要广泛吸纳其它单位和个人参与项目建设。具体分工（图6-18）。

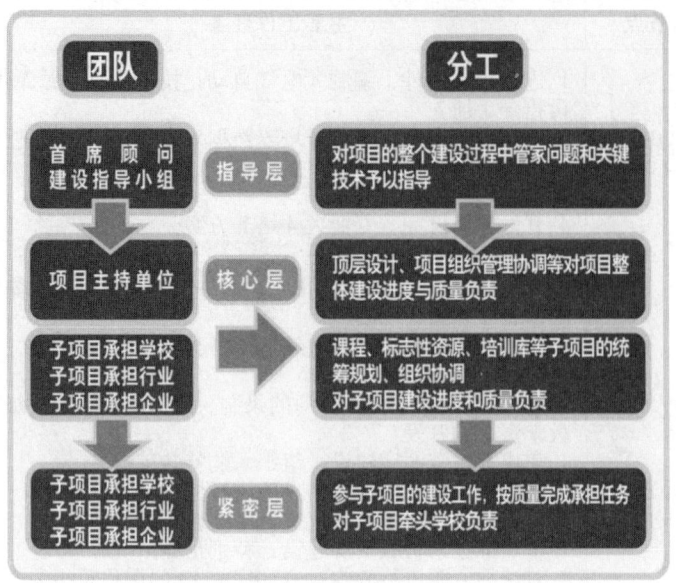

图 6-18 教学资源库建设团队任务分工结构图

（五）保障措施

1. 组织保障

（1）成立资源库建设领导小组

在项目管理团队的基础上，成立资源库建设领导小组。领导小组全面负责资源库建设工作，对资源库建设进行统一领导、部署和协调。领导小组下设项目建设办公室，负责日常工作事务，办公室设在淄博职业学院。

组长：淄博职业学院院长

成员：各子项目承担单位的院（校）长、厂长（经理）

办公室主任：×××

成员：项目开发团队负责人、业务指导工作组组长、保障工作组组长、资金管理工作组组长、监控组组长

（2）成立项目开发团队

项目主持单位牵头组建项目开发团队。由曾照香教授（二级）牵头，各开发单位子项目负责人任资源库开发工作组主要成员，联合企业专家共同组成项目开发团队，落实项目规划、建设实施与制定管理文件，协调各建设单位的工作对资源库项目进行全方位技术支持；并负责各专业教学资源库具体建设工作。

（3）成立项目建设监控小组和审计小组

成立由主持单位的纪委书记任组长，项目建设合作单位财务部门负责人、审计部门成员、纪委委员为成员的监控小组与审计小组。制订《电气自动化技术专业资源库建设审计评价办法》，以项目建设任务书为依据，从"经济性、效率性、效果性"三个方面制订绩效监控指标，从项目资金的分配与使用、建设进程管理和建设效果等环节入手，对各建设项目进行全过程、多方位的考核。

2. 资金管理

根据教育部、财政部相关政策制定并实施《电气自动化技术专业资源库建设项目专项资金管理办法》，保证建设资金使用规范、合理。项目资金预算符合教育部、财政部的有关政策，按照"总体规划，分段实施，项目管理，绩效考核"的原则，合理分配资金，便于操作实施。

项目建设经费实行专项管理，严格按照项目建设投资计划支出各项建设经费，对建设项目的实施、资金投向及年度资金调度安排、资产购置实行全过程管理。

加强建设经费的论证与管理，最大限度地提升资金的使用效率，确保专项资金使用的严肃性与合理性。制订《电气自动化专业教学资源库建设审计办法》，由各合作单位组成监控小组与审计小组，分阶段对参与单位是否及时将建设经费支出情况按预算科目编报财务决算、经费使用情况进行评价，确保项目建设资金科学、合理、合法、合规的使用。

3. 完善项目建设团队的合作与约束机制

（1）建立任务明确、职责清晰、高效的分工与协作机制

以《电气自动化技术专业资源库建设项目管理办法》为依据，在项目建设领导小组的领导下，实施项目负责人管理制度，每个子项目确定1名负责人，明确各项目责任人职责，全面负责项目建设工作。项目建设办公室对项目建设任务进行系统设计和分解，以年度为单位将任务分解到子项目组，子项目组再将工作任务落实到具体人员，同时建立与任务建设挂钩的绩效考核制度，确保建设项目有计划、有步骤地稳步推进实施。

分工是有效合作的前提，项目建设领导小组和办公室负责统筹、协调和分配工作。项目建设办公室定期召开项目建设工作会议，检查子项目建设进程、建设质量等情况，协调解决项目建设过程的问题和困难等；建立即时的沟通机制，项目建设办公室根据项目实施情况及时收集各子项目建设的相关信息，在汇总各类信息的基础上，以资源调配为抓手，根据需要及时通过召开会议、现场解决等方式来解决项目建设出现的问题，通过高效的分工与协调机制提升项目建设的效率。

（2）实行有效的项目建设过程管理机制

为配合项目建设过程实施动态管理和过程监控，项目建设实施定期汇报与评估制度。所有子项目负责人均按照建设计划的时间节点对建设进度、建设经验、不足等方面进行总结，定期向项目建设办公室汇报；项目建设办公室组织专家对项目的建设情况进行全面的评估，对项目的后期建设提出相应的指导与建议，从而保障任务能够按照时间节点要求顺利完成。

项目建设实施即时验收和考评机制。对于已完成的阶段性项目，及时组织专家进行阶段验收；并对方案执行情况和项目的实际效果定期进行绩效评估与考核，形成评估结论和提出改进建议。对于未按照进度完成的项目，专家委员会针对项目建设的具体情况对后续的建设情况提供指导；对未经领导小组同意更改建设项目内容的情况，项目建设办公室将终止该项目的建设任务，对项目负责人按规定追究相应责任。

（3）实行目标管理与绩效考核机制

项目建设实施目标责任制，根据项目建设的周期对建设任务进行分解与细化，确定各个子项目建设的时间节点，实施目标管理。在规范程序、明确建设项目监测指标的前提下，实现项目建设责、权、利的统一，对项目建设的进程、资金的投入和使用等进行动态监控，制定与之配套的绩效考核办法和细则，建立完善的绩效考核机制。

（4）实施有效的激励机制

实施奖优罚劣机制。通过建立专项奖励基金，对按时完成项目并取得良好效益的单位，予以资金奖励；同时对不能完成建设任务项目组实行"一票否决制"，将视情况缓拨、减拨乃至收回项目建设资金。质量应作为奖励的重要准则，以用户满意度作为衡量项目建设质量的重要标准，根据专业特点构建"基于用户满意度的教育资源库评价指标体系"，实现用户对专业教学资源库的测评；对用户满意度高和利用率高的资源实施持续性的资金奖励。

（六）经费预算

本项目资金总预算1000万元，其中申请中央财政支持500万元、地方财政支持130万元、行业财政支持180万元、学校自筹190万元。

申请中央财政支持的500万元，严格按《高等职业教育专业教学资源库项目申报指南》规定分配使用。其中，调研论证25万元，占5%；专家咨询25万元，占5%；企业案例163万元，占32.6%；课程开发93万元，占18.6%；素材制作169万元，占33.8%；推广应用25万元，占5%。各项预算具体情况（表6-17）。

表 6-17　电气自动化技术专业资源库建设资金预算表（单位：万元）

资金用途		申请中央财政 50% 金额（万元）	比例（%）	地方财政投入 13% 金额（万元）	比例（%）	行业企业投入 18% 金额（万元）	比例（%）	自筹投入 19% 金额（万元）	比例（%）	合计 100% 金额（万元）	比例（%）
1. 素材制作	1.1 素材收集集成	26.00	2.60							26.00	2.60
	1.2 基本资源素材制作	65.00	6.50							65.00	6.50
	1.3 冗余资源素材制作	39.00	3.90			20	2.00			59.00	5.90
	1.4 拓展资源素材制作	39.00	3.90							39.00	3.90
2. 企业案例	2.1 标准与模版开发	14.00	1.40							14.00	1.40
	2.2 案例与模版开发	50.00	5.00							50.00	5.00
	2.3 虚拟仿真开发	94.00	9.40							94.00	9.40
	2.4 行业企业信息	5.00	0.50					5.00	0.50	10.00	1.00
3. 课程开发	3.1 标准与模版开发	20.00	2.00					20.00	2.00	40.00	4.00
	3.2 13门课程资源开发	65.00	6.50					65.00	6.50	130.00	13.00
	3.3 专业层资源建设	8.00	0.80					8.00	0.80	16.00	1.60
4. 特殊工具软件制作	4.1 手机客户端工具软件	15.00	1.50							15.00	1.50
	4.2 技能鉴定软件	10.00	1.00							15.00	1.50
5. 推广应用	5.1 培训及推广	15.00	1.50							15.00	1.50
	5.2 应用推广	10.00	1.00							10.00	1.00
	5.3 数字化教学体验中心			60.00	6.00					60.00	6.00
6. 调研论证	6.1 会议	10.00	1.00			110.00	11.00			110.00	11.00
	6.2 资料	5.00	0.50	40.00	4.00	35.00	3.50	30.00	3.00	70.00	7.00
	6.3 差旅	5.00	0.50	10.00	1.00	15.00	1.50			5.00	0.50
7. 专家咨询	7.1 方案论证	5.00	0.50							5.00	0.50
	7.2 咨询、评审	15.00	1.50							15.00	1.50
	7.3 差旅	5.00	0.50							5.00	0.50
8. 其他	8.1 教学资源库运行基础条件										
	8.2 平台维护							10.00	1.00	12.00	1.20
	8.3 资源库软件开发			20.00	2.00			40.00	4.00	50.00	5.00
	8.4 资源导入										
	8.5 管理费							20.00	2.00	30.00	3.00
小计		500.00	50.00	130.00	13.00	180.00	18.00	190.00	19.00	1000	100

（七）项目预期成效

建成的教学资源库规模大，功能强，应用广，特色新，能够充分满足全国电气自动化技术专业教学需要，实现跨区域、跨院校、跨行业企业的资源共享，能够在任意时间和地点通过网络平台为用户提供良好的针对性、互动性和无界化的便利服务，充分满足用户的多方需求，为教学资源库建设提供范例。

1. 引领职业院校教学方式方法变革，提高教学质量

建成的资源库能够使电气自动化技术专业教师接触到新技术、新设备、新工艺、新应用，提升教师的专业知识水平；为教师提供丰富的教学素材；促进教师更新教育理念，创新教学思维，推动职业院校教与学方式方法的变革，提高人才培养质量。

目前，全国600余所高职院校开设了电气自动化技术专业，建成的电气自动化技术专业教学资源库能够集中相近专业的师资力量，整合专业教学资源，促进专业融合，降低办学成本，提高办学效益，提升自动化技术专业的人才培养质量。

2. 拓宽学生学习渠道，转变学习方式

该资源库的建成将有效拓宽学生学习渠道，使学生学习突破了时间和空间的限制，为学生提供多种教学方法和多元化的评价方式，引导学生转变学习方式，使学生能够根据需要进行积极、主动、针对性的学习，从而提升学习效率。该项目的建成将使全国职业院校40多万名自动化类专业学生受益。

3. 首创基于资源库的职业技能鉴定系统，实现职业技能鉴定网络化

建成后的资源库具有职业技能鉴定理论考核和实操考核系统，能够实现学习、训练、考核三种功能。该资源库通过试题库和网络考试接口，可满足上千人同时在线考试，并实时公布成绩。该资源库能够为自动化类职业技能鉴定提供学习、训练和考核一体化的服务，有效提升职业培训和鉴定的效率。

4. 满足企业员工继续教育需求，服务学习型社会建设

建成后的资源库能够为企业在职人员和社会自主学习者提供优质学习资源，以便捷的方式和个性化的用户体验，供社会学习者下载来进行培养、培训和自主教育，使他们能够突破学习时间和空间的限制，满足他们接受多种形式继续教育的需要。这将使国内数万家相关企业及数十万的生产技术人员、社会自主学习者受益。社会学习者通过提升专业技能水平，不断提高生产效率，并为企业节省大量的培训时间，从而提高企业的生产效益。同时，资源库能够为终身教育体系的建立、全面建设学习型社会

作出重要贡献。

5. 共建共享，促进校企深度合作

该资源库的建成能够进一步发挥共建共享联盟的作用，促进学校、行业企业和社会各方的沟通与合作。联盟的运行机制将促进校企合作机制的完善，调动企业与学校合作的积极性，实现校企合作双赢，提升电气自动化技术专业建设的整体水平，实现职业教育和区域经济发展的良性循环。

二、教学资源库的建设

（一）建设规划

职业教育电气自动化技术专业教学资源库主要包括四部分，即涵盖职业教育电气自动化技术领域的13门课程，选取5个具有典型自动技术应用的行业企业案例，2个自动化技术、设备集成行业企业培训包，1套包含自动化应用多个岗位的技能认证培训系统，构建了颗粒化资源素材库，支持个人自学、学历教育、职业培训和认证，为学生、教师、行业企业人员、社会学习者等各类用户提供多终端的资源检索、信息查询、资料下载、学习指导、学习咨询、讨论答疑、就业支持等服务；通过搭建虚拟仿真学习训练环境，实现课堂教学、虚拟仿真、远程互动一体化教学；合理设计先进、交互性好的共享平台，实现界面视觉表现规范、美观，导航清晰，资源库素材能以知识点、技能点为线索的系统呈现，网站运行环境良好，响应速度快，满足教师、学生、企业人员、社会学习者等不同用户的需求。

1. 资源建设

资源库建设机制主要是采取会议的形式推动，召集子项目建设负责人及子项目合作单位分管负责人定期召开会议，商讨资源库建设思路与进程，安排相关工作事宜，检查验收阶段性工作进度。在资源库建设之初，依次启动课程、行业企业案例等项目的框架及资源建设，虚拟仿真软件及资源建设，行业企业培训包和技能鉴定实训平台系统建设。

依据资源库"能学、辅教"的定位，面向职业教育，让资源库走进课堂，实施以课程为骨架资源建设。为此我们制定了建设任务说明与建设任务表。

2. 职业教育电气自动化技术专业教学资源库课程子项目建设任务说明

为保障职业教育电气自动化技术专业教学资源库（以下简称资源库）的普适性，体现教学改革成果，促进教学质量提高，特制定本资源库建设任务说明。

（1）课程及资源建设

子项目建设包括课程建设资源、专业建设资源和行业企业信息资源三部分。其中，课程建设资源数量不少于4000条，专业建设资源不少于150条，行业企业信息资源不少于200条。

课程资源建设主要包括两部分：一是构建资源库的基本资源，建设示范性课程（以下简称课程）；二是建设示范性课程所有资源同一类目的扩充课程资源，即冗余资源与拓展资源（以下简称扩充资源）。其中，示范性课程资源数量不少于1500条，课程冗余资源不少于2000条，课程拓展资源不少于500条。在课程资源建设过程中，各种媒体类型的资源要分布合理，每门课程的动画资源不少于200个，由课程承担单位出动画脚本，山东星科智能科技股份有限公司负责制作，制作成果交回课程承担单位，作为课程资源使用；或者由课程承担单位自行收集。

3. 示范性课程资源

（1）课程体系

本资源库建设的参考课程体系（图6-19）。

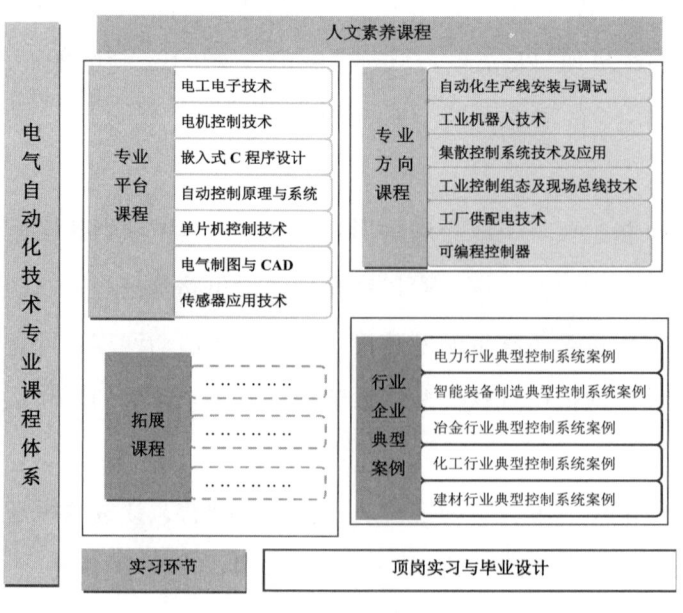

图6-19　电气自动化技术专业课程体系

（2）示范性课程建设

示范性课程架构一般分为四个层次：课程层（课程介绍、课程标准、电子教材、企业案例等），模块层（项目、任务或单元），积件层（知识点、技能点），碎片化资源层（文本、图片、动画、音视频等多种媒体表现形式的资源）。

课程内容的选取和组织遵守完整性、系统性、结构化的原则。将课程内容细化为多个知识点或技能点，每个知识点、技能点需制作一个微课（或动画），一个PPT课件，一个教学设计方案，一套习题（试题）；制作上述材料所需要的文本、图片、音视频碎片等素材构成了碎片化资源。相关联的积件按照生产过程（项目、任务）或者单元需求，遵从学生认知规律，充分考虑积件之间的并列、顺序或包容关系，系统组织形成教学模块，所有模块（项目）组合构建了课程。

（3）扩充资源建设

在示范性课程的建设过程中，能够满足知识点、技能点教学要求的方式方法、功能操作、器件类型等类型会有多种多样，汇集这些资源及其碎片化资源构成冗余资源，冗余资源的数量上大于基本资源。体现相应知识点、技能点的新技术、新装备、新应用等所汇聚的资源构成拓展资源。

（4）资源命名及属性

资源命名充分考虑项目代码、课程代码、模块序号、知识点序号和资源名称。例如"2014-05-01"，其中"2014-05"是资源库项目编号，"01"代表课程编号，课程编号的顺序请参照图1的顺序，按照先平台课后专业方向课的顺序编写。课程中所涉及到的资源属性，按照随后发布的资源属性要求制作。

4. 企业案例及其资源建设

企业案例应体现一个完整的生产过程（或项目），素材资源不少于1000条。具体包含如下内容：

（1）案例要求

①能够真实再现生过程整个控制过程的生产工艺；

②能够体现各种控制设备及设备原理性能能等；

③能够反应控制过程的系统集成及实现。

（2）制作要求

①案例整体呈现应以动画、视频为主，有机融合其他媒体形式；

②控制系统操作应具有交互性；

③开发相应环节的教学材料；

④具有习题试题系统等考核功能。

5. 企业培训资源建设

企业培训应体现新产品、新技术、新工艺等内容，以西门子、三菱电机等大公司的产品、技术为主，充分体现现代控制系统及设备的应用，整体资源不少于2000条。具体包含下列内容：

（1）各种系列产品选型手册及技术特点。

（2）各种开发应用型软件的学习材料。

（3）典型应用生产案例。

附表一：国家职业教育电气自动化技术专业教学资源库建设任务一览表（一）

序号	项目名称	序号	资源名称	媒体形式	数量
1	行业信息	1			
		2			
		3			
		4			
		5			
		6			
		……	……		
2	企业信息	1			
		2			
		3			
		4			
		5			
		6			
		……	……		
3	职业岗位信息	1			
		2			
		3			
		4			
		5			
		6			
		7	……		
4	企业文化及发展	1			
		2			
		3			
		4			
		5			
		6			
		……	……		

序号	项目名称	序号	资源名称	媒体形式	数量
5	新技术、新装备、新工艺、新应用	1			
		2			
		3			
		4			
		5			
		6			
		……	……		
6	职业资格标准	1			
		2			
		3			
		4			
		5			
		6			
		……	……		
7	政策法规	1			
		2			
		3			
		4			
		5			
		6			
		……	……		
8	相关技术标准	1			
		2			
		3			
		4			
		5			
		6			
		……	……		

6.电气自动化技术资源库微课制作建议

当前资源库建设工作已经进入的最后的攻坚阶段，在完成各类素材资源的搜集、整理、制作的基础之上，应当加大微课的建设力度，按照各子项目建设任务书中的计划加快建设进度，以便在今年顺利参加验收。为了保证微课建设工作保质保量的完成，同时能够在微课制作中做出特色，对各子项目承建单位的微课制作提出以下建议：

第一、使用第三方台构建微课，将微课通过微课中心予以体现，以便教学使用与专家评审。

第二、在完成整体建设工作的基础上，每个子项目高质量典型微课建设数量不少于5个。

第三、对于微课脚本的设计与制作，通过与国家开放大学联系沟通，他们为资源库建设提供了脚本规范表格与两个比较好的微课脚本范例，以供大家参考，同时也将由这两个微课脚本制作的微课视频提供给大家。

第四、对于微课的设计与制作，建议大家阅读《微课设计与制作的理论与实践》这篇文章。

第五、典型微课作为资源库建设的亮点与特色，需要各位老师在设计制作过程中给予足够的重视。

（1）选题阶段：要求微课选题实用准确、内容生动有趣、形式短小精炼。尽量选择主题明显有特色、对学习者有吸引力的教学内容或活动。

（2）教学设计：首先对学习者特征、教学任务和学习内容进行分析从而确定合适的学习目标，根据教学内容、教学环节、教学活动和方法确定合适的微课类型和组成要素，制定符合学习者特征、学习内容和教学形式的教学策略，设计教学视频的情景、案例、教学过程，以及相关的网络教学支持材料和评价、反馈机制等。

（3）在微课视频的支持材料中提供适当的练习题，以巩固学习内容，微课的练习题可以是确定性的选择题，也可以是开放性的思考题。练习题不宜太多，不要增加学习负担，让学习者有兴趣、有能力主动完成练习。

（4）视频制作：优秀的微课视频应该像电视教学短片那样综合使用各种影视拍摄技巧与后期编辑手段完成制作。在视频中一般包括教师或主讲人的讲解、示范或演示活动。讲解包括利用PPT演示文稿、多媒体课件、演示动画等教学内容，示范或演示活动包括实验操作、实训实践、工作现场等教学活动。通常添加字幕、特技效果、综合利用远近景别、多机位拍摄、后期编辑等手段。

（5）通过以上各种媒体的综合运用，以提升微课的质量与品质。

辅助材料：微课除教学视频外还需要有相关的支持材料，辅助微课的视频教学，通常包括微课教学内容简介、教学设计的教案或学案、多媒体教学素材和课件、教师课后的教学反思、练习测试、学生的反馈等。以上各项内容不是每项必有，应根据教学目标、教学内容和教学活动等选择必要而又简明的支持材料，避免冗余、过多过乱、不是很紧密的辅助或拓展材料。

第六、工科常见典型微课（1）知识讲解型：此类微课以讲授知识为主要任务，也是整个微课课程中数量最大的一种类型。对于此类型的微课，选取了四个典型的微课案例供大家参考。

（2）软件操作型：此类微课以计算机软件为主要载体，大部分工作都是在软件界面完成，往往没有具体的实物与之相对应。对于此类型的微课，选取了《信号的滤波》这个微课案例供大家参考（附件11）。

实验型：此类微课所面向的实验对象往往比较小，讲授者能够将实验对象直接引入课堂，可以在课堂教学中予以直接演示。对于此类型的微课，选取了《扩音机的设计与制作》这个微课案例供大家参考。

（3）工作现场型：此类微课所讲授的实验对象体积较大或者为实际工作现场，为了进行实践教学，都需要到工作现场进行讲解、操作等教学活动。对于此类型的微课，选取了四个微课案例供大家参考。

国家职业教育电气自动化技术教学资源库项目建设第二届研讨会会议纪要2015年5月8-10日，国家职业教育电气自动化技术教学资源库项目建设第二届研讨会在济南举行，来自全国9个省15所合作院校和4家合作企业的子项目负责人及成员40余人出席并参加了本次会议。

会议分三个阶段举行，高等教育出版社叶波主任和淮安信息职业技术学院刘万辉老师分别做了专家报告，各子项目负责人依次汇报了子项目的建设思路及方案，共同研讨了各类建设资源标准、社会培训资源建设内容。

一、专家报告

叶波主任的《互联网+视角下的教学资源库建设与应用》，主要从专业教学资源库建设、精品资源共享课以及资源建设的发展趋势等方面进行了全面分析和细致讲解，为正确理解和把握微课、MOCCs及翻转课堂教学提供了思路，从推广应用层面传达了国家对教学资源库的检测的最新要求。

刘万辉老师的报告围绕微课的概念及教学设计、常见的微课形式、微课开发技术、微课的评价四个方面展开，介绍了微课的内涵、微课的相关定义、微课程及微课的教学设计、微课形式与微课开发流程。他强调微课的教学设计要以学生为中心，满足有用、有趣的原则，注重"教学策略选择"、"教学内容表现"、"教学媒体选择"三个关键要素。

二、子项目及其资源建设思路及方案汇报

各子项目负责人依次汇报了子项目的建设内容及任务一览表，课程建设，山东大学常发亮教授领衔的专家组根据各子项目组汇报情况做了点评，并针对各子项目的不同情况提出了改进建议。

三、分组讨论

1.各类建设资源标准及模板讨论

淄博职业学院刘长骞主任向各子项目建设单位解读了教学资源库资源建设标准（2015版），并发布了国家职业教育电气自动技术教学资源库logo、课件、视频等具体格式和标准等，大家围绕文档的格式、课程标准、教学设计包含的内容、录像的格式等进行了讨论。

2.明确了资源库社会资源培训包的建设内容。

最后，淄博职业学院副书记、副院长姜义林代表项目组进行了会议总结。会议要求，各子项目建设应从全局层面思考问题，努力提高建设水平；团队建设要注意保持人员、工作的稳定性，各项目、各团队之间要加强工作交流；项目组办公室将定期与各子项目建设团队进行沟通，及时汇总通报各项目建设情况。

各子项目要注重课程的系统化设计，各类资源要统一标准，关联性课程和案例的

建设加强沟通协调，课程资源的建设、教学载体的选择应具有普适性，而不拘泥于本校现有的实训室、教材；要调整文档和图片的比重，提高资源建设的质量。在项目建设过程中，各子项目建设资金的使用要加强监管，确保资金使用合法、合规、合理，提高资金使用效率；要树立建设与应用并重的思想，做到边建边用，边用边改。

（二）平台建设

专业教学资源库是现代教育技术手段在教学中得到应用的一个重要依托。随着科技的发展，教育的形式和手段正发生着巨大的改变，运用现代教育技术和手段，充分发挥各种媒体的优势，将各种相互作用、相互联系的媒体和资源有机地整合，形成立体化、网络化、精品化教学资源库，是提高教学效率和质量的重要保证。电气自动化技术专业在借鉴无锡职业技术学院数控技术专业国家共享型教学资源库建设经验的基础上，组建包括骨干教师、企业人员和行业人员在内的教学资源建设团队，通过联合兄弟院校、信捷电气等合作企业、职业技能鉴定及培训中心等方式，统筹进行教学资源的建设，并建立健全教学资源的推广机制，以数字化资源应用推广为抓手，着力构建以教学为中心的数字化资源服务体系，实现专业资源的广泛共享。

1. 电气自动化技术专业教学资源库建设的框架与平台

电气自动化技术专业根据专业课程体系进行资源库建设，按照课程性质、特点及主要讲授内容进行资源的整合与补充，形成纸质教材和电子课件相结合、科学系统、便于师生互动的知识平台，实现多媒体、多形态、多用途、多层次的教学资源和多种教学服务软件的优化组合。

资源库建设坚持以课程建设为书心，从服务课程教学出发，以提高学生综合素质为目的。在建设过程中既突出课程的核心内容，又要积极地反映该课程领域的最新成果和最高水平，使其具有先进性、科学性和实用性；同时灵活运用不同的教学方法，坚持现代教学理念，突出学生的主体地位，充分体现交互式、启发式，资源库中的所有成品都可以在网上运行，图、文、声、像、影都在一个数字平台上，既可使用，也可下载，大型教学软件之间还可以相互链接。

2. 电气自动化技术专业教学资源库数字化平台结构

按照专业课程体系，以量大面广的公共基础课、专业基础课和专业核心课为重点，建立"底层共享，中层分立，高层互选"的共享型教学资源平台架构。

以无锡市精品课程模拟电子技术为基础，整合数字电子技术课程教学资源，着力建设动画、图片、EWB仿真实验，以及电子产品制作工艺视频等素材类教学资源，形成电子技术基础课程教学资源库，为全校开展电工电子教学提供共享资源。

在PLC控制系统的设计与实现、交流调速系统及应用、小型综合自动化系统集成，以及国家精品课程运动控制系统安装调试与运行等专业课程中，以企业技术应用为重点，通过工业物联网技术将企业实际生产过程引入课堂，丰富教学资源，实现企业生产过程与教学过程有机结合。

以主动学习和自主学习为中心，面向在校学生、企业员工、社会培训人员和教师，建立专业网站门户，将教学资源平台建成开放式的资源平台。完善和优化教学资源平台功能，重点建设师生互动功能，教师可通过平台实时调用资源库共享资源，可全程实现课程教学、辅导、实践环节乃至毕业实践毕业设计指导等教学环节，学生可以做作业、提问，以及发表学习体会和认识。

3. 电气自动化技术专业教学资源库的主要建设内容

以课程资源库建设为子项，设计和研发特色鲜明、符合教学规范的质量高、效果好的视频文件、课件、图片、文本、动画、网络课程等数字化教育资源，增添教学相关技术文献。

电气自动化技术专业依托学校数字化校园建设，可以利用资源库远程控制与管理数字化、智能化多媒体的教学环境，提高课堂教学的信息化水平。通过此平台，教师、学生可以根据自己的个性需求，通过Web方式，浏览、查询、下载、使用和上传资源，并自主组织学习效果的测试与评价，实现师师、师生和生生之间的交流互动，并可以实现向企业员工及其他社会学习者开放。

参 考 文 献

[1] 姜大源. 当代世界职业教育发展趋势研究 [M]. 北京：电子工业出版社，2012.

[2] 国家发展改革委社会发展司，上海市教育科学研究院. 中国职业教育发展战略及制度创新研究［M］. 北京：中国计划出版社，2015.

[3][英] 克里斯托弗·温奇. 职业教育的技能积累［M］. 北京：北京师范大学出版社，2016.

[4] 顾京等. 职业教育教学资源库建设研究［M］. 北京：高等教育出版社，2013.

[5] 葛道凯. 远程教育资源库建设的理论与实践[M]. 北京: 中国广播电视大学出版社，2011.

[6] 陈英杰. 中国高等职业教育发展史研究 [M]. 郑州：中州古籍出版社，2007.

[7] 梁绿琦. 高等职业教育研究资料选编 [M]. 北京：北京理工大学出版社，2010.

[8] 白永红. 中国职业教育 [M]. 北京：人民出版社，2011.

[9] 董仁忠. 职业教育制度变革研究 [M]. 长沙：湖南教育出版社，2012.

[10] 李守福. 职业教育导论 [M]. 北京：北京师范大学出版社.2002.

[11] 周春山，刘毅. 发达国家的再工业化及对我国的影响 [J]. 世界地理研究，2013(1).

[12] 周红霞. 构建美国全面而有竞争力的教育体系—奥巴马在拉美裔商会上关于全面教育改革计划的讲话摘编 [J]. 全球教育展望，2009(4).

[13] 王志强.2009 美国复苏与再投资法案，教育项目解读 [J]. 比较教育研究，2014(4).

[14] 魏彩慧. 美国职业技术教育特点及对我国的借鉴 [J]. 教育学 .2013(3).

[15] 邓坚."整合与衔接"理念下美国职业教育改革 [J]. 中国职业技术教育 .2013(3).

[16] 王莉. 德国职业教育体系的特色与借鉴 [J]. 中国成人教育 .2013(4).

[17] 高明. 德国职业教育体系对我国技能型人才培养的启示 [J]. 高等农业教

育.2014(11).

[18] 郑坚.英国职业资格制度览析[J].职教论坛，2012(01).

[19] 焦红利.澳大利亚职业教育培养模式及启示[J].国家教育行政学院学报，2012(04).

[20] 周红利.澳大利亚职业教育体系研究[J].教育学术月刊.2013，(01).

[21] 张辉.澳大利亚职业教育体系与制度分析以及经验启示[J].教育与教学研究.2009(11).

[22] 范国睿，孙翠香.教育政策执行检测与评估体系的构建[J].教育发展研究，2012(5).

[23] 马凤霞,张展.精品课程网络管理与开发平台建设[J].中国成人教育,2007,(20).

[24] 丛培亭.论高职院校数字化教学信息资源的开发与应用[J].教育与职业，2008（33）.

[25] 杨明.高等职业教育专业教学资源库发展的历史背景及意义[J].黑龙江：黑龙江高教研究，2012（10）.

[26] 陈小琴.高职院校数字化教学资源体系的模型研究：[J].职业技术教育,2009(14).

[27] 孙洋，成冬梅，结余网络平台的教育资源建设、应用现状与建议[J].中国成人教育，2010（7）.

[28] 朱维巍.高职院校教学资源库网络化建设与应用研究[J].中国职业技术教育，2011（11）.

[29] 李雁翎.教学资源建设是课程建设的重要环节[J].中国大学教学，2010（8）.

[30] 周劲松.政府主导型区域职业教育资源库建设的技术分析[J].职教论坛，2009（11）.

[31] 戴勇.高职院校共享型专业教学资源库建设核心问题研究[J]中国高教研究，2010(3).

[32] 薛永三，何鑫，于赢军.高职院校校园信息化建设的研究[J].教育与职业，2010(23).

[33] 吴学敏.高职共享型专业教学资源库建设的探索[J].中国高等教育，2010(21)

[34] 杨瑛霞.基于网格的网络教育资源管理模式[J].开放教育研究，2006(2).